ESSAI

SUR L'HISTOIRE GÉNÉRALE

DES

TRIBUNAUX DES PEUPLES

TANT ANCIENS QUE MODERNES,

OU

DICTIONNAIRE

HISTORIQUE

ET JUDICIAIRE,

CONTENANT *les Anecdotes piquantes & les Jugemens fameux des Tribunaux de tous les temps & de toutes les Nations.*

Par M. DES ESSARTS, Avocat, Membre de plufieurs Académies.

Indoɛli difcant & ament meminiffe periti.

TOME QUATRIEME.

A PARIS,

Chez
{
L'AUTEUR, rue de Verneuil, la troifieme porte cochere avant la rue de Poitiers.
DURAND neveu, Libraire, rue Galande.
NYON aîné, Libraire, rue Saint-Jean-de-Beauvais,
MERIGOT jeune, Libraire, Quai des Auguftins.

M. DCC. LXXIX.

Avec Approbation & Privilége du Roi.

ESSAI

SUR L'HISTOIRE GÉNÉRALE

DES

TRIBUNAUX DES PEUPLES

TANT ANCIENS QUE MODERNES,

OU

DICTIONNAIRE

HISTORIQUE

ET JUDICIAIRE.

H.

HOLLANDE.

Les Etats généraux représentent les sept *Provinces-unies*, mais ils n'en font point les souverains. Quoiqu'ils paroiffent revêtus du pouvoir fouverain, ils ne font que les députés ou plénipotentiaires de chaque province, chargés des ordres des états ; &

A ij

ils ne peuvent prendre aucune réfolution fur une affaire importante, fans avoir eu leur avis & leur confentement.

L'affemblée des Etats généraux eft compofée de députés des fept provinces; on leur donne le titre de hauts & puiffans feigneurs, à la tête des lettres qui leur font écrites, des mémoires & des requêtes qui leur font préfentés, & on les qualifie dans ces mêmes écrits de leurs hautes puiffances: tous les fouverains leur donnent aujourd'hui ce titre.

Le nombre des députés n'eft ni fixé, ni égal; chaque province en envoye autant qu'elle juge à propos, & fe charge de les payer. On ne compte pas les fuffrages des députés, mais ceux des provinces; de forte qu'il n'y a que fept voix, quoique le nombre des députés de toutes les provinces, préfens ou abfens, monte à environ cinquante perfonnes; la province de Gueldre feule en a dix-huit.

Chaque province préfide à fon tour, & fa préfidence dure une femaine entiere, depuis le dimanche à minuit jufqu'à la même heure de la femaine fuivante. Tous les députés font affis fuivant le rang de leur province autour d'une longue table , au milieu de laquelle eſt le fauteuil du préſi-dent. A ſa droite ſont aſſis les députés de Gueldre , à ſa gauche ceux de Hollande , & les autres ſuivant le rang des provinces : ſçavoir Gueldre , Utrecht , Hollande , Friſe , Zélande , Ovériſſel , Groningue.

Tous ceux qui poſſédent des charges mili-taires ne peuvent pas prendre ſéance dans l'aſſemblée des Etats généraux ; le capitaine général n'eſt pas même exempt de cette loi, il peut ſeulement entrer dans l'aſſemblée pour y faire des propoſitions , & il eſt obligé de ſe retirer lorſqu'il s'agit de déli-bérer ſur ce qu'il a propoſé ; quelque grand que ſoit le nombre des députés , il n'y a que ſix chaiſes pour chaque province , & les ſurnuméraires ſont obligés de ſe tenir de-bout.

La plupart des députés ne ſont que pour trois ou ſix ans dans l'aſſemblée des Etats généraux , à moins que leur commiſſion ne ſoit renouvellée. Il faut excepter la pro-vince de Hollande , qui y députe un membre tiré des nobles pour toute ſa vie , & celle d'Utrecht qui envoye un député du corps eccléſiaſtique , & un autre du corps de la nobleffe qui y font auffi à vie. Les députés de Zélande qui font ordinairement au nombre de quatre , jouiffent du même privilége.

Outre les députés ordinaires , tous ceux qui font chargés d'une ambaffade , ou de quelque négociation importante dans les pays étrangers , ont une commiffion pour entrer dans l'affemblée des Etats généraux.

Le confeiller penfionnaire de Hollande affifte tous les jours à cette affemblée en qualité de député ordinaire , & c'eft lui qui y fait les propofitions de la part de cette province. Il a feul le droit avec le député de la nobleffe d'Hollande de paroître tous les jours dans ce fénat.

La charge de greffier ou fecrétaire des Etats généraux eft une des plus importantes & des plus onéreufes de l'état. Il eft obligé d'affifter tous les jours à l'affemblée des Etats généraux , d'écrire toutes les réfolutions qu'ils prennent , toutes les lettres & les inftructions qu'on adreffe aux miniftres de l'état dans les pays étrangers ; il affifte auffi aux conférences qu'on tient avec les miniftres étrangers & y donne fa voix ; c'eft lui qui expédie & fcelle toutes les commiffions des officiers généraux, des gouverneurs

& des commandans des places, les placards, les ordonnances des Etats généraux & autres actes. Il eſt nommé à cette charge par les Etats généraux; il a ſous lui un premier commis & deux premiers clercs qu'on nomme auſſi commis, avec un grand nombre de clercs ou d'écrivains qui travaillent tous les jours au greffe, qui eſt proprement ce qu'on appelle dans d'autres pays la ſecrétairerie d'état.

Il y a des députés des Etats généraux qui ſont envoyés en commiſſion pour changer ou renouveller les magiſtrats, ou pour quelqu'autre affaire. Ils ont dix florins par jour pendant tout le temps de leurs commiſſions, outre les frais de leurs voyages. Les Etats généraux envoyent auſſi tous les deux ou trois ans deux députés à Maſtricht, avec le titre de commiſſaires déciſeurs, pour terminer avec les commiſſaires du prince de Liége les procès & les autres affaires; leur jugement eſt ſans appel.

Le conſeil d'état nomme auſſi à ſon tour des commiſſaires déciſeurs, qui ſont chargés du renouvellement des magiſtrats de la ville de Maſtricht & des juges des environs. En temps de guerre les Etats

généraux envoyent deux députés à l'armée :
& le confeil d'état en envoye un autre ; ils
ont chacun 10 florins par jour. Le général
en chef ne peut livrer bataille, ni former un
fiége, ni faire aucune entreprife d'éclat fans
leur avis & leur confentement.

Outre l'affemblée ordinaire des Etats
généraux, il s'en eft tenu quelquefois une
extraordinaire, qu'on nomme la grande
affemblée, parce qu'elle eft compofée d'un
plus grand nombre de députés de toutes les
provinces que la premiere. Cette affemblée
n'eft jamais convoquée que du confentement unanime de toutes les provinces.

Le confeil d'état ne s'occupe que des
affaires militaires & de l'adminiftration des
finances. Il eft compofé de douze confeillers ou députés des provinces. Ils prêtent
ferment aux Etats généraux, & reçoivent
leurs commiffions de leurs Hautes puiffances.

La chambre des comptes fut établie en
1607 du confentement des *fept provinces*,
pour partager les fonctions du confeil d'état
dans la direction des finances. Cette chambre eft compofée de deux députés de chaque
province, c'eft-à dire de quatorze membres,

qui changent ordinairement de trois en trois ans, suivant le bon plaisir des *provinces*. Les fonctions de ce college consistent à examiner & arrêter les comptes du receveur général, des autres receveurs de la généralité & de tous les comptables. On donne aux députés qui composent cette chambre les titres de nobles & puissans seigneurs.

La chambre des finances a été établie avant celle des comptes ; elle est composée le quatre commis & d'un secrétaire, qui sont nommés par les Etats généraux. Il y a en outre un clerc ou écrivain. Cette chambre est chargée de régler tous les comptes qui regardent les frais de l'armée, de tous les hauts & bas officiers, de ceux de l'artillerie, des bateaux, des charriots, des chevaux, &c. comme aussi de ceux qui ont soin des munitions, des vivres de l'armée, & de tout ce qui sert à son entretien & à sa sub-sistance.

En 1597 l'amirauté des Provinces-unies a été partagée en cinq colleges, dont trois en Hollande, qui font ceux de Rotterdam, d'Amsterdam, d'Horn & d'Enkhuisen alter-naivement, un à Middelbourg en Zélande, & un à Harlingue en Frise. Les droits d'entrée & de sortie sont levés au profit du corps entier de la république pour l'entretien des vaisseaux de guerre, & autres frais de la marine.

Chacun de ces colleges est composé de plusieurs députés, tirés des provinces voisines. Il n'y a point d'appel de leurs sentences pour ce qui concerne les fraudes des droits d'entrée & de sortie, les différends qui naissent sur les prises faites er mer, & les procès criminels ; mais quart aux causes civiles où il s'agit d'une somme au-delà de six cens florins, on peut demander révision de la sentence aux Etats généraux.

Voyez l'article *Pays-Bas Autrichiens & Hollandois.*

HOLLANDOIS

condamnés par les Talapoins de Siam à consacrer une partie de leurs marchandises à la pagode.

Un pilote Hollandois nommé Van-Cinel ayant mouillé à Siam en 1607, fut arrêté avec tous les officiers de son vaisseau par l'artifice de *Manuel Cabos,* capitaine Portugais, qui les avoit repréfentés comme des pirates également dangereux aux Européens & aux Indiens. Ils furent renfermés au nombre de fix dans une étroite prifon. Les formalités de leurs procès furent infinies ; on commença par leur faire fouffrir les plus affreux tourmens, pour tirer d'eux la confeffion de leurs crimes & de leurs deffeins. Au milieu de leurs fouffrances un Indien trouva le moyen de leur parler fans témoins, & de leur ouvrir un chemin à la liberté ; mais certains de leur innocence, ils refuferent un fecours qui ne mettoit que leur vie à couvert. Cette apparence de courage, qui n'é-toit au fond, comme le dit l'auteur de cette relation, que l'effet du défefpoir, fit tant d'impreffion fur le roi de Siam, qu'il ceffa de les croire coupables, & leur rendit la liberté avec le pouvoir de faire le commerce dans fes états. S'étant remis en mer, ils eurent le malheur en fortant du port de toucher contre un rocher qui leur fit une large voie d'eau. Cet accident les ayant forcés de revenir fur le rivage, ils retomberent dans un danger plus grand que le premier. Les talapoins ou prêtres du pays repréfenterent au roi qu'il s'étoit trompé dans l'opinion qu'il avoit prife de leur innocence, puifque le ciel en les puniffant à l'entrée du port déclaroit ouvertement qu'ils étoient coupables. La fuperftition l'ayant emporté fur la juftice, ils furent arrêtés une feconde fois & conduits dans les prifons. Les prêtres qu'on avoit nommés pour leurs juges leur firent entendre d'abord que le feul moyen de fauver leur vie étoit d'affifter au culte de la pagode, dont on leur racontoit une multitude de miracles. Plufieurs d'entr'eux fe laiffoient déjà ébranler ; un feul s'oppofa au deffein de fes compagnons, & fit tant par fa fermeté & fon courage qu'on fe contenta d'une partie de leurs marchandifes, qu'on fufpendit dans le temple de la pagode pour expier le refus qu'ils avoient fait de l'adorer.

HONGRIE.

(Adminiftration de la juftice & tribunaux du royaume de)

La diéte de Hongrie fe convoque à Prefbourg, en vertu de lettres royales, tous les trois ans, lorfque l'intérêt du roi ou celui du royaume paroît l'exiger. Les feigneurs spirituels & temporels se rendent au jour fixé dans la chambre de magnats. L'ordre de la noblesse & les villes envoyent deux députés qui s'assemblent dans la chambre des états.

La chancellerie de la cour de Hongrie appellée *la bouche & la main du roi*, tient ses séances à Vienne. Elle est composée du chancelier royal, de six référendaires privés, de trois secrétaires & d'une foule de subalternes. Tous ces membres ont leurs appointemens assignés sur les taxes de la chancellerie ; un des référendaires est pour les affaires publiques, deux pour celles des villes, un quatrieme pour les affaires de justice, un cinquieme pour celles qui concernent la religion, & un sixieme pour le clergé de Hongrie. Les ordres du roi pour la Hongrie en matiere civile, ecclésiastique & de jurisprudence s'expédient dans cette chancellerie.

La lieutenance royale ou conseil du lieutenant du roi à Presbourg, est composée de 23 conseillers sous la présidence du lieutenant, que le roi nomme à son choix entre les prélats, magnats & gentilshommes. L'empereur Charles VI établit ce conseil en

1723 , pour adminiſtrer au nom du roi les affaires civiles du royaume de Hongrie & des pays incorporés , tant celles que les conſtitutions du pays décident expreſſément , que celles qui y ont rapport.

Le tréſor royal eſt partagé en deux chambres , l'une pour la Hongrie , l'autre pour les mines , il a pour département les domaines , les revenus & les droits royaux. La chambre royale de Hongrie tient ſes ſéances à Presbourg ; elle eſt compoſée d'un préſident & de 24 conſeillers. Elle veille ſur les domaines & les revenus de la couronne , ſur les droits du fiſc , la douane & l'impôt ſur le ſel. La chambre royale d'adminiſtration de Cachau lui eſt ſubordonnée , ainſi que huit commiſſariats provinciaux pour les contributions.

La chambre royale des mines tient ſes ſéances à Cremnitz ; elle eſt dans le département de la chambre royale de Vienne ; elle a inſpection ſur les villes *minieres* relativement aux mines & aux monnoies. Les chambres de *Schemnitz* , *Neuſohl* dans le comté de Zips , & celle de Konigsberg ſont dans le reſſort de Cremnitz.

Les comtés ou palatinats de Hongrie

(*Hung* , *Warmegye* , *Slav* , *Stolice*) font de petites provinces partagées en deux ou plufieurs diftricts; chaque comté a *un comte* ou *palatin* , un *vicomte* , un receveur , un notaire , quatre grands juges inférieurs , qui font tous tirés du corps de la noblefle. Le vicomte a 600 florins d'appointemens , le receveur & le notaire en ont chacun 300 , un grand juge 150 , le vice-juge 50 , outre le cafuel. C'eft la caiffe du comté qui paye ces appointemens , ainfi que ceux du comte , qui pour l'ordinaire a 1500 florins.

Quant à l'adminiftration de la juftice en matiere civile , elle fe fait au nom du roi fuivant les loix du royaume. Les procès fe portent du tribunal des petites villes (*forum oppidanum*) à celui des comtés , ou à celui des feigneurs. Dans les villes libres & royales on plaide en premiere inftance devant le juge du lieu , & par appel l'affaire eft portée au fénat ou au confeil , d'où l'on peut encore appeller au tréforier , ou à la table royale de juftice.

Le tribunal des mines dans les villes libres juge les affaires qui y font relatives.

Les jurifdictions inférieures des nobles tiennent leur féance dans chaque comté chez le seigneur du lieu pour ce qui regarde le peuple ; quant aux gentilshommes , ce sont les juges des nobles & le vicomte qui connoissent de leurs affaires.

La jurisdiction moyenne des nobles (*forum nobilium subalternum*) connoît des affaires entre deux ou plusieurs comtés. Elle tient ses séances à Tirnau , Gunz , Eperies & Debretzen : de ce tribunal les causes sont portées *à la table royale* & à celle *des sept.*

La jurisdiction ou justice supérieure des nobles qui siége à Pesth , se divise en *table royale*, & en *table des sept ;* elle juge de tout ce qui y est porté par appel , & des affaires importantes des nobles. L'une a pour président le lieutenant appellé *personalis præsentiæ regiæ*, & le second le *comte palatin*, ou en son absence le juge de la cour , ou le trésorier.

La table *des sept* est ainsi nommée , parce qu'elle étoit ci-devant composée de sept juges. Charles VI y en a ajouté huit , & aujourd'hui il s'y trouve dix-huit assesseurs , parmi lesquels il y a cinq évêques , six magnats , & sept du corps de la noblesse. Elle reçoit tout ce qui lui est adressé par la chambre royale.

La jurisdiction ecclésiastique s'exerce pour

l'ordinaire

l'ordinaire dans chaque évêché, & les affaires passent successivement par appel à l'archevêque, au nonce du pape, & enfin à la cour de Rome.

La régence de Transilvanie est administrée au nom du grand prince & des magnats par les dietes : la chancellerie, le gouvernement royal, la chambre royale, les comtés Hongrois, les dietes ou comices provinciaux se convoquent par le prince à Hermanstadt, & sont distinguées en haute & basse table ; à la haute table siégent le grand gouvernement, les prélats, les comtes & les barons. Un commissaire royal y préside de la part du prince, & y expose solemnellement aux états les demandes qu'il a à leur faire.

La grande chancellerie qui expédie les édits du prince est établie à Vienne. Quant aux affaires publiques, elle n'a aucune relation avec les chancelleries de Hongrie & d'Autriche.

Le grand gouvernement qui siége à Hermanstadt connoît au nom du prince des affaires publiques tant civiles qu'ecclésiastiques : il a à sa tête un gouverneur qui est assisté de plusieurs conseillers qui sont choisis entre les trois nations , les catholiques , les réformés & les Luthériens.

La chambre du grand prince ou chambres des comptes & des domaines , se partage en chambre royale de Transilvanie & en chambre des mines : la premiere qui a son président siége à Hermanstadt , l'autre à Abrug.

La nation Hongroise en Transilvanie , est comme en Hongrie , divisée en comtés & en districts ; elle a son comte , son vicomte , ses juges nobles , ses assesseurs inférieurs & ses assemblées des nobles. Les sicules sont partagés en sept grandes jurisdictions qui ont chacune leur juge , & ceux-ci sont subordonnés à un comte. Cette dignité ci-devant affectée aux Waivodes , est aujourd'hui réservée au prince , dont les comtes , choisis par lui , tiennent la place.

L'administration de la justice en matiere civile se fait au nom du prince par les justices inférieures & supérieures de chacune des trois nations. Dans les villes libres & royales le juge civil , & ensuite le conseil , connoissent des causes entre bourgeois ; on peut appeller à la diéte des villes à laquelle un comte de la nation est préposé par le prince , & en derniere inſtance à la *table royale.* Dans les comtés des Hongrois les gentilshommes ont des juges nobles, & enſuite toute la nobleſſe du comté : les appels ſe portent de même à la table royale. Quant aux juriſdictions des ſicules qui ont leurs coutumes & leurs priviléges particuliers , les juges royaux ou les pro-préteurs jugent par eux-mêmes , ou dans les cas douteux ils portent l'affaire au comte , & delà à la table royale, qui eſt compoſée d'un préſident , de protonotaires & d'aſſeſſeurs.

L'adminiſtration de la juſtice ſe fait de la même maniere dans l Eſclavonie & le bannat de Croatie que dans la Hongrie. Il y a un tribunal inférieur , d'où les affaires ſe portent au tréſor royal. Il y a auſſi un tribunal appellé la *table du ban* , qui eſt la cour d'appel des villes qui ne ſont pas libres.

J.

JAPON.

(*Loix penales du*)

Au Japon les loix penales ſont très-ſéveres la plus légere tranſgreſſion eſt toujours ſuivie

de châtimens corporels , & souvent de
peines capitales ; l'homicide même involontaire , la contrebande , l'infraction de
certains réglemens de police ,sont punis du
feu ou de la roue. Lorsqu'il s'agit de crimes
qui intéressent la tranquillité de l'état, ou
la majesté du souverain , tous les parens de
l'accusé sont enveloppés dans sa ruine.

Un administrateur du domaine ayant été
convaincu d'avoir amassé des cimeteres &
d'autres armes pour les faire passer en
Corée, cette faute entraîna la disgrace de
sa famille , qui étoit une des plus considérables du pays ; le coupable fut condamné
avec tous ses complices à être crucifié , son
fils , âgé de sept ans , fut décapité à ses
yeux , sa maison fut rasée , & ses parens
furent dépouillés de leurs biens & bannis
à perpétuité.

Le gouverneur d'une petite province
ayant commis quelques exactions , il lui
fut ordonné & à ses fils, ses freres, ses
oncles, ses cousins, de se fendre le ventre.
Ces personnes étoient dispersées & éloi-
gnées de plus de cinquante lieues les unes
des autres , cependant l'arrêt ordonnoit
qu'elles périssent toutes le même jour & à

la même heure. L'ordre fut si ponctuellement exécuté, qu'à l'heure fixée (à midi) il ne resta personne de cette famille malheureuse.

Quand on veut favoriser le coupable, on permet à son plus proche parent de l'exécuter dans sa maison , & cette mort ne flétrit ni celui qui la donne , ni celui qui la reçoit ; mais il est plus honorable de se la donner soi-même, aussi la plupart des criminels demandent cette grace avec instance; lorsque le coupable parvient à l'obtenir , il assemble sa famille , ses amis , se pare de ses plus riches vêtemens, fait un discours pathétique sur sa situation , & prenant ensuite un air gai & content , il se découvre le ventre & s'y fait une ouverture en croix. L'attentat le plus horrible est effacé par ce genre de mort ; le défunt est mis au rang des héros , & sa famille n'éprouve aucune flétrissure.

Si les preuves ne paroissent pas suffisantes pour condamner un malfaiteur , on a recours aux tortures : une des plus cruelles est de faire avaler à l'accusé une certaine quantité d'eau qu'on lui verse dans la bouche avec un entonnoir ; quand son corps est extraordinairement enflé, on l'étend par terre, & les bourreaux lui foulent le ventre à coups de pieds. S'il perſiſte dans la néga- tive, on lui ſerre le corps avec des bandes de toile depuis le cou juſqu'aux talons, & dans cet état on l'expoſe à l'ardeur du ſo- leil ou à la rigueur du froid, le dos éten du ſur des cailloux. Si ce ſupplice n'arrache point l'aveu du crime, il n'eſt pas abſous pour cela : on le relégue dans une île déſerte, deſtinée à recevoir les criminels, qui ſont occupés à élever des vers à ſoie, ou à fa- briquer des étoffes qui dédommagent de leur entretien.

Si un coupable meurt en priſon, ſoit d'une mort naturelle, ſoit d'une mort vio- lente, ſon corps n'eſt pas exempt du ſup- plice. On continue d'inſtruire ſon procés comme s'il vivoit encore ; ſon cadavre eſt conſervé dans le ſel juſqu'au jour de la ſen- tence, qui s'exécute comme s'il étoit vivant.

Les menſonges qui ſe font devant les magiſtrats ſont punis de mort.

Ce qui n'a pas l'apparence d'un crime y eſt quelquefois ſévérement puni. Par exem- ple, un homme qui haſarde de l'argent au jeu eſt puni de mort.

Il est vrai que le caractere étonnant de
ce peuple opiniâtre , capricieux , déterminé , bisarre, qui brave tous les périls &
tous les malheurs , semble abfoudre fes légiflateurs ; mais des gens qui naturellement
méprifent la mort , qui s'ouvrent le ventre
pour la moindre fantaifie , font ils contenus
& arrêtés par la vue des fupplices ?

Un légiflateur fage auroit dû chercher à
ramener les efprits par un jufte tempéra-
ment des peines & des récompenfes, par
des maximes de philofophie & de morale
afforties à ces caracteres, par la jufte application des regles de l'honneur, par le fupplice de la honte , par la jouiffance d'un
bonheur conftant & d'une douce tranquillité , & s'il avoit craint que les efprits accoutumés à n'être arrêtés que par une peine
cruelle, ne puffent l'être par une plus douce,
il auroit agi d'une maniere fourde & infenfible, il auroit dans les cas particuliers les
plus graciables, modéré la peine du crime,
jufqu'à ce qu'il eût pu parvenir à la modi-
fier dans tous les cas.

Des ames partout effarouchées & rendues
plus atroces, n'ont pu être conduites que

par une atrocité plus grande. Voilà l'origine & l'esprit des loix du Japon, qui ont toujours eu beaucoup plus de fureur que de force, & dont la foiblesse a paru en mille occasions, & surtout lorsqu'elles ont voulu établir une bonne police.

Qu'on lise pour exemple la relation de l'entrevue de l'empereur & du deyro à Méaco : le nombre de ceux qui y furent étouffés ou tués par des scélérats est incroyable. On enleva les jeunes filles & les jeunes garçons. On en retrouvoit tous les jours exposés dans des lieux publics à des heures indues, nuds & cousus dans des sacs de toile, afin qu'ils ne reconnussent pas les lieux où ils avoient passé ; on vola tout ce qu'on voulut, on fendoit le ventre aux chevaux pour faire tomber ceux qui les montoient, on renversoit les voitures, &c.....

Un autre trait prouve la corruption qui regne au Japon. Un empereur adonné à des plaisirs infâmes, ne se marioit point, & couroit risque de mourir sans successeurs. Le deyro lui envoya deux filles très-belles ; il en épousa une par respect, mais il n'eut aucun commerce avec elle. Sa nourrice fit chercher les plus belles femmes de l'empire, tout étoit inutile ; la fille d'un armurier étonna son goût ; il se détermina, & en eut un fils. Les femmes de la cour, irritées de cette préférence d'une fille si obscure, étouf-ferent l'enfant. Ce crime fut caché à l'em-pereur ; car il auroit fallu verser des torrens de sang pour l'expier. L'atrocité des loix en empêche l'exécution, & lorsque la peine est sans mesure, on est souvent obligé de lui préférer l'impunité.

On a vu au Japon les magistrats, pour quelques crimes assez légers, condamner des femmes à être exposées dans les places publiques & à y marcher à la maniere des bêtes ; on les a vu non-seulement souiller leurs tribunaux par des jugemens barbares, mais faire frémir la nature même en ordon-nant de l'outrager.

Ces traits suffisent pour inspirer la plus juste horreur contre les loix du Japon.

La maniere dont on exécute les criminels est d'une cruauté effrayante. Nous nous hor-nerons à rapporter, d'après un Anglois, la relation du supplice de deux Japonois & d'une Japonoise condamnés à mort par l'empereur lui-même. On leur coupa d'abord la tête (dit ce voyageur);enfuite les fpectateurs s'approchant pour effayer la bonté de leurs katans ou de leurs fabres, taillerent les cadavres en pieces ; après quoi replaçant les morceaux les uns fur les autres, ils recommencerent à tailler & à effayer lequel couperoit le plus de morceaux à la fois. Un étranger fe fit inftruire du crime de ces malheureux, & ne trouva pas moins d'injuftice dans la fentence, que de barbarie dans l'exécution. La femme, dans l'abfence de fon mari, qui étoit en voyage, avoit donné rendez-vous à deux hommes à deux heures différentes ; celui qui devoit venir le dernier, trouvant le temps trop long, s'étoit préfenté affez tôt pour la furprendre avec l'autre, & dans la rage de fe voir trompé, fe vengea à coups de fabre. Les voifins attirés par le bruit, s'étoient faifis des trois criminels, & le roi les avoit condamnés à mort fans diftinction de leur crime. Le refte des trois cadavres fut abandonné aux chiens & aux oifeaux de proie. Autant la fin de ces exécutions eft tumultueufe, autant on obferve d'ordre & de formalités dans les préliminaires : la marche commence par un homme feul, qui porte une hache fur l'épaule ; il eft fuivi d'un autre qui porte une pioche pour creufer la foffe du coupable, lorfque la fentence permet qu'il foit enterré ; un troifieme porte une petite planche fur laquelle le crime & la fentence font gravés. Le quatrieme eft le patient, il a les mains liées derriere le dos, avec une corde de foie, & porte fur fa tête une petite banniere de papier où fon crime eft écrit en gros caractere ; le bourreau fuit le katan au côté, & tient d'une main le bout de la corde dont le criminel eft lié. Deux foldats, la pique à la main, marchent à côté du criminel, & tiennent la tête penchée fur fon épaule, pour lui ôter toute efpérance de pouvoir s'échapper. L'auteur Anglois de cette relation affure qu'en Angleterre même on ne va point à la mort avec un pareil courage.

On ne punit dans aucun pays le vol auffi févérement qu'au Japon, cependant ce crime y eft plus commun que chez aucune nation.

JAPONOISE,

arrachée à la misere par un trait héroïque de ses enfans.

Parmi une foule d'exemples d'une générosité & d'un courage rares, un voyageur rapporte le trait suivant.

« Une femme du Japon restée veuve avec trois enfans , ne subsistoit que de leur travail , qui souvent n'étoit pas suffisant pour fournir à tous leurs besoins. Le spectacle journalier d'une mere chérie, en proie à la misere la plus cruelle , leur fit prendre & exécuter la plus étrange & la plus généreuse résolution.

» On avoit publié depuis peu , que quiconque dénonceroit à la justice le voleur de certains effets précieux , toucheroit une somme assez considérable. Ils convinrent que l'un d'entr'eux passeroit pour le voleur, & que les deux autres feroient le rôle de dénonciateurs. On tira au sort , & le plus jeune fut la victime qu'on conduisit chez le juge, lié & chargé de chaînes comme un criminel. Le magistrat, sur son aveu, l'envoya en prison , & fit compter à ses délateurs la récompense promise ».

» Mais bientôt attendris fur le fort de leur frere , ils s'introduifirent dans fa prifon , & croyant n'être vus de perfonne, ils l'embraf-ferent tendrement en l'arrofant de leurs lar-mes. Le magiftrat qui les apperçut par hafard, furpris d'un fpectacle fi nouveau , ordonna à un de fes gens de fuivre les délateurs & d'éclaircir une conduite auffi étonnante : cet homme s'étant acquitté de fa commif-fion, vint rapporter qu'il avoit vu entrer les deux jeunes gens dans telle maifon, que s'en étant approché , il les avoit entendu raconter à leur mere ce qu'ils avoient fait ; que la mere à ce récit avoit pouffé des cris lamentables , & ordonné à fes enfans de reporter fur le champ l'argent qu'ils avoient reçu , aimant mieux mourir de faim , que de conferver fa vie au prix des jours & de l'honneur de fon enfant. Le magiftrat atten-dri par ce récit , fit venir le prifonnier, l'interrogea de nouveau, le menaça des plus affreux fupplices , fans pouvoir en tirer un défaveu. Alors il le quitta, pour aller faire fon rapport à l'empereur ; ce prince touché autant que le juge d'une action fi héroïque , voulut voir les trois freres , & combla cette famille de bienfaits ».

J A R S.

(Procès du chevalier de)

Dans le grand nombre de traits qui font connoître le caractere altier & implacable du cardinal de Richelieu , on ne doit pas oublier le procès qu'il fit inftruire à Troyes contre le chevalier de Jars , dont le feul crime étoit de s'être oppofé à quelques projets de ce miniftre impérieux.

L'abbé Defpreaux , qui dans fon ambaffade en Angleterre avoit pris le nom de marquis de Châteauneuf, vit à Londres un jeune feigneur François attaché à la reine Anne d'Autriche , qui s'étoit dérobé par la fuite aux reffentimens du cardinal de Richelieu. Ce feigneur étoit le jeune Rochechouart , chevalier de Malthe , & cadet de trois freres. Châteauneuf, quoique créature du cardinal , fut entraîné par le jeune de Jars dans le parti de la reine. Cette intrigue fut conduite avec un fi grand fecret , que Châteauneuf, au retour de fon ambaffade, obtint les fceaux qu'on venoit d'ôter à l'infortuné Marillac. On fçait que Châteauneuf pouffa l'afferviffement aux volontés du cardinal jufqu'à préfider, quoique revêtu du fous-diaconat, à la procédure criminelle qui fut inftruite contre Marillac. Ce n'étoit pas que Châteauneuf fût réellement attaché au cardinal ; dévoré d'une ambition infatiable, il facrifioit tout à fon élévation, & s'intéref-foit fi peu au miniftre, que fur le bruit qui fe répandit qu'il étoit mort à Bordeaux, il négocia fur le champ avec toutes les factions oppofées au cardinal ; il parla, écrivit & agit ouvertement contre fon protecteur. Cependant la nouvelle de cette mort fe trouva fauffe, & Richelieu accourut à la cour. Son premier foin fut de punir l'ingratitude & l'imprudence de Châteauneuf ; il le fit arrêter le 25 février 1633, & conduire à Angoulême.

Le chevalier de Jars, un des principaux amis du garde des fceaux, fut mis le même jour à la Baftille, où il paffa onze mois renfermé dans un cachot. Son procès fut commencé par un commiffaire délégué, qui lui fit fubir 80 interrogatoires. L'inftruction fut continuée à Troyes jufqu'au jugement définitif, par une commiffion préfidée par un des hommes les plus cruels de fon temps.

Cependant , malgré 80 interrogatoires subis à la Bastille , le chevalier de Jars n'étoit pas convaincu ; les chefs d'accusation sur lesquels il fut si souvent interrogé , étoient:

1°. Qu'il avoit traversé la grande affaire des capucins , qu'on vouloit donner pour confesseurs à la reine d'Angleterre , au lieu des peres de l'Oratoire , suivant l'ordre du roi. —— Croiroit-on que ce chef d'accusation si ridicule à nos yeux , paroissoit alors très-grave , parce que le capucin Joseph avoit le plus grand crédit.

2°. Qu'au lieu de seconder & de servir M. Fontenay , ambassadeur , il le traversa aussi , & fit tant par ses artifices que la reine d'Angleterre ne tint pas sur les fonts de baptême le fils de cet ambassadeur , comme elle l'avoit promis.

3°. Qu'il avoit écrit plusieurs lettres en chiffres à des seigneurs Anglois , & qu'il en recevoit d'eux concernant les affaires de France & d'Angleterre.

4°. Qu'il avoit négocié avec ces mêmes seigneurs à l'insçu du roi , au sujet du Palatinat.

5°. Qu'il avoit écrit & négocié pour la retraite de la reine mere & de monsieur

en

en Angleterre, à l'insçu du roi & des ministres, & en avoit parlé & conféré avec
M. le garde des sceaux.

6°. Qu'il avoit eu plusieurs conférences
avec Dumoulin, François réfugié en Angleterre, où il vivoit avec les grands, & très-
instruit des affaires secrettes du ministere.

Le chevalier de Jars se justifia de ces accusations ; il avoua qu'il s'étoit mêlé de l'affaire
des Capucins pendant l'ambassade de M. de
Châteauneuf, mais parce qu'il avoit vu la
reine d'Angleterre fort décidée à ne point
abandonner les peres de l'Oratoire, & parce
qu'il n'estimoit pas que ce fût une affaire
d'état & d'une si grande importance.

Qu'à l'égard des lettres en chiffres, il
étoit vrai que la reine d'Angleterre lui avoit
écrit de sa propre main la lettre dont copie
étoit au procès, dont quelques mots étoient
en chiffres.

A l'égard de la retraite de la reine & de
monsieur en Angleterre, il protesta qu'il
n'en avoit rien sçu ; que dans les différentes
correspondances qu'il avoit entretenues
avec les étrangers, on ne trouveroit rien
de contraire à ce qu'il devoit à son pays &
à son roi.

Tome IV.   C

Les témoins qui furent entendus fur cette procédure étoient plus confidérables par leur nombre que par le poids de leurs dépofitions. Aucun d'eux ne chargeoit le chevalier de Jars. Amené en préfence de fes juges, qu'il fçavoit bien ne lui être pas favorables, il leur parla avec cette noble fermeté qui convient à l'innocence, & fe juftifia fur tout ce qu'on lui imputoit.

Il préfenta une requête de récufation contre le préfident de la commiffion ; mais il en fut débouté, & condamné à avoir la tête tranchée, comme atteint & convaincu du crime de lèze-majefté, pour avoir cabalé avec les étrangers, écrit en chiffres fur les affaires d'état, traverfé les ordres de l'ambaffadeur de fon prince, & voulu pratiquer le paffage de la reine mere & de M. le duc d'Orléans en Angleterre, fans l'aveu du roi.

Cependant le préfident fit furfeoir à l'exécution jufqu'au 14 novembre. Ce jour fatal étant arrivé, le chevalier de Jars, du couvent des Jacobins où il étoit détenu, fut conduit en prifon, où on lui prononça fa fentence fur les neuf à dix heures du matin. Entre trois & quatre heures du foir, il fortit

de la prison monté dans une charrette, assisté
du pere Mallerois, prieur des Jacobins, &
d'un autre religieux, & fut mené au marché au bled, où étoit dressé un échafaud;
il y monta avec l'exécuteur, & y demeura
une demi - heure. Il s'étonnoit de ce qu'on
retardoit si longtemps l'exécution, & conçut quelque espérance d'avoir sa grace.
On l'apporta en effet comme on achevoit
de chanter le *Salve regina.* Aussi-tôt le pere
Mallerois coupa les cordes, & le chevalier
ayant descendu de l'échafaud, fut reconduit au couvent des Jacobins par plus de
4000 personnes, dont la plus grande partie
entra dans l'église, sonna les cloches, &
voulut chanter le *Te Deum.*

En exécution de l'arrêt, qui commuoit
la peine de mort en une prison perpétuelle,
le chevalier de Jars fut conduit de Troyes à
la Bastille, où il fut renfermé le 2 décembre
1633. Ses amis obtinrent son élargissement
cinq ans après, mais à condition qu'il se
retireroit en Italie. Il ne revint en France
qu'après la mort de Louis XIII.

Le chevalier de Jars étant un jour auprès
de la reine régente, apperçut dans la foule
un des officiers du présidial de Troyes. « Je

» vais, madame, (dit il à la reine) vous
» préfenter un des honnêtes juges qui pour
» votre fervice m'ont condamné à perdre
» la tête ».

L'officier entendant ce propos, fe déroba
avec précipitation à l'honneur dont le chevalier le menaçoit.

I B I C U S, (*Meurtriers du poëte*)

Comment découverts & punis.

Le poëte Ibicus fut attaqué par des voleurs dans un lieu écarté; prêt à fe voir af-
faffiner, il s'écria, en voyant paffer des
grues : « O grues! vous fervirez un jour
» de témoins contre mes meurtriers ». Quelque temps après, ces voleurs fe trouvant
dans un marché, l'un d'eux, en regardant
voler des grues, dit à fon compagnon : —
voilà les témoins du poëte Ibicus qui paffent. — Le meurtre étoit récent ; on fit attention à ce propos, qui donna des foupçons.
La juftice les fit arrêter, ils avouerent leur
crime, & fubirent les peines qu'ils avoient
juftement mérités.

IBRAHIM.

(Formalités employées pour déposer)

La déposition du sultan Ibrahim premier, fut faite vers l'an 1648, aved un appareil de justice & des formalités dont on trouve peu d'exemples dans l'histoire d'un peuple dont la force fait presque toute la législation, & qui s'est si souvent souillé du sang de ses maîtres.

Le malheureux Ibrahim, livré à toutes les voluptés du sérail, se reposoit des soins du gouvernement sur Achmet son visir, dont l'avarice & la cruauté aliénerent le cœur des peuples.

Pour fournir aux débauches & aux prodigalités inouies de son maître, Achmet fit enfoncer pendant la nuit les portes du beseftain, & enlever tout ce qu'on y trouva de précieux ; il n'épargna pas même l'argent des mosquées, qu'on y gardoit en dépôt.

Chaque jour voyoit de nouvelles injustices, & la plus mince fortune devint un crime pour son possesseur,

Ayant banni une femme qui, depuis quelques années, fournissoit les beautés qui fer-

voient à fes plaifirs , Ibrahim eut l'imprudence de faire piller fa maifon, dans laquelle
on trouva quinze cens mille écus.

Au milieu de ces folles dépenfes , les
troupes étoient mal payées. Les gouverneurs obligés de fournir au vifir des fommes immenfes , pilloient les provinces
pour fe dédommager. On donnoit publiquement des permiffions de commettre les
plus affreux brigandages , & ces permiffions
n'avoient d'autre borne que celle des moyens
de l'acheteur.

Ibrahim aimoit paffionnément fes plaifirs.
Une femme qu'il appelloit *Sukhir Para* , (ou
petit morceau de fucre) étoit occupée à lui
fournir chaque jour de nouveaux objets.
Comme elle avoit la liberté de vifiter tous
les bains , elle lui rendoit compte de toutes
les belles perfonnes qu'elle y découvroit ;
ayant conçu une violente paffion pour la
fultane , veuve d'Amurath fon frere , il eut
recours à fon entremetteufe , pour gagner
les bonnes graces de cette princeffe , mais
elle ne voulut pas l'écouter. *Sukhir Para* lui
ayant parlé en ce temps-là de la fille du
muphti comme d'une beauté parfaite , il
jugea à propos de la demander en mariage ,

plutôt que d'entreprendre de la séduire ; le pontife connoissoit l'humeur inconstante d'Ibrahim, & sçavoit d'ailleurs qu'il avoit plusieurs enfans ; ainsi il lui répondit adroitement qu'il n'oseroit forcer l'inclination de sa fille, parce que cela étoit contraire à l'alcoran ; mais que si elle étoit disposée à profiter de l'honneur que sa hautesse vouloit lui faire, il étoit prêt à y consentir. Ibrahim ne manqua pas de faire faire des propositions à la fille du muphti ; mais cette jeune personne instruite par son pere, refusa la main du prince.

Le sultan irrité de ce mépris, bannit le muphti de sa présence, & quand il vit que tous les soins de Sukhir Para étoient inutiles, & que la fille du muphti étoit inflexible, il commanda au visir de la faire enlever quand elle reviendroit du bain. Après l'avoir violée, il la renvoya avec mépris à son pere. Le muphti dissimula quelque temps son ressentiment ; mais il s'ouvrit enfin à Mahomet pacha, un des principaux du divan, & à l'aga des janissaires. Le résultat de leur entretien fut de déposer Ibrahim ; pour réussir ils engagerent dans leur complot la sultane Validé, qui consentit qu'on renfermât son fils quelque temps pour

le corriger , & que l'on ôtât les fceaux à
Ahmed pour les donner à Mahomet.

La milice foulevée par Murat, aga des
janiffaires , réfolut de remédier tout d'un
coup au mal par la mort du vifir. Ce miniftre inftruit de la réfolution qu'on avoit
prife , quitta fon palais & fe réfugia fecrettement chez un ami. Sa retraite ne fut pas
longtemps cachée ; auffi-tôt les faphis , les
janiffaires & les gens de loi , qui s'étoient
affemblés, députerent au fultan un vakip (1),
chargé de lui annoncer que ne pouvant plus
fupporter la tyrannie du vifir , la milice
vouloit qu'on mît à fa place le bacha Mahomet , vieillard dont l'expérience dans les
affaires , la probité & le défintéreffement,
rendroient les peuples heureux & tran-
quilles. Ibrahim furieux , mais cachant fa
colere , cédant aux inftances de fon boftangi
bachi , qui lui remontroit le danger auquel il
s'expofoit en réfiftant ; Ibrahim dis-je, donna
à Mahomet le cachet d'or & le kaffetan
que reçoivent ordinairement les nouveaux
vifirs. On fe faifit auffi-tôt du malheureux

____

(1) Chef des parens de Mahomet , diftingués des
autres Turcs par un turban verd , qu'ils ont feuls le
droit de porter.

Achmet, qui ne put fauver fa vie en aban-
donnant tous fes biens. Après un entretien
de quatre heures qu'on le contraignit d'a-
voir avec le nouveau vifir fur l'adminiftration, il fut étranglé, & expofé aux infultes
de la populace.

Le lendemain matin, le muphti accompagné de tous les gens de loi & des chefs
de la milice, fe rendirent à la principale
mofquée ; après les prieres, on réfolut
d'envoyer au fultan ordre de comparoître,
& de fe juftifier de ce qu'on lui imputoit.
Ibrahim ne fit aucune réponfe aux députés.
Alors le muphti donna un decret ou fetfa,
par lequel il fut enjoint au fultan de comparoître *au char-alla*, c'eft-à-dire à la juftice
de Dieu, (fommation fi révérée chez eux,
que perfonne n'ofe s'y refufer.) Le fetfa ainfi
dreffé fut fignifié au fultan dans fon ferrail ;
il répondit à ceux qui le lui apporterent,
qu'il n'avoit aucun compte à rendre à ceux
qui le citoient ; mais que fi les troupes
avoient à lui dire quelque chofe, elles
pouvoient venir le trouver. Sur cette réponfe qu'on fut porter à l'affemblée, le
muphti élevant la voix, affura que, fuivant
les loix du prophete, fa femme étoit hors de

fa puiffance , & fes fujets dégagés du ferment de fidélité.

Malgré les remontrances de la validé ou
fultane mere , Ibrahim fut déclaré indigne
du trône , & fon frere proclamé fultan par
les cris de l'armée & du peuple.

Il ne s'eft jamais fait une dépofition fi
paifible ; tout ce changement fe fit en quarante heures , & quelques inftans après
tout étoit fi tranquille , qu'on doutoit de ce
qui venoit d'arriver. La milice fe montra
fi modérée , dit un voyageur , qu'une communauté ne pourroit procéder à l'élection de
leur fupérieur avec plus d'ordre & de tranquillité.

IDOLE punie.

Un habitant de Nankin voyant fa fille
unique attaquée d'une maladie fort dangereufe , & n'efpérant plus rien des remédes
de l'art , s'adreffa aux bonzes , qui lui pro-
mirent pour une fomme d'argent l'affiftance
d'une idole fort célébre. Le crédule Chinois donna aux bonzes la fomme qu'ils lui
demandoient , mais il n'en perdit pas moins
l'objet de fon affection. Dans la douleur de
fa perte il voulut fe venger : il porta fa

plainte au juge , pour demander que l'idole fût punie de l'avoir trompé.

« Si cet esprit (disoit il dans sa requête) est capable de guérir les malades, c'est une fripponnerie manifeste d'avoir pris mon argent & laissé mourir ma fille. S'il n'a pas le pouvoir qu'il s'attribue , que signifie cette présomption ? Pourquoi prend-il la qualité de Dieu ? Est-ce pour rien que nous l'honorons, & que toute la province lui offre des sacrifices » ?

Ainsi concluant que la mort de sa fille venoit de l'impuissance ou de la méchanceté de l'idole, il demandoit qu'elle fût punie corporellement, son temple abattu , & ses prêtres chassés de la ville. Cette affaire parut si importante , que les juges ordinaires en renvoyerent la connoissance au gouverneur, qui l'évoqua au viceroi de la province. Ce mandarin , après avoir entendu les bonzes, prit pitié de leur embarras ; il fit appeller leur adversaire, & lui conseilla de renoncer à ses prétentions , en lui représentant qu'il n'y avoit pas de prudence à presser trop certaine espece d'esprits qui étoient naturellement malins & pouvoient lui jouer quelque mauvais tour ; mais le

pere qui étoit inconfolable de la perte de
fa fille , ne voulut point abfolument fe dé-
fifter ; ainfi le viceroi fe vit obligé de renvoyer l'affaire devant les tribunaux ; elle
fut portée au confeil de Pekin , où après de
longues difcuffions l'idole fut condamnée au
banniffement perpétuel , comme inutile au
bien de l'empire , fon temple fut abattu , &
les bonzes qui en avoient abufé furent châtiés févérement.

J E A N-B R U L E M A N , Anglois ,

condamné à mort pour un crime atroce &
bifarre.

On trouve dans les papiers anglois l'anecdote fuivante. Un Anglois (y eft-il dit)
nommé Jean Bruleman , ennuyé de vivre,
& n'ayant pas le courage de s'ôter la vie,
entra dans un billard un fufil à la main , &
fe mit à regarder fort tranquillement les
joueurs. Il vit faire un beau coup , dont il
témoigna fa fatisfaction , & dit à celui qui
venoit de jouer : — monfieur, vous êtes un
bon joueur. Je veux vous montrer un coup
de ma façon , vous allez en juger ; dans le
même inftant il lui décharge fon fufil dans

le ventre. ⸺ Vous ne m'avez rien fait , je ne vous en veux en aucune façon , lui dit-il enfuite. Je devois tuer un homme pour me faire pendre, & votre malheur veut que je vous aye rencontré : j'en fuis fâché pour vous , car vous me paroiſſez un fort galant homme.

Les ſpectateurs indignés & ſurpris ſe jetterent ſur Jean Bruleman , qui ne fit aucune réſiſtance. Il fut conduit en priſon , & peu de jours après il eut le plaiſir d'être pendu, qu'il deſiroit (diſoit-il) depuis long-temps.

JEAN II, roi de Portugal,

punit le duc de Bragance.

L'hiſtoire de Portugal contient un trait qui annonce que Jean II , roi de Portugal, avoit une ame forte & courageuſe. Ce prince ayant été averti que le duc de Bragance avoit formé le deſſein de l'aſſaſſiner , le fit venir dans ſon palais, & lui dit d'un air tranquille : ⸺ mon couſin , j'ai une queſtion à vous faire , & un conſeil à vous demander. Quel traitement feriez-vous à un homme qui auroit envie de vous tuer ?

⸺ Je me hâterois de le prévenir, répondit

le duc : — eh bien, lui répliqua le roi, vous avez prononcé votre arrêt , & je vais l'exé-cuter moi-même. — En même temps se jettant sur le duc de Bragance , il lui enfonca un poignard dans le sein , & par cette action cruelle & vigoureuse il déroba sa vie au péril qui le menaçoit.

JEUNE HOMME

arrêté avec une troupe de voleurs , trouvé innocent : sa fortune extraordinaire.

Houssain-Ben-Sain , après avoir échappé au naufrage , & après avoir langui pendant sept mois dans les prisons , tomba entre les mains d'une troupe de voleurs, qui le voyant robuste & de bonne mine , lui don-nerent un cheval & des armes , & le con-traignirent de marcher avec eux.

Il y avoit fort peu de jours qu'il étoit enrôlé parmi ces brigands, lorsque les gardes du sultan Ibrahim , qui régnoit l'an 450 de l'hégire , tomberent sur eux, & les emme-nerent prisonniers à Gaznah , où ils furent tous condamnés à mourir. Houssain conduit sur le lieu du supplice comme les autres, fit sa priere & dit.

« Seigneur , vous ne commettez jamais
» d'injustice ; vous ne tombez jamais dans
» l'erreur ; permettrez-vous que l'innocent
» soit confondu avec le coupable ? »

Les officiers du sultan entendant ces paroles, s'informerent par quel hasard il s'étoit trouvé en si mauvaise compagnie : touchés du récit de ses aventures , ils le tirerent des mains de l'exécuteur pour le conduire au sultan , qui voulut entendre de sa bouche même l'histoire de ses infortunes. Persuadé de son innocence, il lui donna non seulement la vie, il prit encore soin de sa fortune. Ce jeune homme profita tellement de sa faveur, qu'il s'avança jusqu'aux premieres charges de l'état.

Après la mort d'Ibrahim, Massoud VIIe du nom , qui lui succéda, le nomma gouverneur général de la grande province de Gaour ou Gaur.

Il fut fondateur de la dynastie des Gaurides.

IMPOSTEUR.

(*Punition d'un*)

Un imposteur nommé Tison Colup , résolut en 1284 de se faire reconnoître pour l'empereur Frédéric II. Cet homme avoit beaucoup de reſſemblance avec l'empereur, dont il avoit été domeſtique. Une mémoire heureuſe lui rappelloit tous les événemens de la vie de Frédéric ; ſes guerres, ſes voyages, ſes aventures. Le roman qu'il débitoit étoit aſſez vraiſemblable. Il y avoit environ trente-quatre ans que Frédéric II étoit mort, & ce prince auroit eu pour lors 90 ans. L'impoſteur diſoit avoir cet âge, & il ajoutoit, que s'étant apperçu que ſes meilleurs amis le trahiſſoient, & qu'on avoit attenté à ſa vie par le poiſon, il avoit diſparu, & s'étoit caché dans un monaſtere appellé Florentine ; qu'il avoit fait répandre par deux domeſtiques qui lui étoient affidés, le bruit de ſa maladie, qu'on avoit placé un corps mort dans ſon lit, & que c'étoit ce corps que Conrard ſon fils avoit fait enterrer à Palerme comme celui de l'empereur. Il diſoit que traveſti au point de ne pouvoir être reconnu, il s'étoit réfugié dans la grande chartreuſe de Squillace en Calabre, où pour quelques diamans qui lui reſtoient il avoit trouvé un aſyle, d'où la crainte l'avoit tiré après la mort de ſon petit-fils Conradin, livré aux

bourreaux

bourreaux par Charles d'Anjou ; qu'après avoir resté quelque temps dans une autre Chartreuse , située près de Langres en Champagne , il revenoit enfin dans son empire.

Cet imposteur parvint à séduire d'abord le peuple ; soit haine contre Rodolphe , soit esprit de vengeance ou intérêt politique , le marquis de Misnie & le landgrave de Thuringe s'engagerent même à secourir Tilon Colup. Ce fourbe eut la témérité d'écrire à Rodolphe de se démettre de l'empire , & de convoquer une diete. Toutes les villes des bords du Rhin se déclarerent en sa faveur ; mais les habitans de Wetzlar en Hesse, où il s'étoit retiré , ne voulant pas s'exposer aux horreurs de la guerre , livrerent à l'empereur le faux Frédéric. Son procès fut instruit en peu de temps , & il fut condamné au feu après avoir avoué son imposture.

I M P O S T E U R *puni.*

L'an 235 de l'hégire , un imposteur nommé Mahmoud-Ben-Farage , s'avisa de vouloir passer pour Moïse ressuscité ; il jouoit si habilement son rôle , que plusieurs per-

fonnes affez confidérables fe laifferent fé-
duire & devinrent fes difciples. Son parti
s'augmentant chaque jour, il commença à
inquiéter le calife Mottavakkel, qui ufa
d'adreffe, & le fit arrêter dans un moment
où il étoit bien éloigné d'imaginer qu'on
voulût attenter à fa liberté. On arrêta également fes principaux difciples, qui furent
conduits avec leur chef devant Mottavakkel, qui avoit voulu les interroger lui-
même. Il écouta toutes leurs extravagances,
& condamna le prétendu Moife à recevoir
dix foufflets de chacun de fes difciples, & à
être fuftigé de maniere à lui faire renoncer
au métier de prophete.

Tous fes fectateurs furent renfermés &
traités comme des malades, jufqu'à ce qu'ils
euffent entierement renoncé aux vifions de
leur maître.

IMPOSTEUR *puni.*

Sous le regne de Cobad, roi de Perfe,
pere du fameux Chofroès, un impofteur
nommé Mazdack fçut tellement gagner l'efprit de ce prince, qu'il entreprit par fon
autorité de faire une nouvelle répartition
de biens dans toute la Perfe. Il fe mit à la

tête d'une nombreuse populace, attirée par l'espoir du butin, & dépouilla de leurs biens les grands & toutes les familles les plus riches de la Perse. Il se forma une conjuration contre Cobad qui le protégeoit, & les seigneurs de la cour résolurent de le détrôner; mais Mazdack soutenu d'un parti nombreux, fut assez adroit pour faire couronner à la place du prince légitime un de ses partisans secrets nommé Masraf; son triomphe fut à la vérité très-court, car Buzurgemihir, premier ministre du prince détrôné, sçut si habilement ménager les esprits, & mettre dans un si grand jour toutes les impostures de Mazdack, qu'il fit rétablir son maître, dont le premier soin fut de chasser Mazdack de ses états. Sous le regne de Noufchrivan, fils de Cobad, cet imposteur eut l'audace de revenir prophétiser à la cour ; mais il ne réussit point. Buzurgemihir conseilla à son maître de le faire arrêter. Son procès fut instruit; il fut déclaré impie, perturbateur de l'état, & comme tel condamné à mort, ce qui fut exécuté à la grande satisfaction des grands, qui craignoient que par son adresse il ne parvînt à avoir sur l'esprit du fils le crédit & l'ascendant qu'il avoit sçu prendre sur celui du pere.   D ij

IMPOSTURES *punies.*

Schirina, femme chrétienne, avoit été vendue fort jeune à Mangu, khan de la grande Tartarie. Elle reçut un jour un présent de quelques fourrures précieuses, sur lesquelles les prêtres du pays prirent plus que leur droit accoutumé, dans la cérémonie de la purification. Une de ses femmes l'ayant informée de cette fraude, elle leur en fit des reproches. Quelque temps après elle fut attaquée d'une maladie inconnue, qui lui faisoit souffrir des douleurs dans toutes les parties du corps. On appella les prêtres, qui dans ce pays font le métier de devins. Après différentes cérémonies aussi longues que ridicules, tous assurerent unanimement que l'impératrice étoit ensorcelée, & firent tomber l'accusation sur la femme qui avoit révélé leur fraude au sujet des fourrures. Cette malheureuse leur fut abandonnée & conduite sur le champ hors de l'enceinte des tentes, où elle reçut la bastonnade pendant sept jours consécutifs. Le khan instruit que les tourmens ne lui avoient rien fait confesser, gagné par l'impératrice mourante, qui demandoit grace pour elle dans les termes les plus touchans , força les prêtres de la remettre en liberté. Alors ils s’en prirent à la nourrice des jeunes princesses, mariée à un prêtre d’une secte ennemie de la leur. D’abord cette femme fut mise à la torture avec une de ses servantes, qui déclara que sa maîtresse l’avoit un jour envoyée faire diverses questions à un cheval. La maîtresse vaincue par les tourmens, avoua qu’elle avoit donné un charme à l’impératrice pour gagner sa faveur ; mais elle nia constamment d’avoir rien fait qui pût lui nuire. Elle s’accusoit, quoiqu’innocente , pour se sauver , mais elle n’en fut pas moins condamnée par les prêtres à être brûlée vive avec sa servante & son mari , qu’ils eurent l’adresse d’envelopper dans cette ridicule & barbare accusation.

Cependant Schirinna mourut, les prêtres dont la vengeance n’avoit pu se satisfaire sur cette impératrice , persuaderent à une autre femme du khan , qui venoit de perdre son fils , qu’il avoit été empoisonné par une de ses femmes. Cette idée fit une si profonde impression sur cette mere affligée , qu’elle se fit amener aussitôt deux enfans que Schirinna avoit laissés , & les fit massacrer en sa présence.

Cependant Mangu réveillé de son affou-
piffement par toutes ces horreurs, réfolut
d'y mettre fin. Il fit affembler les principaux magiftrats, & leur enjoignit de pourfuivre les coupables. Il ordonna en même
temps à fes gardes de creufer une foffe profonde, qu'il fit remplir à moitié de bois &
d'autres matieres combuftibles. Les juges
ayant trouvé que les accufés méritoient la
mort, il fit charger de chaînes fa femme,
qui féduite par les prêtres, s'étoit fouillé du
fang des enfans de Schirinna, & les prêtres
qui étoient au nombre de trente, & les fit
précipiter dans la foffe qu'il avoit fait creufer, où ils furent dévorés par les flammes
dans un inftant.

INCERTITUDE

des jugemens fondés fur des preuves.

La jurifprudence criminelle Angloife a fes
défauts, comme celle des autres nations.
Malgré les éloges qu'on ne ceffe de lui pro-
diguer, l'innocence n'a pas moins été expo-
fée en Angleterre que chez les autres peuples, à périr victime des formes. Le trait
dont nous allons rendre compte, & que

nous avons puisé dans les papiers Anglois, fournit une preuve évidente de cette triste vérité.

Un Anglois fut accusé devant lord Dyer, chef justicier de la cour des plaids communs, sous le regne d'Elisabeth, d'avoir assassiné son voisin. Un témoin déposoit « que traversant un champ au lever de l'aurore, il y avoit deux jours, il avoit apperçu, à quelque distance du sentier, un homme étendu par terre, & qui sembloit ou mort ou yvre; qu'il en approcha, & le trouva mort, la poitrine percée en deux endroits, son habit & sa chemise ensanglantés; qu'au reste, à l'inspection des deux blessures, il avoit jugé qu'elles avoient été faites avec une fourche; qu'enfin ayant jetté les yeux aux environs du cadavre, il avoit vu une fourche marquée des lettres initiales du nom de l'accusé; il produisoit en même temps la fourche, que l'accusé reconnoissoit pour la sienne.

» Un autre témoin disoit, que le matin du jour de cet assassinat, s'étant levé de très-bonne heure, dans l'intention d'aller dans un bourg du voisinage, il avoit apperçu l'accusé vêtu d'un habit de drap; que n'ayant pu se mettre en route, & ayant été dire au premier témoin qu'il avoit trouvé le voisin assassiné, & la fourche de l'accusé à côté de lui, ils étoient allé l'un & l'autre prendre le meurtrier, & qu'ils l'avoient conduit chez le juge de paix. Ce second témoin ajoutoit, qu'ayant examiné de près cet homme, pendant qu'il subissoit l'interrogatoire, il s'étoit apperçu qu'il n'avoit plus le même habit qu'il portoit le matin avant l'assassinat, que cette circonstance l'ayant frappé, & étant très-étonné de l'embarras & des désaveux de l'accusé, il avoit été dans sa maison par ordre du juge; que là, après avoir long-temps cherché, il avoit enfin trouvé le même habit que l'accusé portoit quelques momens avant le meurtre, dans la paille du lit, & tout ensanglanté. Un troisieme témoin assuroit, qu'il avoit entendu le prisonnier, quelques jours avant ce meurtre, menacer ce malheureux dont on poursuivoit l'assassin ».

L'accusé se contenta de répondre, qu'à la vérité il s'étoit élevé une dispute entre lui & cet homme. Qu'ils avoient chacun un champ dans la même paroisse tellement voisins, que pour aller dans le sien il falloit passer par celui de son voisin. « Le jour de fa mort , ajoutoit-il , j'allois de grand matin à mon champ , je portois ma fourche. A quelque pas du fentier j'apperçus un homme étendu & immobile comme s'il eût été mort ou yvre ; j'approchai pour lui donner du fecours , c'étoit mon voifin à l'agonie, & nageant dans fon fang , qui fortoit à grands flots de deux énormes bleffures qu'il avoit à la poitrine ; je le foulevai , je m'efforçai de le fecourir , je lui témoignai la douleur dont j'étois pénétré , je le follicitai de me nommer fes agreffeurs.

» Senfible à l'intérêt que je prenois à fa cruelle fituation , il voulut me parler , mais il ne put prononcer une fyllabe ; enfin après avoir lutté quelques momens contre la mort , il pouffa un horrible gémiffement , jetta par la bouche un torrent de fang dont je fus inondé , & il expira. Je prévis, continua l'accufé , que les foupçons de fa mort tomberoient fur moi , parce qu'on n'ignoroit point nos difputes & les menaces que nous nous étions faites ; pénétré de cette idée , je m'éloignai auffi promptement que fi j'euffe été l'affaffin , & dans le trouble où j'étois je pris la fourche du mort au lieu de la mienne, que je laiffai auprès du cadavre ; je courus précipitamment changer d'habit, de crainte que le sang dont le mien étoit couvert ne déposât contre moi, & je cachai mes vête-mens dans la paille de mon lit. C'est par un effet de cette même crainte que j'ai nié que j'eusse porté ce jour d'autre habit que celui dans lequel je fus arrêté.

» Telle est la vérité, dit l'accusé en finis-fant, & cependant j'avoue que je ne puis rien prouver de ce que j'avance ; coupable en apparence, innocent en effet, je n'ai d'autre témoin que Dieu & ma confcience ».

Cette défenfe ne fit aucune impreffion fur l'efprit du lord chef de la juftice ; il dit aux jurés qu'il ne voyoit aucune difficulté à con-damner cet homme à mort.

En Angleterre les jurés font les pairs & les juges des parties en matiere criminelle. Il faut qu'ils foient douze pour qu'un accufé foit légalement condamné, & fa fentence exécutée. Ils doivent tous être du même avis, une feule voix oppofée empêche la con-damnation. C'eft auffi l'ufage en Angleterre que le lord justicier fe retire pour laiffer les jurés opiner. Les douze jurés affemblés opinerent depuis le matin jufqu'à neuf heures du foir. Cette lenteur à prononcer dans un

procès qui paroiſſoit ſi clair, ſurprit le chef;
il envoya demander aux jurés pourquoi ils
ne s'étoient point encore ſéparés; ils lui
firent réponſe qu'ils étoient tous d'un avis
unanime depuis le matin, excepté le premier juré, qui ſoutenoit ſon opinion avec
une fermeté inſurmontable, & une conſ-
tance qui les obligeoit eux-mêmes à revenir
à ſon avis.

Le lord ſoupçonnant quelque prévarication dans la conduite de ce juré, leur ordonna à tous de reſter enfermés ſans feu &
ſans lumiere juſqu'à ce qu'ils fuſſent du
même ſentiment. Ils s'aſſemblerent pour la
ſeconde fois, & firent de nouveaux efforts
pour ramener leur confrere à leur avis;
mais leurs tentatives furent inutiles; le
premier juré perſiſta & dit qu'il ne change-
roit point d'avis, dut-il perdre la vie. Ne
pouvant vaincre ſon opiniâtreté, ils furent
forcés de déclarer l'accuſé innocent.

Le chef juſticier ayant appris ce jugement, entra en fureur contre les juges, &
leur fit les reproches les plus amers, &
forcé par la loi de ſouſcrire à leur ſentence,
il leur dit, *qu'il mettoit ſur leur compte le
ſang de l'homme aſſaſſiné.*

L'accufé après avoir entendu prononcer fa fentence, fe jetta aux genoux de fes juges, remercia la providence, & s'adreffant au lord jufticier : *Vous le voyez, mylord, vous le voyez, Dieu & la bonne confcience font les meilleurs juges.*

Ces mots prononcés d'un ton ferme & vrai, firent la plus vive impreffion fur le lord ; il fit faire des informations fur les mœurs du juré, qui par fon entêtement avoit fauvé la vie à cet homme. Ayant été inftruit que c'étoit un honnête homme, il l'envoya chercher, & l'engagea à lui confier les raifons de fa conduite étrange dans ce procès.

« Je veux bien, lui dit le juré, vous dévoiler mes motifs, fi vous m'affurez fur votre probité qu'avant ma mort vous ne divulguerez point ce que je vais vous déclarer. Cet homme que j'ai fait abfoudre n'eft point le meurtrier de fon voifin ; c'eft moi qui l'ai tué ; devois-je donc envoyer au fupplice un homme injuftement accufé ?

» Celui qu'on a trouvé mort, continuat-il, étoit le collecteur de ma paroiffe ; il étoit d'un caractere dur, emporté, violent. Il avoit été fur mon champ, & m'avoit pris beaucoup plus de froment qu'il ne lui en appartenoit. Je fus à lui, & sans le maltraiter en aucune maniere, je lui représentai son injustice; il me répondit par un torrent d'injures, & s'animant par mon silence, il tomba sur moi, & me donna avec sa fourche plusieurs coups dont je porte encore les marques. J'étois sans armes, & sous la main d'un furieux; il fallut ou me défendre ou périr sous les coups; je m'élançai sur lui pour lui arracher sa fourche, je le blessai plus que je ne désirois, & il est mort de ses blessures.

» J'étois bien assuré que la légitimité de ma défense me mettroit à l'abri de la rigueur de la loi; mais il m'en eut coûté ma fortune & celle de mes enfans, pour réparer ce meurtre involontaire; je souffrois des inquiétudes mortelles pour celui qu'on avoit arrêté à ma place, & j'ai souvent été sur le point de tout déclarer; mais je suis parvenu à force de sollicitations & d'argent, à me faire nommer premier juré, & j'ai pris soin d'ailleurs que rien ne manquât au prisonnier & à toute sa famille; vous sçavez le reste, mylord, & vous voyez que je n'ai pas agi sans raison ».

INCESTE.

Origine de la loi qui le permet en Perse.

Cambyse, amoureux de Méroé sa sœur, consulta les mages, pour sçavoir si la loi lui permettoit de l'épouser. Ces lâches conseillers répondirent qu'aucune loi ne s'expliquant là - dessus, le prince étoit libre de suivre sa volonté & de satisfaire ses desirs. On assure que telle est l'origine des mariages incestueux chez les Perses. Cet excès fut porté si loin parmi les sectateurs de Zoroaste, qu'une loi expresse déclara les plus dignes d'être élevés au sacerdoce, ceux qui étoient nés du mariage d'un fils avec sa mere , ce qui est le plus horrible de tous les incestes.

INNOCENT *condamné.*

On lit dans Quinte-Curce qu'Alexandre avoit un amour criminel pour Bagoas, eunuque Persan. Un seigneur de la famille de Cyrus, dans un moment de colere, ayant traité Bagoas de concubine, ce dernier en fut tellement outré de colere, qu'il jura d'employer tout son crédit pour le perdre auprès d'Alexandre. Ce conquerant ayant fait ouvrir le tombeau de Cyrus, pour lui rendre des honneurs funebres, on s'apperçut que ce fépulcre avoit été pillé. On n'y trouva qu'un vieux bouclier pourri, deux arcs, & un cimeterre; on s'attendoit à le trouver plein d'or & d'autres effets précieux, comme les Perfes en faifoient courir le bruit. Bagoas ne laiffa pas échapper cette occafion de fatisfaire fa vengeance; il repréfenta à Alexandre qu'il ne devoit pas être étonné fi les tombeaux des rois étoient vuides, puifque les maifons des fatrapes étoient pleines de l'or qu'ils en avoient tiré; qu'il avoit toujours oui-dire à Darius qu'il y avoit mille talens dans le tombeau de Cyrus, & que de-là étoient venues les profufions d'Orfines. Ce difcours de Bagoas irrita fi fort Alexandre contre Orfines, qu'il le fit arrêter, & le condamna à mort fur les dépofitions de faux témoins fubornés par Bagoas.

INNOCENS

condamnés & facrifiés aux formes de la juflice.

La naïveté & la raifon de Montaigne rendent précieux tout ce qui eft forti de fa plume. En parlant des victimes qui n'ont été que trop fouvent immolées aux formalités de la juftice, il dit : « Combien avons-nous découvert d'innocens condamnés jadis fans la coulpe des juges, & combien y en a-t-il eu que nous n'avons pas découverts ? ceci eft advenu de mon temps.

» Certains font condamnés à la mort pour un homicide ; l'areft finon prononcé, au moins conclud & arrefté. Sur ce poinct, les juges font advertis par les officiers d'une cour fubalterne voifine, qu'ils tiennent quelques prifonniers lefquels avouent difertement cet homicide, & aportent à tout ce fait une lumiere indubitable. On délibere fe pourtant on doit interrompre & différer l'exécution de l'areft donné contre les premiers. On confidere la nouveauté de l'exemple, & fa conféquence pour accrocher les jugemens : que la condemnation eft juridiquement paffée, les juges privés de repentance : fomme, ces pauvres diables furent confacrés aux formules de la juftice, & ils furent pendus malgré leur innocence.

I N N O C E N T *condamné.*

Un curé d'un petit village de la Flandre Efpagnole, homme d'une probité & d'une

vie

vie exemplaire, avoit pour voifin un miférable qu'il furprit un jour dans une action infâme. Loin de le dénoncer à la juftice, le curé garda le plus profond fecret, & fe contenta de lui faire des remontrances fur fa conduite. Loin de le toucher, ces exhortations l'irriterent au point qu'il réfolut de tout employer pour fe défaire de ce cenfeur importun ; ayant obfervé qu'en rentrant chez lui le curé jettoit négligemment fa foutanne dans une antichambre prefque toujours déferte ; il faifit un jour le moment où tout le monde étoit abfent, entra chez le curé, qui étoit alors occupé à écrire un fermon dans fon cabinet, trouva la foutanne, s'en empara, fe mit un rabat, & dans cet habillement il alla attendre hors du village un homme avec qui il avoit eu des démêlés affez vifs. L'ayant rencontré, il le poignarda, & cacha fon corps dans un buiffon touffu.

Craignant d'être apperçu en rentrant dans l'antichambre, il gagna un fentier obfcur & détourné, qui étoit voifin du jardin du curé, & jetta par-deffus le mur, dans un coin, la foutanne, le rabat & le poignard dont il s'étoit fervi.

Après avoir pris toutes ces précautions pour réuffir dans fon infâme deffein, il alla trouver les juges du lieu, leur dénonça le curé comme un affaffin, avec l'affurance d'un témoin oculaire. On fe tranfporta fur le lieu, on trouva le cadavre; de-là on courut à la maifon du curé, qu'on arrêta fur le champ. Sa maifon vifitée exactement n'offrit aucune preuve; on defcendit dans les caves, on n'y trouva également aucune trace du crime; il ne reftoit plus que le jardin; les juges l'ayant parcouru, apperçurent la foutanne, le rabat & le poignard enfanglantés. Ces indices firent croire auffi-tôt que le curé étoit coupable du crime.

Le fcélérat qui fe donnoit pour témoin ne fe démentit pas un inftant à la confrontation. La vie exemplaire, les mœurs irréprochables de l'accufé parloient en fa faveur; mais les preuves étoient fi fortes, que, malgré la plus vive compaffion, & malgré fa fermeté à protefter de fon innocence, on fe crut obligé de le condamner. Ce malheureux vieillard fut donc traîné au lieu du fupplice, où il expira en prenant le ciel à témoin de fon innocence.

Quatre ans après le dénonciateur fut arrêté pour un meurtre accompagné de vol, & condamné à être rompu. Ce fcélérat fe voyant fur l'échafaud, rendit un hommage tardif à l'innocence du curé, & révéla les déteftables artifices dont il s'étoit fervi pour perdre un homme qui lui avoit fauvé la vie, & qu'il n'avoit facrifié que pour fe fouftraire aux regards d'un homme ver- tueux, qui connoiffoit toute la baffeffe de fes penchans.

INQUISITION.

(Jurifprudence des différens tribunaux de l')

L'inquifition dans toutes les nations où elle exifte eft un tribunal redoutable, mais fa jurifprudence n'eft pas également rigou- reufe par-tout. Elle varie fuivant le carac- tere, les mœurs & le progrès des lumieres de chaque peuple qui eft foumis à fon em- pire.

Ce fut le pape Innocent III qui jetta les 1ers fondemens de l'inquifition. Il envoya d'abord S. Dominique avec Pierre de Châ- teauneuf en Languedoc, en qualité d'inqui- fiteurs, pour travailler à la converfion des

Albigeois & des Vaudois. Ce fut pour récompenfer leur zèle qu'il donna fpécialement la qualité d'inquifiteurs aux religieux de S. Dominique. L'empereur Frédéric fecond étendit l'autorité de l'inquifition en donnant plufieurs édits en fa faveur. Il prit ce tribunal fous fa protection, lui attribua la connoiffance du crime d'héréfie, privativement à tous autres, & ordonna que les perfonnes convaincues d'héréfie fuffent punies de mort.

En 1322 le pape Léon XXII mit tous fes foins à affermir l'établiffement de l'inquifition. Innocent IV fuivit fon exemple; ce ne fut cependant que fous le pontificat de Clément IV que le faint office fut folidement établi.

On trouve dans *le directoire des inquifiteurs*, (ouvrage fait *ex profeffo*, pour inftruire les inquifiteurs & leur fervir de regle) les principales maximes de la jurifprudence & de l'ordre judiciaire des tribunaux du faint office. On nous fçaura gré fans doute de rendre compte des plus importantes. Ces détails appartiennent à l'hiftoire des tribunaux, & entrent dans le plan de notre ouvrage.

« Une des premieres maximes du *directoire* est qu'en matiere d'héréfie on doit procéder tout uniment , fans les criailleries des avocats & la forme ordinaire des jugemens : *fimpliciter & de plano fine advocatorum & judiciorum ftrepitu & figura.*

» Parmi les crimes dont l'inquifition a droit de connoître , il y en a qu'on peut commettre feul , tels que l'*impiété* , *le blafphéme* , &c. D'autres qu'on ne peut commettre fans avoir au moins un complice ; d'autres enfin qui fuppofent plufieurs complices, comme d'affifter aux cérémonies judaïques , & les affaires de magie & de forcellerie , &c.

» Trois voies font admifes pour intenter les procés : fçavoir , *la délation* , *la dénonciation* , & *l'inquifition*.

» On reçoit le témoignage non - feulement des perfonnes qui peuvent dépofer d'une maniere légale dans les tribunaux ordinaires , mais encore 1°. des excommuniés ; 2°. des complices de l'accufé ; 3°. des infâmes & des perfonnes coupables de quelque crime que ce foit ; 4°. des hérétiques contre & jamais en faveur de l'accufé ; 5°. des infideles & des Juifs ; 6°. des parjures contre le même accufé dans la même caufe ; 7°. de la femme, des enfans, des parens & des domeftiques de l'accufé.

» Les noms de l'accufateur & des témoins font toujours inconnus à l'accufé.

» Les inquifiteurs font autorifés à faire ufage de toutes fortes de rufes pour arracher aux accufés l'aveu de leurs crimes. Il n'eft point d'adreffes qui ne leur foient permifes, (eft-il dit dans *le directoire*) pour tirer la vérité de la bouche des hérétiques, *gratiofe*, & fans avoir recours aux tourmens & à la queftion.

» Lorfqu'on permet à un accufé d'avoir un avocat, c'eft l'inquifiteur qui le nomme.

» Les témoins ne peuvent être reprochés que pour inimitié capitale, c'eft-à-dire lorf-qu'ils ont attentéà la vie de l'accufé.

» Les inquifiteurs ne peuvent être récufés également que pour inimitié capitale.

» Si l'accufé nie fon crime, & qu'il y ait des indices d'héréfie contre lui, les inqui-fiteurs peuvent lui faire donner la queftion; car (eft-il dit dans *le directoire*) *la quef-tion n'eft pas dangereufe, c'eft un des meilleurs moyens qu'on puiffe mettre en ufage pour purger le foupçon d'héréfie.*

» La sentence qui ordonne la question est conçue en ces termes : « Nous , par la grace de Dieu , *N.* inquisiteur , &c.... pour tirer la vérité de votre bouche , & afin que vous ne fatiguiez plus les oreilles de vos juges , *nous jugeons , déclarons & entendons* , qu'un jour , à telle heure , vous serez appliqué à la question , &c....

» Lorsque la sentence de torture a été prononcée , & pendant que les bourreaux se disposent à l'exécuter , l'*inquisiteur & des gens de bien* doivent faire de nouvelles tentatives pour engager l'accusé à confesser la vérité. S'ils ne réussissent pas , les tortionnaires doivent dépouiller le criminel avec une espece de *trouble* , de *précipitation* , & de *tristesse* qui puissent l'effrayer , & lorsqu'il est tout-à-fait dépouillé , on le tire à part , & on l'exhorte encore à avouer. On lui promet la vie à cette condition , à moins qu'il ne soit relaps.

» C'est assurément (est-il dit dans le directoire des inquisiteurs) *une coutume louable* d'appliquer les criminels à la question ; mais on ne doit pas imiter ces juges sanguinaires , qui , par une vaine gloire , emploient des tourmens recherchés & si cruels , que les

E iv

accusés meurent dans la torture , ou per-dent quelques-uns de leurs membres.

» Lorsque les criminels *feignent la folie* , pour éviter la torture , les inquisiteurs ne doivent pas différer pour cela de les faire appliquer à la question , qui peut mieux ser-vir en pareil cas que tout autre moyen pour connoître si la démence est vraie ou feinte ; & pourvu qu'il y ait d'ailleurs d'autres in-dices , il n'y a point d'inconvénient à les *éprouver ainsi* , vu qu'il n'y a pas danger de mort.

» Les peines que l'inquisition prononce sont , 1°. la purgation canonique.

» 2°. L'abjuration dans les cas de soupçon d'hérésie , & les pénitences dont elle est suivie.

» 3°. Les peines pécuniaires, c'est-à-dire, les amendes & la confiscation de biens.

» 4°. La privation de toute espece d'office & d'emploi.

» 5°. La prison perpétuelle.

» 6°. L'abandonnement du condamné à la justice séculiere ».

Nous nous bornerons à rendre compte de la maniere dont l'inquisition procéde dans le cas d'*abandonnement du criminel à la justice séculiere* ; c'eſt en effet l'exemple le plus important des loix pénales de l'inquiſition.

« Les perſonnes qui ſont dans le cas d'être abandonnées à la juſtice féculiere ſont , 1°. les relaps pénitens ; 2°. les hérétiques impénitens & non relaps ; 3°. les hérétiques impénitens & relaps ; 4°. les hérétiques négatifs ; 5°. les hérétiques contumaces ».

Voici la forme des ſentences qui abandonnent les *relaps* à la juſtice féculiere.

« Nous *N.....* inquiſiteur de..... ſommes bien & duement informés que *N....* accuſé de telle & telle héréſie , avez été convaincu de les avoir effectivement ſoutenues , & que , devenu plus ſage , vous les avez abjurées. On nous avoit rapporté depuis , que vous étiez retombé dans ces mêmes erreurs ; nous avons examiné la choſe avec ſoin , & nous avons reconnu que vous êtes en effet relaps. Comme vous revenez au giron de l'égliſe , & que vous abjurez votre héréſie nous vous accordons les ſacremens de la pénitence & de l'euchariſtie que vous demandez avec humilité, mais l'égliſe de Dieu ne peut plus rien faire de vous , après que vous avez déjà abuſé de ſes bontés..... A ces cauſes nous vous déclarons relaps, nous vous rejettons du for de l'églife , & nous vous livrons à la juftice féculiere , en la priant néanmoins affectueufement, (*affectuo-fius ,*) de modérer fa fentence , enforte que tout fe paffe envers vous fans effufion de fang , & fans danger de mort ».

» Lorfque le coupable a été livré à la juftice féculiere, celle-ci doit prononcer fa fentence , & le criminel doit être conduit au lieu du fupplice. Des perfonnes pieufes doivent l'y accompagner , l'affocier à leurs prieres, & ne le quitter que lorfqu'il a rendu fon ame à fon créateur ; mais ces *perfonnes pieufes* doivent bien prendre garde de rien dire ou de rien faire qui puiffe hâter le mo-ment de la mort du coupable , de peur de *tomber dans l'irrégularité.*

» Perfonne (eft-il dit dans *le directoire des inquifiteurs*) ne doute qu'il ne faille faire mourir les hérétiques ; mais on peut deman-der quel genre de fupplice il convient d'em-ployer. *Alfonfius Caftrus* penfe qu'il eft *affez indifférent* de les faire périr par l'épée, ou par le feu , ou par quelqu'autre fupplice; mais *Hoftienfis , Godofredus , Covarruvias , Simancas , Royas , &c.* foutiennent qu'il faut *abfolument les brûler ,* parce que le fupplice du feu eſt la peine dûe à l'héréſie. *Simancas* & *Royas* ajoutent qu'il faut les brûler vifs, en prenant cependant la précaution avant de les brûler, de leur *attacher la langue*, ou de leur *fermer la bouche*, afin qu'ils ne ſcandaliſent pas les aſſiſtans par leurs impiétés ».

Si la juriſprudence & la procédure des tribunaux du ſaint office, ſont capables d'inſpirer en Europe un juſte effroi, c'eſt ſur-tout dans les établiſſemens Portugais dans les Indes, que ces tribunaux (ſuivant les relations des voyageurs) exercent un empire abſolu, qu'ils allument des buchers, & qu'ils répandent la terreur par les tourmens les plus affreux.

Voici la deſcription que fait de l'inquiſition de Goa, un homme qui y avoit été détenu pendant deux ans. « Toutes les chambres (dit-il) excepté celles qui ſont deſtinées aux criminels les plus endurcis, ſont quarrées, voutées, blanchies, éclairées par une petite fenêtre grillée, qui ne ſe ferme point & à laquelle il eſt impoſſible d'atteindre. Les murailles de ces cellules, qui ſont au nombre de 200 ou environ, ont partout cinq pieds d'épaiſſeur. Chaque chambre eſt fermée par deux portes,

dont l'une est en-dedans & l'autre en-dehors
La porte intérieure est à deux battans ;
elle est forte, bien ferrée, & ouverte par
la moitié en forme de grille. Il y a une petite
fenêtre par laquelle les prisonniers reçoivent leur nourriture, qui est assez bonne à
Goa. Leur linge & les autres besoins passent
également par cette petite fenêtre, qui se
ferme à clef & avec deux bons verrouils; on
donne à chaque prisonnier un ballai pour
tenir sa cellule propre, une natte pour coucher, & un grand bassin pour ses nécessités,
avec un pot pour le couvrir & pour mettre
les ordures balayées, qu'on vient vuider
tous les quatre jours.

» On a grand soin de donner aux malades
les secours nécessaires ; ils ont des médecins, des chirurgiens & des confesseurs.

» Il y a à Goa deux inquisiteurs ; le premier,
qu'on appelle *inquisidor maior* ou le grand inquisiteur, est toujours un prêtre séculier,
& le second un dominicain. Les *deputados
do santo officio*, espece d'officiers adjoints,
sont en grand nombre. Il y en a de tous les
ordres religieux ; ils assistent au jugement
des criminels, à l'examen & à l'instruction
du procès, mais ils ne viennent jamais au

tribunal fans y être mandés par les inquifiteurs.

» D'autres officiers, nommés *calificadores do
fanto officio*, font chargés d'examiner les
livres où l'on foupçonne des propofitions
contraires à la pureté de la foi. Ils n'affiftent
point aux jugemens, & ne viennent au tribunal que pour faire le rapport de leur
commiffion.

» Il y a en outre un promoteur, un procureur, & des avocats pour les prifonniers
qui en demandent.

» Les *familiares do fanto officio*, font les
huiffiers de ce tribunal. Les perfonnes
de toute condition fe font gloire de remplir ces places, on y a vu même des ducs
& des princes. Les familiers font chargés
d'arrêter ceux qui font accufés devant ce
tribunal ; on obferve ordinairement d'envoyer un familier de même condition que
celui qu'on veut faire arrêter. Ils portent
tous une médaille fur laquelle font gravées
les armes de l'inquifition. Dès qu'ils ont
déclaré à quelqu'un qu'il eft appellé par les
inquifiteurs, on eft indifpenfablement obligé
de les fuivre ; à la moindre réfiftance tout
le monde leur prêteroit la main pour l'exé-

cution des ordres du saint office ; au reste ils ne reçoivent point de gages. Il y a en outre de véritables huissiers, un alcalde ou concierge, & des gardes pour veiller sur les prisonniers : devoir dont on s'acquitte avec beaucoup d'exactitude & de dureté.

» L'inquisiteur, accompagné d'un secrétaire & d'un interpréte, visite les prisonniers tous les deux mois ; il leur demande s'ils ont besoin de quelque chose, si on leur apporte à manger, s'ils n'ont point quelque plainte à faire contre ceux qui les approchent ».

Le même voyageur rend compte ensuite de la maniere dont l'inquisition fait le procès aux Juifs.

« Qu'un homme (dit-il) soit accusé d'avoir *judaïsé*, on le jette d'abord dans les prisons ; on employe toutes les voies d'une feinte douceur, pour le forcer à faire une exacte déclaration de ses biens. Au bout de quelques mois on l'appelle à l'audience, & on lui demande s'il sçait la cause de sa détention ; il ne manque pas de répondre qu'il l'ignore ; on l'exhorte à y penser sérieusement, & de le déclarer, puisque c'est le seul moyen d'obtenir sa liberté ; ensuite on le renvoye dans fon cachot. On le fait encore venir à l'audience quelque temps après, on l'interroge de la même maniere, & prefque toujours c'eft la même réponfe; mais enfin le temps de l'*auto-da-fé* approchant, le promoteur fe préfente, & lui déclare qu'il eft accufé par un bon nombre de témoins d'avoir judaïfé, c'eft-à-dire d'avoir obfervé quelques cérémonies de la loi de moïfe: On le conjure enfuite d'avouer fes crimes, parce que le faint office *voudroit de tout fon cœur lui conferver la vie.* Si cet homme perfifte à nier, on le condamne comme *convicto negativo*, c'eft-à-dire, comme accufé, convaincu, mais qui n'avoue pas, à être livré au bras féculier, pour être puni felon les loix, c'eft-à-dire *pour être brûlé.*

» Cependant on ne difcontinue point, on redouble au contraire les exhortations pour le déterminer à s'accufer lui - même, & pourvu qu'il s'accufe avant la veille de fa fortie il peut éviter la mort; mais s'il perfifte à ne rien avouer, on lui fignifie fon arrêt de mort le vendredi qui précéde le dimanche, jour de fa fortie. Cette fignification fe fait en préfence d'un huiffier de la juſtice féculiere , qui jette un cordon ſur les mains du coupable , pour marquer qu'il en prend poſſeſſion. On appelle un confeſſeur, qui ne doit plus quitter le condamné ni jour ni nuit, & qui met tout en uſage pour l'exhorter à ſauver ſa vie par un aveu. S'il perſiſte à nier , il eſt exécuté le dimanche ſuivant ; s'il avoue, on le déclare ſeulement infâme , & les inquiſiteurs lui tiennent ce diſcours : « Si tu as obſervé la loi de Moïſe, il faut, pour nous convaincre de la ſincérité de ton repentir , nommer ceux qui t'ont accuſé, & de plus tous ceux qui ont participé avec toi à ces abominables cérémonies ».

» Ceux qui ont été condamnés , ſont obligés de publier la clémence & la juſtice du ſaint office. Si quelqu'un entreprenoit de ſe juſtifier après ſa ſortie , il ſeroit auſſitôt dénoncé , arrêté & jugé , ſans aucune eſpérance de pardon.

Après avoir donné une idée des formalités admiſes dans les tribunaux de l'inquiſition des Indes Portugaiſes , nous devons finir ce tableau par la deſcription de la cérémonie qu'on appelle *auto-da-fé*.

Voici ce que raconte d'une cérémonie de

cette

cette efpece , faite à Goa en 1676 , un homme qui en fut acteur & témoin , nous le laifferons parler lui-même.

« L'on commença (dit - il) à fonner la cloche de la cathédrale un peu avant le lever du foleil , ce qui eft le fignal pour avertir les peuples d'accourir à cette cérémonie. D'abord on nous fit fortir un à un ; à mefure que nous fortions , le fecrétaire du faint office , une lifte à la main , nommoit un des habitans raffemblés dans une falle voifine , lequel venoit auffi-tôt fe joindre au criminel pour lui fervir *de parrain*. Ces parrains font chargés de répondre du criminel qui leur eft confié , & de le repréfenter après la cérémonie : cette fonction paffe pour être fort honorable. Les religieux Dominicains ouvrirent la marche , précédés de la banniere du faint office , repréfentant faint Dominique , d'une riche broderie , tenant *un glaive* d'une main , & de l'autre une *branche d'olivier* , avec cette infcription : *juftitia & mifericordia*.

» Ces religieux font immédiatement fuivis des prifonniers , qui marchent l'un après l'autre , accompagnés de leurs parrains , & un cierge à la main ; c'eft la différence des

crimes qui regle les rangs , les moins cou‑
pables marchent à la tête ; tous ont la tête
& les pieds nuds , & font revêtus d'habits
lugubres & horribles , fur lefquels on a
peint des diables , des flammes , &c.

» L'églife de faint François avoit été def‑
tinée pour cette cérémonie , nous y arri‑
vâmes couverts de honte & de confufion,
au milieu d'un peuple innombrable. Aux
deux côtés du grand autel, qui étoit tendu
en noir, étoient deux efpeces de trônes ,
l'un pour les inquifiteurs , l'autre pour
le viceroi ; les criminels , accompagnés
de leurs parrains , furent placés dans une
large enceinte , environnée de baluftrades.
On portoit les ftatues de deux hommes
morts dans les prifons , avec un petit coffre
contenant leurs os , qu'on devoit brûler,
car la mort ne met point à couvert de cette
redoutable jurifdiction. On l'a vu en effet
faire le procès à des gens décédés depuis
plufieurs années,& qu'on avoit accufés après
leur mort de crimes confidérables. On les dé‑
terre, on brûle leurs offemens , on confifque
tous leurs biens , dont on a foin de dépouil‑
ler foigneufement leurs héritiers....

» Après que chacun fut placé, un moine

Auguſtin monta en chaire , & fit un ſermon d'environ une demi-heure. Il fut remplacé par deux lecteurs , qui lurent publiquement le procès & la ſentence de chaque coupable.

» Après la lecture des procès des différens priſonniers qui n'étoient point deſtinés à perdre la vie, l'inquiſiteur quitta ſon ſiege pour ſe revêtir d'aubes & d'étoles , & accompagné d'une vingtaine de prêtres armés chacun d'une poignée de verges , nous fûmes abſous de l'excommunication qu'ils prétendoient que nous avions encourue , moyennant un coup que ces prêtres nous donnerent à chacun ſur notre habit. Cette cérémonie achevée , l'inquiſiteur ſe remit à ſa place, & l'on fit venir l'une après l'autre les malheureuſes victimes deſtinées à être immolées ; il y avoit une femme , un homme noir, accuſés de magie , & condamnés comme relaps , quoiqu'en effet auſſi peu ſorciers que ceux qui les faiſoient brûler ; les ſtatues & les oſfemens de quatre perſonnes mortes en priſon étoient auſſi deſtinés au feu.

» On lut les procès de ces infortunés , tous finiſſoient par ces *paroles conſolantes* , que le ſaint office ne pouvant leur faire grace, vu leur opiniâtreté, les livroit avec douleur & malgré lui à la justice séculiere, la suppliant instamment d'user de bonté & de miséricorde envers ces infortunés, & que si elle leur imposoit *une peine de mort*, ce fut au moins *sans effusion de sang.*

» Ensuite un huissier de la justice séculiere prit possession de ces malheureux, & la justice séculiere, par condescendance à la priere des inquisiteurs, livra ces malheureux aux flammes ».

Un autre voyageur qui a été instruit de ce qui se passe dans l'intérieur des tribunaux de l'inquisition, fait la description suivante de la maniere dont on y donne la question.

« Un bourreau, dit-il, deshabille le patient, lui lie les mains avec une corde, & le fait monter sur un petit siege, pour pouvoir passer des cordes dans des boucles de fer qui sont attachées à la muraille ; après cela il ôte le siége de dessous les pieds du patient, de sorte qu'il demeure suspendu par la corde, que le bourreau serre toujours plus violemment, jusqu'à ce que le criminel ait confessé, ou qu'un chirurgien qui est présent, avertisse les juges qu'il est en danger de mourir ; ces cordes caufent , comme on le peut aifément penfer , une douleur infinie, lorfqu'elles viennent à entrer dans la chair , & qu'elles font enfler les mains & les pieds jufqu'à tirer du fang par les ongles ; comme le patient fe trouve violemment ferré contre la muraille , & qu'en ferrant les cordes avec tant de force , on courroit rifque de déchirer tous fes membres , on a foin auparavant de le ceindre avec quelques bandes par la poitrine , qu'on ferre extrêmement , dans le moment qu'il fouffre le plus ; on lui dit , pour l'épouvanter , que ce n'eft que le commencement des fouffrances , & qu'il doit tout avouer avant qu'on en vienne à l'extrémité ; outre les tourmens dont on vient de parler , le bourreau laiffe tomber fur les os des jambes du patient une petite échelle où il eft monté , & dont les échelons aigus caufent une douleur incroyable ».

On prétend que l'inquifition n'eft plus auffi redoutable aujourd'hui qu'elle l'étoit autrefois. Il eft certain qu'en Italie fa jurifprudence eft bien moins rigoureufe qu'elle ne l'étoit dans le fiecle dernier. On avoit cru que ce tribunal étoit prefque fans fonctions depuis quelque temps en Portugal & Efpagne ; mais dans ce moment même les papiers publics rapportent un procès fameux qui vient d'être jugé par l'inquifition de Madrid. Nous terminerons cet article en tranfcrivant, d'après les journaux, les circonftances de ce dernier jugement. Elles nous difpenferont de faire aucune réflexion fur le pouvoir de cette redoutable jurifdiction dont les François ont le bonheur d'être affranchis.

« Le tribunal général de l'inquifition (dit le journalifte) tint à Madrid, le 24 novembre dernier (1778) un *auto-da-fé* fecret, dans lequel comparut, comme accufé, Paul OLAVIDÈS, affiftant de Séville, & furintendant des nouvelles colonies de Sierra-Morena. On procéda au rapport de fon affaire, qui dura depuis huit heures du matin jufqu'à midi & demi. Les griefs étoient renfermés dans 170 articles d'une part, & 70 d'une autre, fur le témoignage de 78 témoins. Ayant été déclaré hérétique dans toutes les formes, il fe préfenta en cette qualité, tenant en main une torche de cire verte, &

furchargé de la croix de faint André , dont néanmoins le grand inquifiteur lui fit grace. Par fa fentence *la confifcation de tous fes biens a été ordonnée , on l'a condamné à huit ans de clôture dans un couvent , pendant lefquels il devra jeûner tous les vendredis , fi fa fanté le lui permet ; ce qui fera remis à la décifion d'un directeur éclairé qu'on lui nommera , pour le fortifier dans la pratique de fes exercices fpirituels , & l'inftruire de la religion chrétienne. Il lui a été enjoint de faire régulierement fes prieres du matin & du foir , de lire* le Guide des pécheurs , *du révé-rend pere* Louis de Grenade *, de réciter tous les jours , à genoux , le rofaire , ainfi qu'un* credo *; il a été déchu de tous fes titres & charges , & déclaré incapable d'en poféder jamais aucune ; il lui a été défendu d'ufer , à l'avenir , de vête-mens de foie , de velours , de tiffus d'or & d'ar-gent , & de porter des pierreries ; il lui a été ordonné au contraire , de s'habiller de drap jaune le plus commun ; il lui a été encore dé-fendu de monter à cheval & de porter des armes. On prononça enfuite fon banniffement perpétuel de Séville , de toutes les maifons royales , de Madrid , des nouvelles colonies , de Lima , lieu de fa naiffance , &c.......* On lui fit faire , en fa qualité d'hérétique, une abjuration folemnelle ; il fut abfous de l'excommunication, & réconcilié avec l'églife, fuivant toutes les formalités prefcrites par les faints canons ; à cet effet, quatre prêtres en furplis fe préfenterent, ayant chacun une *poignée de verges* à la main, dont ils le frapperent fur les épaules, fuivant la cérémonie d'ufage, pendant qu'on récitoit le pfeaume *Miferere.* Il fut interrogé fur plus de 30 articles de croyance. Dès que les deux fecrétaires eurent fini de lire la procédure, au moment où l'on prononça ces mots qui commencent la fentence, *Nous le déclarons atteint & convaincu d'héréfie*, l'infortuné Olavidès tomba en fyncope de deffus la fellette. Il ne perdit cependant pas entierement connoiffance ; on lui donna à boire de l'eau & du vin, ce qui le rétablit, & le mit en état d'entendre fa fentence ; il fit enfuite fa profeffion de foi, baigné dans fes larmes, & pouffant les plus triftes gémiffemens, &c. &c. &c......

INTAPHERNE.

(*Punition d'*)

Après la mort de Smergdis le mage, les

feigneurs qui avoient confpiré contre lui ,
s'étoient réfervé , entre autres marques de
diftinction , les entrées libres chez le roi , en
tout temps , excepté quand il feroit feul
avec la reine. Intapherne , un de ces feigneurs , auquel on refufa un jour , par cette
raifon, l'entrée de l'appartement de Darius,
tranfporté de colere contre les officiers du
palais, les maltraita d'une maniere étrange ; il
leur balafra le vifage à coup de fabre. Darius
fentit vivement cette injure , & la diffimula
d'abord , craignant qu'il n'y eût un complot formé entre les feigneurs de fa cour ;
mais s'étant affuré du contraire , il fit arrêter
Intapherne , fes enfans & toute fa famille ,
& les condamna à mort , confondant par
une aveugle févérité les innocens avec les
coupables. La femme d'Intapherne venoit
tous les jours aux portes du palais , verfant
des larmes en abondance , jettant des cris ,
pouffant des fanglots , & ne ceffant d'implorer la clémence du roi. Il ne put réfifter
à un fpectacle fi touchant , & confentit de
lui accorder la grace de celui de fa famille
qu'elle lui défigneroit. Ce fut un grand embarras pour cette femme infortunée , qui
defiroit de les fauver tous. Enfin après une

longue délibération , elle fe détermina en faveur d'un frere qu'elle aimoit tendrement. Ce choix où il paroiffoit qu'elle avoit peu écouté les fentimens de l'amour maternel & conjugal étonna Darius. Il lui en fit demander la raifon : elle répondit qu'un nouveau mariage pouvoit lui donner un mari & des enfans ; mais que fon pere & fa mere étant morts , elle ne pouvoit efpérer de recouvrer un frere. Le roi , outre la vie de fon frere , lui accorda celle de l'aîné de fes enfans.

J O U E U R. (*Punition d'un*)

A la Chine les punitions font toujours proportionnées au crime ; il y en a de légeres pour les fautes de peu d'importance.

Un miffionnaire François dit qu'étant un jour entré dans la feconde cour d'un tribunal, il y vit plufieurs jeunes gens à genoux , dont quelques-uns portoient fur la tête une pierre du poids de fept ou huit livres , tandis que d'autres tenoient entre leurs mains un livre qu'ils paroiffoient lire avec beaucoup d'attention ; de ce nombre étoit un jeune époux, qui aimant le jeu à l'excès , avoit perdu une partie de la fomme que fon pere lui avoit donnée pour son établissement. Les exhortations, les réprimandes, les menaces, n'ayant pu servir à le corriger, ses parens l'avoient amené au tribunal. Sur leurs plaintes le mandarin l'avoit fait approcher; il avoit commencé par des reproches & par des conseils, ensuite il se disposoit à lui faire donner la bastonnade, lorsque sa mere entrant brusquement, & s'étant jettée à ses genoux en répandant des larmes, lui avoit demandé grace pour son fils. Le mandarin touché de compassion, s'étoit fait apporter un livre composé par l'empereur pour l'instruction de ses sujets, & l'ouvrant à l'article qui traitoit de l'obéissance filiale, il avoit dit au jeune homme : « Vous me promettez de renoncer au jeu & d'écouter les conseils de votre pere. Je vous pardonne ; mais allez vous mettre à genoux dans la gallerie, & tâchez d'apprendre par cœur cet article ; vous ne quitterez le tribunal qu'après me l'avoir répété, & m'avoir promis de l'observer le reste de votre vie ».

Le jeune homme eut besoin de trois jours pour apprendre l'article ; après avoir satisfait à ce qu'on exigeoit, il eut la liberté de se retirer.

JOURDAIN DE LILLE,

condamné à étre pendu.

Sous Charles-le-Bel en 1323 , un gentil-homme d'un grand nom , Jourdain de Lille , feigneur de Cafaubon , fameux par fes brigandages , fut cité devant le roi pour répondre à dix-huit chefs d'accufation , dont le plus léger méritoit la mort. Le coupable qui fçavoit que le roi étoit *févere jufticier,* eut recours pour fe fauver à la protection du pape. En faveur de l'alliance qu'il avoit avec ce gentilhomme , le pontife voulut bien intercéder pour lui , & parvint à obtenir fa grace.

Tant de facilité ne fit qu'enhardir Jourdain ; bientôt il fe fouilla de crimes énormes, violant les vierges , tuant tout ce qui lui réfifloit , protégeant tous les brigands des environs. Cité une feconde fois à la cour du roi , il ofa affommer l'huiffier qui lui apportoit cet ordre , & comparut cependant accompagné d'une foule de gentilshommes. Jourdain comptoit toujours fur la protection du pape. Mais cette fois elle n'eut pas le crédit de le fauver. Il fut conduit dans les

prisons du châtelet, jugé sur le champ, &
condamné à mort. Il fut d'abord traîné à la
queue d'un cheval, ensuite pendu.

ITHIER. (*Supplice d'*)

En 1474, sous le regne de Louis XI, on
découvrit une conspiration contre la vie de
ce monarque. Ses démêlés avec le duc de
Bourgogne firent soupçonner ce dernier
d'avoir tramé cette perfidie. Un nommé
Ithier, marchand habile, après la mort
du duc de Guyenne qui l'aimoit, se retira
auprès du duc de Bourgogne, malgré les
offres que le roi lui fit faire pour le retenir à son service. Louis qui cherchoit à
exciter l'industrie, & qui ne croyoit pas
qu'il fût indigne de chercher à s'attacher un
commerçant intelligent, fit offrir à Ithier
une place de maître des comptes, & une
pension de 1000 livres, s'il vouloit se fixer
dans sa patrie. D'abord Ithier refusa ; ensuite, sous prétexte de prendre des arran-
gemens, il fit partir un de ses facteurs
nommé Hardy, à qui il promit cinquante
mille écus de récompense s'il pouvoit trouver les moyens d'empoisonner le roi. Hardy
s'aboucha secrettement avec un nommé

Colinet de la Chenaye, qu'il avoit connu au service du duc de Guyenne, auquel il promit la moitié de la récompense qu'il espéroit. Colinet étoit officier de la bouche du roi; il se chargea de gagner un de ses camarades, qui étoit plus à portée d'exécuter ce projet; il amena ce camarade au rendez-vous. Dans la conférence qu'ils eurent ensemble, ils trouverent des moyens si faciles, que Hardy ne fit aucune difficulté de leur livrer le poison. Ces deux fideles domestiques coururent aussi-tôt avertir le roi du détestable complot formé contre sa personne. Hardy fut arrêté sur le champ; pour donner au crime plus d'authenticité, il fit livrer le coupable aux officiers municipaux de la ville de Paris, qu'il commit pour juger cette affaire, quoique dans le cours de la justice elle ne fût nullement de leur ressort. Après l'instruction du procès la sentence fut prononcée par Gaucourt, gouverneur & lieutenant pour le roi de la ville de Paris, assisté du prévôt de Paris, de celui des marchands, du premier président, des échevins, du procureur & du greffier de l'hôtel de ville. Hardy après avoir été traîné sur la claie, fut écartelé sur un échafaud, sa tête

attachée au bout d'une lance , le tronc jetté
au feu , & fes quatre membres portés dans
quatre des principales villes frontieres,
pour y être attachés avec le *dictum* de
l'arrêt. On démolit fa maifon , & fur l'em-
placement on planta un poteau où furent
gravés fon crime & fa punition.

On ne fit aucune mention du duc de Bourgogne dans toute l'inftruction du procès ;
cependant l'éclat qu'on affecta de donner à
cette affaire , la grandeur de la récompenfe
promife , qui fe trouvoit bien au-deffus de
la fortune d'Ithier , firent regarder le duc
comme auteur de cet attentat.

JUGE PRÉVARICATEUR,

comment puni en Perfe.

Il paroît qu'en Perfe les rois veilloient
avec le plus grand foin à ce que la juftice
fût adminiftrée avec beaucoup d'intégrité
& de défintéreffement. On rapporte qu'un
juge s'étant laiffé corrompre par des préfens,
fut impitoyablement condamné à mort par
Cambyfe, qui ordonna de plus qu'on écor-
chât ce juge prévaricateur & qu'on étendît
fa peau fur le fiege où fon fils qui fuccédoit

à sa charge devoit s'asseoir, afin que l'exemple de son pere le retînt continuellement dans le devoir.

JUGE INTEGRE ET COURAGEUX,

récompensé pour avoir puni un grand seigneur.

L'empereur Justin étoit sujet à des accès de démence qui l'obligeoient de se tenir presque toujours renfermé dans son palais. Inaccessible aux plaintes des opprimés, il laissoit, sans le vouloir, une libre carriere à la violence & à l'avidité des grands. La force seule tenoit lieu de justice. L'état éprouvoit tous les désordres de l'anarchie; les cris de l'innocent réveillerent enfin le prince de cette funeste léthargie; il établit préfet de la ville un magistrat integre, plein de fermeté & de vigueur, qu'il autorisa à punir les coupables sans distinction d'état ni de rang; il déclara que les sentences du préfet seroient exécutées sans appel, & qu'il ne feroit grace à personne. Cette déclaration & la réputation du préfet, effrayerent tous les tyrans, excepté un seul, qui se crut au-dessus des loix.

Une pauvre veuve vint se jetter aux
pieds

pieds du préfet, se plaignant d'un officier général qui l'avoit dépouillée de tous ses biens. Par ménagement pour ce seigneur, qui étoit parent du prince, le préfet lui écrivit pour le prier de rendre les biens qu'il avoit usurpés, & lui fit remettre cette lettre par la personne offensée ; pour toute satisfaction elle ne reçut que des outrages & de mauvais traitemens. Indigné de cette insulte, le préfet cite l'accusé devant son tribunal, celui-ci ne répond que par des railleries contre le jugement ; au lieu de comparoître, il va dîner au palais où il étoit invité, avec un grand nombre de courtisans. Le préfet ayant appris qu'il étoit à table avec le prince, entre dans la salle du festin, & s'adressant à l'empereur : « Seigneur, lui dit-il, si vous persistez dans la résolution que vous avez annoncée de châtier le crime, je continuerai d'exécuter vos ordres ; mais si vous renoncez à ce dessein si digne de vous, s'il faut que les plus méchans soient admis à votre table & honorés de votre faveur, acceptez la démission d'une charge désormais inutile ».

Frappé d'une remontrance si hardie : « je n'ai point changé (dit Justin) poursuivez

par-tout l'injuftice , je vous l'abandonne ;
fût-elle affife fur le trône avec moi , j'en
defcendrois pour la livrer au châtiment ».

Armé de cette réponfe , l'intrépide magiftrat fait faifir le coupable au milieu des
convives , le traîne au tribunal , écoute la
plainte de la veuve , & l'accufé ne pouvant
alléguer aucun moyen de défenfe , il le fait
dépouiller , battre de verges , & promener
fur un âne , la face tournée vers la queue ,
par toutes les places de la ville ; fes biens
furent faifis au profit de la veuve. L'empereur qui vit l'ufurpation & la violence ré-
primées par cette jufte fermeté, récompenfa
le préfet en le créant patrice , & en lui affu-
rant fa charge pour le refte de fa vie.

JUGE EMBARRASSÉ.

Explication adroite.

Trois freres Arabes en voyageant , firent
rencontre d'un chamelier, qui leur demanda
s'ils n'avoient point vu un chameau qui
s'étoit égaré fur le chemin qu'ils tenoient.
L'aîné d'entr'eux demanda au chamelier s'il
n'étoit pas borgne? — oui répondit-il ; — le
fecond ajouta , il lui manque une dent fur le

devant, ce qui fe trouva vrai ; le troifieme
frere dit — je gagerois qu'il eft boiteux. Le
chamelier fur ces difcours ne douta point qu'ils
n'euffent vu fon chameau, & les pria de lui apprendre où il pouvoit être.— Suivez, dirent-
ils, le chemin que nous tenons ; il les crut &
les fuivit longtemps fans rien trouver. Quelque temps après ces freres lui dirent , il eft
chargé de bled , il porte de l'huile d'un côté
& du miel de l'autre. Inftruit de la vérité de
tout ce qu'ils difoient, le chamelier redoubla fes inftances pour les engager à lui découvrir le lieu où ils l'avoient vu. Alors ils
lui jurerent que non feulement ils n'avoient
point vu fon chameau , mais qu'ils n'en
avoient pas même entendu parler à d'autre
qu'à lui ; après plufieurs conteftations il les
cita en juftice , & ils furent emprifonnés.

Le juge embarraffé fur la décifion , &
s'appercevant d'ailleurs qu'ils étoient gens
de qualité, les envoya au prince , qui voulut
les interroger lui-même, & apprendre comment ils fçavoient tant de chofes de ce
chameau qu'ils n'avoient jamais vu. Après
avoir apperçu , répondirent-ils, que dans le
chemin l'herbe & les chardons étoient
broutés d'un côté , fans qu'il parût rien de

mangé de l'autre , nous avons conclu que l'animal étoit borgne ; dans les herbes qu'il a broutées , nous avons aussi remarqué qu'il en est resté au défaut de sa dent , & à ses pieds qu'il en traînoit un , c'est ce qui nous a fait dire qu'il lui manquoit une dent & qu'il étoit boiteux. Ses deux pieds de devant étoient imprimés sur le sable fort près de ceux de derriere , il étoit donc extrêmement chargé ; quant à l'huile & au miel , nous nous en sommes apperçus par les fourmis & les mouches amassées de côté & d'autre dans le chemin , où il pouvoit avoir tombé quelques goutes de ces deux liqueurs; par les fourmis nous avons conjecturé le côté de l'huile , & par les mouches celui du miel.

Charmé de cette explication , le prince , loin de les punir , les retint plusieurs jours dans son palais , où ils furent magnifiquement traités.

JUGES NÉGLIGENS *punis.*

Une veuve vint se plaindre à Théodoric, roi des Ostrogoths, de ce qu'elle ne pouvoit obtenir le jugement d'un procès qu'elle avoit depuis trois ans contre un sénateur.

Théodoric fit auffi-tôt appeller les juges, &
leur dit : — fi vous ne terminez cette affaire,
je vous jugerai moi-même. Le lendemain la
fentence fut rendue, la veuve vint remercier
le prince, un cierge à la main, fuivant la
coutume du temps. — Où font les juges,
demanda l'empereur, qu'on les amene
fur le champ, & dès qu'il les apperçut :
pourquoi, dit-il avec indignation, avez-
vous prolongé pendant trois ans une affaire
qui ne vous a coûté à juger, d'après mes
ordres, qu'un jour de difcuffion ? — Après
ce reproche, il leur fit trancher la tête.

JUGEMENT SINGULIER.

Un bourgeois d'Ifpahan retournoit chez
lui avec de la viande qu'il venoit d'acheter ;
il rencontra dans la rue le commiffaire du
quartier, qui lui demanda ce qu'il portoit :
« c'eft de la viande, répondit-il, & c'eft
un tel boucher qui me l'a vendue & me l'a
fait payer plus cher que la taxe, encore
ne m'a-t-il pas donné le poids ; il manque
au moins deux ou trois onces à ce morceau ».
—Menez-moi, dit le commiffaire, dans l'endroit où vous l'avez prife ; y étant arrivé,
il ordonna au boucher de pefer la viande,

il s'y trouva effectivement quelques onces de moins. — Quelle justice demandez vous de cet homme, dit alors le commissaire au bourgeois : — je demande, répondit le bourgeois, autant d'onces de sa chair qu'il en a retranché du morceau qu'il m'a vendu. — Vous l'aurez, lui dit le juge, & vous la couperez vous-même ; mais si vous en prenez plus ou moins que le poids vous aurez le poing coupé. Le bourgeois sentit tout le danger de la restitution cruelle qu'il avoit exigée, & ne demanda aucune satisfaction au boucher.

JUGEMENT DE LA CROIX.

L'histoire d'Italie renferme l'anecdote suivante sur le jugement de la croix. En 788 le bruit s'étant répandu qu'on se disposoit à faire une irruption en Italie, l'empereur ordonna qu'on s'empressât de rétablir les fortifications de Vérone qui se trouvoient en fort mauvais état. Cet ordre occasionna une dispute très-vive entre les ecclésiastiques & les bourgeois de la ville. Il s'agissoit de sçavoir lequel de ces deux ordres de citoyens devoit payer la plus forte contribution pour cette réparation. Cette contestation fut décidée par le jugement de la croix ; on choisit deux champions, l'archiprêtre *Arégas* pour les bourgeois, l'archidiacre *Pacifique* pour le clergé ; on fçait que celui qui pouvoit tenir fes bras étendus en croix pendant le plus long efpace de temps étoit le vainqueur. Les deux champions fe placerent debout devant un autel où l'on célébra la meffe. Le prêtre lut la paffion felon faint Matthieu ; il fut à peine à la moitié, qu'Arégas baiffa infenfiblement les bras , & fe laiffa tomber par terre. Pacifique plus vigoureux foutint cette pofture jufqu'au bout ; en conféquence le clergé ne paya qu'un quart des réparations.

JUGEMENT SINGULIER DES ÉPHORES.

Le ridicule & le mépris font fouvent des peines plus efficaces que les punitions corporelles. Elles livrent les coupables à la rifée publique & au deshonneur, & cette vengeance eft un frein quelquefois plus utile que les fupplices. Le trait fuivant fournit un exemple de cette vérité.

Des habitans de Clazomene qui étoient venus à Lacédémone , eurent l'infolence de remplir d'ordures & de boue les chaires où se plaçoient les éphores pour rendre la justice, & pour décider les affaires de l'état. Ces magistrats affecterent de ne point paroître offensés de cette insulte. Ils firent seulement annoncer dans les rues : *qu'on sçache qu'il est permis aux Clazoméniens de faire des sotises.*

JUIFS.

(*Punition de sept*)

Charles VI, pour favoriser la propagation du christianisme, avoit abrogé la coutume qui dépouilloit les Juifs nouveaux convertis des biens qu'ils possédoient avant leur abjuration, ce qui en engagea plusieurs à se faire baptiser. Un des principaux d'entr'eux disparut après sa conversion ; aussi-tôt on ne manqua pas d'accuser les Juifs de l'avoir fait mourir secrettement, ou de l'avoir forcé de retourner au judaïsme. Sept des plus riches furent arrêtés par le prévôt de Paris, malgré les réclamations de l'évêque. Ces malheureux furent appliqués à la question, & condamnés au feu. Le prévôt mandé par le parlement pour rendre compte d'un jugement si rigoureux, allégua pour justifier sa conduite

« que la violence faite à l'efprit devoit être plus févérement punie que celle exercée contre le corps ; qu'un raviffeur des biens de l'églife étoit puni comme facrilége, qu'à plus forte raifon on devoit pourfuivre ceux qui attentoient fur les ames, temples vivans du Seigneur ». Ces principes rigoureux ne furent point approuvés par le parlement, cette cour infirma la fentence, & condamna feulement les coupables à être fouetés pendant trois dimanches confécutifs. Après avoir effuyé ce traitement les deux premieres fois, ils fe racheterent par une amende de 18000 francs d'or , qui furent (dit-on) employés à la conftruction du petit pont de l'Hôtel-Dieu.

JUIVE,

favorite d'un fultan , punie d'une maniere remarquable , pour avoir abufé de fon crédit.

Achmet n'avoit que quatorze ans lorfqu'il fuccéda à Mahomet III fon pere. Dès les premiers jours de fon regne ce jeune prince fut attaqué de la petite vérole. La fultane fa mere, qu'il avoit appellée au gouvernement de l'empire, mit auprès de lui une de ſes femmes, Juive de nation. Cheira, c'étoit le nom de cette femme , ſe rendit très-agréable au prince par ſes ſoins complai-ſans , par ſa gaieté, par les contes plaiſans qu'elle lui faiſoit , & ſur-tout par d'excellent vin dont elle lui faiſoit prendre de temps en temps, malgré la défenſe des médecins & de la loi. Revenu en ſanté, le ſultan laiſſa prendre , ainſi que ſa mere, tant de pouvoir ſur ſon eſprit à cette femme intrigante , que toutes les graces & toutes les charges dépendirent bientôt de ſa faveur. Elle vendit à une de ſes créatures la dignité de viſir, à une autre celle de muphti; enfin la Juive faiſoit tout à Conſtantinople, & l'argent pouvoit tout ſur la Juive. Un abus ſi injuſte & ſi public ne pouvoit durer; la milice ſoulevée par quelques ſeigneurs mécontens, courut en fureur arracher du ſerrail cette intrigante , qu'elle traîna chez le cadi. Obligé de céder à la violence , le juge prononça contre cette malheureuſe la ſentence que lui diſſa la ſoldateſque irritée. On la contraignit d'avaler de l'or fondu , & ſon corps ayant été mis en pieces fut atta-ché par parties aux portes des principaux

feigneurs. Celle du muphti eut la main,
avec cette infcription :

« Voilà la main qui t'a vendu ta charge &
» la faveur de la cour.

La tête fut clouée à la porte du palais du
vifir, avec ces mots au-deffous :

» C'eft la tête qui t'a donné des confeils
» pernicieux à l'état.

On pendit la langue à la maifon du cadi
principal, avec cet écriteau :

» Reçois la langue qui te dictoit l'injuf-
» tice ».

JULIEN, l'empereur.

(*Belle réponfe de*)

Julien parvenu à l'empire, établit une
chambre de juftice pour rechercher tous
ceux qui avoient abufé de la faveur de
Conftance fon prédéceffeur ; il nomma pour
préfider cette chambre Sallufte, homme
fage & modéré, qu'il venoit d'élever à la
dignité de préfet du prétoire, à la place
d'Elpide, mais il lui donna pour affeffeur
Arbétion, qui auroit dû éprouver le premier
la féverité de ce tribunal. Ce politique corrompu, auteur de tant de fourdes intrigues,

autrefois ennemi de Gallus & de Julien même, avoit fçu par fa foupleffe obtenir fa confiance. Il étoit l'ame de cette commiffion, les autres n'agiffoient qu'en fous-ordre. Beaucoup d'innocens furent facrifiés avec les coupables ; Florence entr'autres, qui avoit mérité la haine de Julien, fut condamné à mort ; mais dès la premiere nouvelle de la mort de Conftance, il avoit pris la fuite avec fa femme. Deux délateurs vinrent offrir à Julien de lui découvrir la retraite de Florence, mais il les repouffa avec indignation : « Il eft indigne d'un empereur, leur dit-il, de profiter de votre méchanceté pour découvrir l'afyle d'un malheureux, qui eft affez puni par la crainte continuelle d'être découvert ».

J U R I S C O N S U L T E S,

Comment confidérés chez plufieurs nations anciennes, & fur-tout chez les Romains.

Les anciens donnoient à leurs jurifconfultes le nom de fages & de philofophes. La philofophie & la jurifprudence ont en effet pour objet l'amour & la pratique de la juftice. Pythagore, Dracon, Solon, Lycurgue & plufieurs autres, ne devinrent légiflateurs de la Grece, que parce qu'ils étoient philofophes & jurifconfultes.

Les Egyptiens eurent pour jurifconfultes & légiflateurs trois de leurs princes : fçavoir les deux Mercures & Amafis.

Minos donna des loix à l'île de Crete ; mais s'il eft glorieux de voir des rois au nombre des jurifconfultes, il ne l'eft pas moins de voir des princes renoncer au trône pour fe confacrer entiérement à l'étude de la jurifprudence, tel que Lycurgue, qui quoique fils d'un des deux rois de Sparte, préféra de réformer, comme citoyen, ceux qu'il auroit pu gouverner comme roi. Il alla pour cet effet s'inftruire des loix en Crete, parcourut l'Afie, l'Egypte, & revint à Lacédémone, où il s'acquit une eftime fi générale, que les principaux de la ville lui aiderent à faire recevoir fes loix.

Zoroaftre, fi fameux chez les Perfes, leur donna des loix qui fe répandirent chez plufieurs autres peuples. Pithagore qui les avoit étudiées dans fes voyages, les porta chez les Crotoniates. Deux de fes difciples, Charundas & Zaleucus, les porterent l'un chez les Thuriens, l'autre chez les Locriens, & Zamotxis chez les Scytes.

Athenes eut pareillement deux philofophes célébres, Solon & Dracon , qui lui
donnerent des loix.

Chez les Romains la qualité de légiflateur
fut diftinguée de celle de jurifconfulte. Le
pouvoir de faire des loix appartenoit à ceux
qui avoient part à la puiffance publique.
La fonction des jurifconfultes fe bornoit à
étudier les loix & à les interprêter.

Les jurifconfultes Romains tiroient leur
origine du droit de patronage établi par
Romulus. Chaque plébéïen fe choififfoit
parmi les patriciens un patron qui l'aidoit
de fes confeils & fe chargeoit de fa défenfe.
Les cliens faifoient à leurs patrons des préfens.

La connoiffance du droit romain étant
devenue difficile par la multiplicité & les
variations des loix , on choifit un certain
nombre de perfonnes fages qui devoient
faire leur unique occupation d'interprêter
les loix. On donna à ces interprêtes le nom
de patrons , & à ceux qui les confultoient
le nom de cliens.

Ces interprêtes n'étoient pas d'abord en
grand nombre , mais dans la fuite ils fe mul-
tiplierent tellement , que le peuple trouvant

en eux toutes les reffources pour la conduite de leurs affaires , le crédit des anciens
patrons diminua peu à peu.

Depuis que Flavius & Sextus Elius
eurent publié les formules des procédures,
plufieurs jurifconfultes compoferent des
commentaires fur les loix ; ces commentaires furent toujours d'un grand poids ,
mais ils ne commencerent à faire véritablement partie du droit écrit , que lorfque
Théodofe le Jeune donna force de loi aux
écrits de plufieurs anciens jurifconfultes.

Outre ces commentaires , les jurifconfultes donnoient auffi des réponfes à ceux
qui les venoient confulter. Ces confultations fe faifoient verbalement ou par écrit ,
fuivant la nature de l'affaire & le lieu où
elle fe traitoit , car les jurifconfultes fe pro-
menoient quelquefois dans la place publique
où on alloit les confulter.

Il y avoit pour ces confultations des
temps confacrés par l'ufage. Lorfqu'il fe pré-
fentoit de grandes queftions , on les difcu-
toit en préfence du peuple. Cette difcuffion
fe faifoit en place publique , & fe décidoit
à la pluralité des voix. Ces décifions n'a-

voient pas d'abord force de loi, mais elles étoient confirmées par l'usage.

Les principaux jurisconsultes, depuis le commencement de la république Romaine jusqu'à sa fin, furent Sextus Papyrius, Appius Claudius, Contemmanus Simpronius, surnommé *le Juge*, Liberius Coruncanus, les deux Catons, Junius Brutus, Publius Nucius, Quintus Mucius Scevola, Publius Rutilius, Rufus Aquilius, Gallus Lucilius Balbus, Caïus Juventius, Servius Sulpicius, Caïus Trebatius, Officus Aulus Cascillius, Q. Ætius Lubero, Alfenus Varrus, Aufridius Tuca & Aufridius Namufa, Lucius Cornelius Silla, Cneius Pompeius, &c.

Les jurisconsultes de Rome étoient ce que font parmi nous les avocats consultans, c'est-à-dire, ceux qui par le progrès de l'âge & le mérite de l'expérience, parviennent à l'emploi de la consultation. Seulement à Rome les avocats plaidans ne devenoient point jurisconsultes, c'étoit un emploi différent. L'autorité qu'acquirent les réponses des jurisconsultes, peut se prendre depuis l'époque où Auguste accorda à un certain nombre de personnes illustres le droit ex-

clusif

clufif d'interprêter les loix , & de donner
des décifions auxquelles les juges feroient
obligés de fe conformer. Il donna même à
ces jurifconfultes des lettres , enforte qu'ils
étoient regardés comme officiers de l'empereur. Caligula menaça de détruire cet ordre,
mais cette réfolution ne fut pas exécutée.
Quelques empereurs confirmerent même les
jurifconfultes dans les priviléges qui leur
avoient été accordés par Augufte.

Théodofe le Jeune & Valentinien III ,
pour ôter l'incertitude qui naît du grand
nombre d'opinions différentes , ordonnerent
que les ouvrages de Papinien , de Caïus , de
Paul, d'Ulpien & de Modeftin, auroient feuls
force de loi , & que quand les jurifconfultes
feroient partagés , le fentiment de Papinien
prévaudroit.

Depuis Adrien qui confirma les jurifconfultes dans leurs priviléges jufqu'à Conftantin. Caïus Scevola , Sextus Pomponius, Papinien , Ulpien , Paulus Modeftinus, &
plufieurs autres fuivirent fon exemple.

Depuis Conftantin on trouve Gregorien
& Hermoginien , auteurs de deux codes ou
compilations qui portent leur nom.

La direction de celles que Tribonien fit

faire, fut confiée à Tribonien, qui affocia à fes travaux Théophile Dorothée, Leontius Anatolius Cratinus, le patrice Jean Phocas, Bafilides Thomas, &c. Pour la confection du digefte, Tribonien choifit feize de ceux qui avoient travaillé avec lui au code. On fçait que le digefte fut compofé de ce qu'il y avoit de meilleur dans les livres des jurifconfultes ; leurs ouvrages s'étoient multipliés jufqu'à plus de deux mille volumes. On prétend qu'après la confection du digefte, Juftinien fit fupprimer tous les livres des jurifconfultes, ce qui paroît certain puifqu'il n'en refte que des fragmens.

K.

KALIFE ALMANZOR.

(*Sévérité du*)

Le kalife Almanzor ayant conquis l'Efpagne, y fit régner avec lui l'ordre & la juftice ; il chargea Ibrahim Mœvia de vifiter toutes les provinces, & d'examiner fi la juftice y étoit bien adminiftrée. Ibrahim dans un lieu défert fitué entre Cadix & Bacca, rencontra une jeune fille, & lui demanda comment elle ofoit marcher feule dans des lieux si écartés. —— Tant que vivra Almanzor notre souverain , lui répondit-elle, nous n'aurons aucune crainte. —— Cette confiance est très-belle , reprit Ibrahim ; mais si quelqu'un vous outrageoit, Almanzor est loin d'ici, & il ne pourroit pas vous protéger.

Ibrahim étant revenu pour faire sa cour au kalife, lui raconta cette conversation , mais il fut bien surpris quand Almanzor irrité le renvoya aussi-tôt porter une lettre au gouverneur d'Espagne. C'étoit, dit un historien, un ordre de faire conduire le porteur au lieu où il avoit rencontré cette jeune fille , & de l'y faire empaler , & de faire publier ensuite par un crieur , qu'il avoit mérité ce supplice pour avoir parlé à une fille dans ce désert, & pour avoir voulu diminuer sa confiance en la justice du prince.

KALIFE

qui se démet lui-même , pour priver son ennemi de sa dignité.

Sous Malek-Al-Afchraf-Inal , douzieme sultan des Mamelucs Circassiens , le kalife Caiem Bemrillah se rendit suspect par son ambition. Le fultan le fit appeller, pour lui reprocher d'avoir à fon préjudice ufurpé l'autorité fouveraine dans *le temporel.* Caiem craignant que ce prince ne le privât de fa dignité, comme il en avoit le droit, pour toute réponfe s'écria brufquement : j'abdique moi-même le kalifat; mais je vous prive en même temps, & vous déclare déchu de la qualité de fultan.

Le kalife n'eut pas plutôt prononcé ces paroles que fa dépofition fut acceptée; mais on lui déclara que s'étant dépouillé le premier de fon autorité, il ne pouvoit plus l'exercer fur la perfonne du fultan. Il fut relégué à Alexandrie, où il refta prifonnier jufqu'à fa mort.

KALIFE

qui récompenfe un cadi pour avoir trouvé un moyen de lui conferver une efclave qu'il aimoit.

Le kalife Haroun Rafchild étant devenu amoureux d'une efclave de fon frere Ibrahim, voulut l'acheter, & lui en offrit trente mille dinars ou écus d'or ; mais Ibrahim avoit juré qu'il ne la vendroit ni ne la donneroit à perfonne : cependant comme fon

frere le preſſoit fort & vouloit avoir cette
eſclave à quelque prix que ce fût, il conſulta
Abou-Joſeph (1) ſur ce qu'il devoit faire en
cette occaſion. Voici le jugement du docteur.

Si vous voulez, dit-il, éviter le parjure,
donnez-la à moitié & vendez la à moitié
au kalife. Enchanté de cet expédient, Ibrahim envoye auſſi-tôt ſon eſclave à ſon
frere, qui lui fit compter la ſomme entiere qu'il lui avoit offerte, ſomme dont le
cadi fut gratifié pour prix de ſon heureuſe
ſubtilité.

Haron poſſeſſeur de l'objet ſi longtemps
deſiré, voulut jouir dès la premiere nuit de
ſes droits de maître ; mais la loi s'oppoſoit
à ſes deſirs, car ſelon le droit des Muſul-
mans, un frere ne peut coucher avec la
concubine de ſon frere, ſi elle n'a pas auparavant paſſé par les mains d'un autre ; nouvelle conſultation faite ſur cette queſtion
au juriſconſulte, qui conſeilla au kalife de
faire épouſer cette femme à un de ſes eſ-

---

(1) Abou-Joſeph fut grand juſticier de Bagdat.
Ce fut lui qui porta le premier le titre de cadhi-al-
codhal, c'eſt-à-dire juge des juges, dignité qui répond à celle de chancelier parmi nous.

claves, à condition qu'il la répudieroit auffi-
tôt & la lui remettroit entre les mains. Ce
mariage fut exécuté, mais il furvint un ob-
ftacle qu'on n'avoit pas prévu, & cependant
affez naturel, c'eft que l'efclave amoureux
de fa nouvelle époufe ne voulut point abfolument entendre parler de divorce, malgré
l'offre qu'on lui fit d'une fomme de dix mille
dinars.

Ce fut alors qu'Abou-Jofeph eut befoin
de toutes les fubtilités de fa jurifprudence
pour fatisfaire en même temps les loix &
les defirs de fon maître. Le pas étoit difficile. Voici l'expédient dont il fit ufage.
Par fon confeil le kalife donna cet efclave,
dont il étoit toujours maître, à la femme
qu'il avoit époufée, & par ce moyen il
rompit leur mariage ; parce qu'une femme,
fuivant la loi mufulmane, ne peut être mariée à fon efclave.

Le prince amoureux, fçut fi bon gré à
fon cadi de la maniere adroite dont il accordoit les loix avec fes paffions, qu'il
lui fit compter fur le champ les dix mille
dinars offerts à l'efclave pour l'engager au
divorce, & ce ne fut pas encore tout ce
qu'il retira d'une fi belle confultation, car

le fultan éperduement amoureux , ayant fait préfent de cent mille dinars à fa maîtreffe , celle-ci reconnoiffante d'un jugement qui l'avoit fait paffer du lit d'un efclave dans celui du prince , lui donna une fomme égale à celle qu'il avoit reçue du kalife. Ainfi cet habile homme gagna cinquante mille écus dans un feul jour.

KALIFE

qui récompenfe mal un poëte.

Le kalife Haroun fe promenant la nuit dans fon palais, & trouvant une des filles de la fultane endormie , voulut profiter de cette occafion pour ravir ce qu'elle lui avoit déjà refufé plufieurs fois. Cette fille à fon réveil, extrêmement preffée par le prince, ne put faire autrement pour s'en délivrer , que de le prier d'attendre au lendemain & de lui promettre qu'elle fatisferoit fes defirs. Haroun la quitta fur fa promeffe, & ne manqua pas le lendemain de lui en demander l'exécution ; pour toute réponfe elle lui envoya un vers arabe , dont le fens étoit :

» Les paroles de la nuit ne fe donnent que » pour faire venir le jour ».

Le kalife furpris, commanda qu'on lui amenât fur le champ tous les poëtes qui demeuroient dans fon palais : & leur ordonna de faire quelque ftance ou chanfon où le vers arabe fût compris. Un d'entr'eux, nommé Abou-Naoras y réuffit le mieux, car il *enchaffa* (dit l'hiftorien) fi à propos ce vers dans les fiens, qu'il fembloit décrire naïvement la fcène qui s'étoit paffée entre le prince & fa maîtreffe. Son habileté penfa lui coûter la vie. Haroun fit des préfens aux autres poëtes, & condamna à mort Abou-Naoras, pour avoir vu ce qui s'étoit paffé dans l'appartement fecret de fon palais entre lui & cette fille. Abou - Naoras étonné, protefta au kalife qu'il avoit demeuré chez lui pendant tout le jour. Il obtint, après beaucoup de fupplications, la grace de produire des témoins fur ce fait. Il fut entierement juftifié par leur rapport ; mais le kalife difficile à appaifer, ne lui fit aucuns préfens comme à fes confreres, & le trouva affez récompenfé de lui avoir laiffé la vie.

K A L I F E

qui fe laiffe toucher par la liberté courageufe
d'un homme qu'il avoit condamné à mort.

Le kalife Haroun avoit défendu, fous
peine de la vie, qu'on parlât des Barmecides
en quelque maniere que ce fût ; un vieillard
nommé Mondir, malgré la défenfe du kalife, venoit chaque jour devant une de
leurs maifons abandonnée, & montant fur
une élévation de terre qui lui fervoit de
tribune, il entretenoit les paffans des grandes
actions de cette famille, & en faifoit un
panégyrique en forme.

Le kalife irrité de la hardieffe de cet
homme, le fit venir devant lui, & le condamna à mort, pour avoir contrevenu à fes
défenfes. Mondir reçut avec joie fon arrêt,
& demanda pour toute grace la permiffion
de dire deux mots au kalife avant d'être
exécuté. Cette grace lui ayant été accordée,
les deux mots qu'il avoit à dire fe changerent en un fort long difcours, dans lequel
il raconta avec tant de force toutes les obligations qu'il avoit à la famille des Barmecides, que le kalife qui l'écouta fans impa-

tience, touché de cette noble hardieffe, ne lui fit pas feulement grace de la vie, mais encore lui fit préfent de deux plats d'or qui étoient fur fa table. Ce vieillard après avoir reçu ce préfent & s'être profterné à terre fuivant la coutume, dit au kalife : » voici une nouvelle grace que je reçois » encore des Barmecides » (1).

KALIFE

qu'une femme fait revenir de fon injuftice.

Le kalife Haroun Rafchild marchant à la tête de fon armée, une pauvre femme vint fe plaindre à lui de ce que fes foldats avoient

(1) Le premier qui a donné le plus de luftre à cette famille eft Abu-Ali-Jahia, Ben-Khalid, Ben-Barmeck, gouverneur du kalife Haran-Rafchild ; il eut quatre enfans dignes de lui, & qui porterent la réputation de cette maifon jufqu'au plus haut dégré où le mérite & la faveur joints enfemble peuvent élever une famille particuliere. C'eft fur la difgrace de Giaffar, l'un d'entr'eux, que M. de Voltaire a fait le quatrain qui finit par ce vers :

Contemple Barmecide, & tremble d'être heureux.

Les malheurs de cette famille ont auffi fervi de fujet à une tragédie de M. de la Harpe.

pillé fa maifon ; il lui cita fur le champ un verfet de l'alcoran dont le fens eft :

« Lorfque les princes armés paffent par » un lieu, ils le détruifent ».

J'ai lu au même endroit, répliqua fur le champ cette femme :

« Que les maifons de ces princes feront » défolées pour les injuftices qu'ils auront » commifes ».

Cette repartie prompte & vive, loin de choquer le kalife, l'engagea au contraire à donner des ordres pour réparer le dommage que cette femme avoit fouffert.

K A L I F E,

(Jugement d'un) fur les injures.

Saadi rapporte du kalife Haroun Rafchild un trait affez remarquable.

Amin fon fils lui demandoit juftice d'un homme qui avoit mal parlé de Zebeihad fa mere. Après avoir confulté fes officiers de juftice fur la peine que cet homme méritoit, il confeilla à fon fils de lui pardonner, & lui dit qu'il feroit en cela le devoir & l'action d'un grand prince, mais que s'il ne pouvoit abfolument reprimer le defir qu'il avoit de se venger, ni se vaincre lui-même dans une si belle occasion, tout ce qu'il pouvoit lui permettre c'étoit de dire autant de mal de la mere de cet homme qu'il en avoit dit de la sienne.

K A L I F E.

(Action généreuse punie de mort par un)

Mahadi, kalife, fils d'Almanzor, avoit admis dans tous ses divertissemens Jacoub-Ben-David, homme d'esprit & d'une conversation extrêmement amusante. Cette faveur ne manqua pas d'exciter l'envie d'une foule de courtisans jaloux de son mérite & de sa fortune. Ils tenterent de la renverser par leurs cabales.

Jacoub en sortant du palais pour se retirer chez lui, reçut du cheval qu'il vouloit monter, un coup de pied qui lui cassa la cuisse; informé de cet accident, le kalife court aussi-tôt, & sans chaussure, jusqu'au lieu où se trouvoit le blessé, le console, fait mettre en diligence le premier appareil à sa blessure, & lui donne enfin toutes les marques possibles de bonté & d'amitié.

Pendant le cours de cette maladie qui fut longue, ses ennemis tenterent toutes sortes

de moyens pour le détruire dans l'esprit de
son maître. La plus puissante machine qu'ils
employerent pour le renverser , fut de l'accuser d'être partisan secret de la secte des
Schiites. (1) Jacoub guéri retourna à la
cour , où il fut reçu du kalife avec beaucoup
de caresses , & traité comme auparavant.
Cependant l'accusation avoit fait quelqu'impression sur Mahadi ; ce prince voulut s'é-
claircir de la vérité du fait , & ne trouva
point de meilleur moyen que d'ordonner à
Jacoub d'aller tuer un certain personnage de
la race d'Ali, qu'il haïssoit depuis longtemps ;
& pour l'engager davantage à lui rendre ce
service , il lui donna cent mille drachmes &
une très-belle fille tirée de son propre serrail.
Jacoub promit d'obéir , quoiqu'il fût résolu
de n'en rien faire ; il envoya chercher Lalide , lui donna les cent mille drachmes qu'il
venoit de recevoir du kalife , & lui recommanda de fuir au plutôt.

Instruit par l'esclave qu'il avoit donné à
Jacoub , le kalife fit chercher Lalide , qui

____

(1) Schiites , ennemis capitaux des Abassides ,
qu'ils regardent comme les usurpateurs du kalifat sur
la famille d'Ali.

fut promptement retrouvé, conduit au palais, & gardé avec le plus grand fecret.

Peu de temps après le kalife fit appeller
Jacoub, & lui demanda compte de fes
ordres; Jacoub dit qu'il les avoit exécutés,
& jura fur la vie du kalife qu'il avoit fait
mourir Lalide. Irrité de fon audace, & voulant le convaincre de fon parjure, il fit paroître fur le champ le prifonnier. Jacoub
confus, & qui ne devoit point l'être d'avoir
fauvé la vie à un innocent, fut conduit en
prifon, où il finit fa vie dans les fupplices.

K A L I F E,

(Affaffinat d'un) *vengé d'une maniere fin-*
guliere.

Moclader, dix-huitieme kalife de la maifon des Abaffides, ayant fait emprifonner
fon frere Caher, qui avoit tenté de le détrôner, réfolut enfin de lui ôter la vie.
Caher averti de fon deffein, envoya un
barbarefque, bon cavalier, d'une fidélité
éprouvée, pour prévenir Moclader, & fe
défaire de lui.

Le barbarefque chercha tous les moyens
d'exécuter fa commiffion. Un jour que le

kalife étoit fur la place pour voir des exercices d'armes & des courfes de chevaux, il
fe préfenta dans l'arêne avec tant d'adreffe &
de grace, que le kalife l'ayant diftingué de fes
concurrens, le fit recommencer plufieurs fois
la même courfe, & commanda à fes gardes de
s'éloigner, pour lui laiffer la vue plus libre &
plus étendue. Habile à faifir cette occafion, le
barbarefque pouffa avec une extrême viteffe
fon cheval vers Moclader , & lui lança fa
demi pique avec tant de force au milieu de
la poitrine, qu'il le fit tomber du lieu où il
étoit affis, & après, il courut à toute bride
vers la prifon pour délivrer Caher fon maître.
En paffant fur la place du marché, il rencontra fur fon chemin un âne chargé d'é-
pines, dont on fe fert ordinairement pour
chauffer les fours. Cette rencontre ayant
fait courir fon cheval ombrageux vers la
boutique d'un boucher, un des crochets
qui pendoient à cette boutique le prit fous
le menton, & le tint ainfi attaché, pendant que fon cheval fe déroba de deffous
lui & prit la fuite. Les gens du kalife qui
l'avoient fuivi de près, le trouvant ainfi
pendu, mirent le feu au fagot d'épines qui
fe rencontroit dans cet endroit , & le

firent brûler. Ainſi le ſupplice ſuivit de près le crime.

K A L I F E.

(*Exemple de ſévérité d'un*)

Ziad, frere du kalife Moavie, pour remédier aux déſordres qui ſe commettoient pendant la nuit dans la ville de Baſſorah, dont il étoit gouverneur, publia une ordonnance par laquelle il défendit qu'aucune perſonne ſe trouvât dans les rues de Bagdad après l'heure de la priere, ſous peine de la vie ; & pour faire exécuter cette ordonnance, il leva une compagnie qui faiſoit la patrouille, & avoit ordre de paſſer au fil de l'épée tous ceux qu'elle trouveroit hors des maiſons. Il y eut 100 perſonnes tuées la premiere nuit, 5 la ſeconde, & perſonne la troiſieme. Une nuit un des neveux de Ziad traverſa la ville pour l'aller voir ; il fut ſurpris par l'heure ; il s'excuſoit auprès de ſon oncle, & rejettoit ſa déſobeiſſance ſur ſon attachement, qui ne lui avoit point permis de le ſçavoir malade ſans venir s'informer de ſon état. Je veux bien croire ce que tu me dis, reprit Ziad,

mais

mais le salut des habitans de cette ville dé-
pendant de ta mort, il faut que tu sois soumis à la loi, & aussi-tôt il lui fit couper la tête.

KALIFE *théologien cruel.*

Valhek Billah, neuvieme kalife de la famille des Abassides, étoit fort attaché à la
secte des Motazates, & favorisoit tous ceux
qui étoient de la famille d'Ali. Il vouloit
que tout le monde crût que l'alcoran avoit
été créé. Plusieurs docteurs, irrités de se
voir contredits, se joignirent à quelques seigneurs mécontens, & résolurent de dépossé-
der Valhek du kalifat. Ils étoient déjà convenus du jour, & ils avoient choisi Ahmed
pour son successeur; mais quelques-uns des
conjurés voulurent précipiter l'événement,
& prévenir le jour fixé, ce qui découvrit le
complot. Le gouverneur de Bagdad fit ap-
profondir l'affaire & en fut entiérement
instruit : aussi-tôt il envoya arrêter Ahmed
dans son logis, lui fit mettre les fers aux
pieds, & le fit transporter à Samarah, où
étoit le kalife.

Valhek ayant fait venir Ahmed en sa
présence, ne lui dit rien sur son crime, mais
il disputa avec lui sur la question dont il

étoit entêté. Le kalife qui lui avoit pardonné fa révolte , irrité de le voir foutenir
fon fentiment ordinaire (que l'alcoran étoit
incréé) lui coupa lui-même la tête.

K A L I F E (*Belle réponfe d'un*)

qu'on follicitoit de pardonner à un calomniateur.

Moflangii Billah , kalife célébre par fon
amour pour la juftice , ayant fait mettre en
prifon un calomniateur , le condamna à être
pendu. Un des grands de fa cour ayant of-
fert deux mille écus d'or pour fa grace : ——
« mettez-moi (lui dit-il) entre les mains un
» homme de cette efpece , & je vous en fais
» compter dix mille ; car je fouhaite extrê-
» mement de purger mes états d'une pareille
» pefte ».

K E L L E I. (Edouard)

Edouard Kellei , fameux dans l'hiftoire
de la philofophie hermétique , vivoit à
Londres vers le milieu du feizieme fiécle.
Il étoit notaire , & fort décrié dans fa pro-
feffion ; comme il entendoit l'ancienne langue
Angloife , il s'avifa de falfifier de faux titres

& d'autres actes publics , pour obliger ceux qui sçavoient récompenser son adresse.

Quelques personnes intéressées à attaquer certains titres falsifiés, se mirent de mauvaise humeur, & dénoncerent Kellei. Il fut poursuivi & convaincu de faux. Pour expier ce crime, on le condamna à avoir les oreilles coupées & à être banni de Londres.

Kellei fugitif quitta la capitale, & tourna ses pas du côté du pays de Galles dont il connoissoit parfaitement la langue. Arrivé dans une auberge , le sort lui fit tomber entre les mains un vieux livre écrit en langue du pays , qui traitoit de la transmutation des métaux. Ayant demandé au maître de la maison d'où lui venoit ce livre, on lui dit qu'il avoit été trouvé dans le tombeau d'un évêque inhumé dans l'église voisine, que ce tombeau avoit été ouvert dans le temps que les troubles de religion agitoient l'Angleterre , parce qu'on avoit imaginé que ce prélat étant mort fort riche, on pourroit trouver plusieurs choses précieuses dans son tombeau. On n'en tira que le livre en question, avec deux petites boules d'ivoire ; de dépit de n'avoir pas trouvé autre chofe, ceux qui avoient violé le tombeau briferent une des boules, qui fe trouva très-rouge & très-pefante, mais fans aucune odeur. Le maître de l'auberge où Kellei étoit logé, fans autre motif que la curiofité, avoit gardé le livre, la feconde boule d'ivoire, & même une partie de la poudre rouge, dont il ne connoiffoit pas le précieux ufage. Ce livre amufa longtemps les enfans de ce bon-homme, qui fut ravi lorfque Kellei lui offrit une livre fterling de toutes ces inutilités.

Kellei fut à peine poffeffeur de ce tréfor, qu'il retourna fecrettement dans un des faux-bourgs de Londres, d'où il écrivit fon aventure au docteur Jean Dée, fon ancien ami & fon voifin. Ils fe rendirent auffi-tôt chez un orfévre, où ils firent la projection, qui réuffit felon leurs defirs. Certains alors d'une richeffe inépuifable, ils abandonnerent l'Angleterre, pafferent en Allemagne, & furent jufqu'à Prague. Dans cette ville Kellei fe livra aux excès trop ordinaires à ceux qui nés dans la pauvreté paffent tout-à-coup à une haute fortune. Ils affecterent une magnificence ridicule; ils femoient l'or & l'argent parmi les feigneurs de la cour, & poufferent l'imprudence jufqu'à faire la projection en préfence de l'empereur. C'étoit alors Maximilien II.

Kellei pour fe faire valoir, fe vanta même de poffe´der cet admirable fecret ; il n'en fallut pas davantage aux courtifans, toujours avides, pour confeiller à l'empereur d'ordonner à Kellei de lui faire quelques livres de cette admirable poudre. Kellei fe trouva fort embarraffé ; quoique poffeffeur de cette poudre merveilleufe, il en ignoroit entierement la compofition. Cependant il fe mit à travailler, mais fans fuccès. Il manqua toutes fes opérations. On prétend qu'il invoqua le diable, mais fes invocations furent inutiles. L'empereur indigné le fit mettre en prifon ; on le traita de charlatan & d'impofteur, & fans doute il eût fini fes jours ignominieufement, s'il n'eût trouvé moyen de s'échapper de prifon ; mais il n'évita que la honte du fupplice ; car ayant été obligé de fe précipiter pour fortir du lieu où on le tenoit enfermé, il fe fit en tombant une bleffure dangereufe, dont il mourut quelques jours après.

KINGSTON.

(*Cruauté du chevalier*)

Il n'eft point de nation qui fe foit plus fouvent fouillée par des actions d'une cruauté réfléchie, que la nation Angloife. Sous le regne d'Edouard VI, le chevalier Kingfton eut ordre de pourfuivre les révoltés de la province de Cornouailles ; arrivé à Bodmyn, il envoya dire au maire de cette ville, qui étoit foupçonné d'avoir favorifé les rebelles, qu'il auroit l'honneur d'aller dîner chez lui.

Le maire reçut le chevalier avec la plus grande diftinction, & le traita magnifiquement. Le repas fut gai, on y but les meilleurs vins, & lorfqu'on eut pouffé affez loin la débauche, on fe rendit fur la place, où Kingfton avoit dit au maire de faire préparer deux potences pour deux criminels qu'il avoit condamnés.

Le chevalier Kingfton étant arrivé fur la place, prit le maire par la main, & lui dit : —— Voilà deux potences, vous êtes un rebelle, choififfez celle qui vous accommodera le mieux, c'eft tout ce que je puis permettre, car l'une des deux eft deftinée pour vous. Malgré fes proteftations, le maire fut auffi-tôt faifi & attaché à la potence.

Un meûnier à qui la feconde potence étoit deftinée, moins confiant que le maire, avoit pris la fuite, après avoir recommandé à fon garçon de dire qu'il étoit le maître du moulin. Ce pauvre miférable obéit fcrupuleufement, & ne tint que trop bien la place de fon maître, car il fut arrêté & pendu par l'ordre du barbare Kingfton.

K I O S E M. (*Supplice de*)

Kiofem, femme d'Achmet, empereur des Turcs, étoit mere du fultan Ibrahim, & aïeule de Mahomet IV, détrôné en 1687. Pendant la minorité de fon petit-fils, étant maîtreffe abfolue du gouvernement, tout avoit plié fous fon autorité. La mere du jeune prince craignant les intrigues & le crédit de cette vieille princeffe, fe ligua contre elle avec les faphis, auxquels elle perfuada que Kiofem avoit deffein de caffer leur troupe pour laiffer toute l'autorité aux janiffaires. Les révoltes, fuivies des plus fanglantes exécutions, furent le fruit de cette fauffe nouvelle. Kiofem, malgré fon adreffe, fut la dupe de la jeune reine, qui la fit arrêter par des eunuques dévoués à fes ordres. On eut recours à l'adreſſe du muphti, qui vint à bout de perſuader au jeune prince qu'il étoit eſſentiel au bien de l'état de laiſſer condamner ſon aïeule. Le muphti lui-même écrivit la ſentence qui condamna cette vieille reine à être étranglée par les ico-glans.

K O N K E I R *ou voleur récompenſé.*

Khondemir , hiſtoriographe de Perſe, rapporte un trait ſingulier de la modération & de la clémence de Nouſchirvan , premier du nom. Ce prince avoit privé de ſa charge & banni de ſa préſence un officier de ſa cour nommé Konkeir. Le jour étant arrivé où les rois de Perſe traitent les grands de leur cour , cet officier diſgracié ſe préſenta pour donner la ſerviette ; chacun le crut rentré en grace , & perſonne n'oſa le faire retirer.

Ce même officier prit ſi bien ſon temps , qu'il mit un plat d'or ſous ſon bras & ſe retira auſſi-tôt ; il n'y eut que le prince qui s'apperçut du vol & qui n'en témoigna rien. Les tables étant deſſervies , celui qui avoit ſoin de la vaiſſelle fit beaucoup de bruit pour retrouver le plat qui lui manquoit , mais Noufchirvan lui impofa filence , en difant : celui qui l'a pris ne le rendra point , & celui qui l'a vu ne le découvrira pas.

L'année fuivante ce même officier vint fe préfenter au feftin royal qui fe faifoit fuivant la coutume. Le prince qui l'apperçut le fit approcher, & lui demanda à l'oreille, fi l'argent qu'il avoit tiré de fon plat étoit fini. L'officier confus fe jetta à fes pieds , demandant pardon de fa faute. Le prince la lui pardonna , & le rétablit même dans fa charge.

K U M E I L,

évite la mort par une réponfe adroite.

Kumeil homme d'un efprit fin & délié n'approuvoit pas la conduite de fon maître : ce dernier le fit venir un jour , & lui reprocha que dans un tel jardin, devant telles & telles perfonnes qu'il lui nomma, il avoit fait plufieurs imprécations contre lui, en difant : *Que le Seigneur noirciffe fa face , qu'il foit chargé de honte & de confufion , qu'il ait le col coupé, & que fon fang foit répandu.*

Le prince fe difpofoit à mettre Kumeil entre les mains de la juftice, lorfque celui-ci qui avoit l'esprit fort présent, lui répondit aussi - tôt ; — il est vrai que j'ai prononcé ces paroles dans un tel jardin , mais j'étois sous une treille, je regardois des grappes qui n'étoient pas mures, & je souhaitois qu'elles devinssent bientôt noires , pour qu'on les coupât afin d'en faire du vin. — Cette explication (dit l'historien turc) plut si fort au prince, qu'il lui accorda la vie.

L.

LACÉDÉMONE.

(*Mœurs , coutumes & loix de*)

LACÉDÉMONE étoit plongée dans la barbarie avant la réforme que Licurgue entreprit de ses loix & de ses usages. Ce grand homme , après la mort de son frere qui étoit , roi de Lacédémone , refusa la couronne que lui offroit sa belle - sœur, pourvu qu'il voulût l'épouser. Pensant bien différemment que cette femme , il la conjura de conserver le trône à l'enfant dont elle étoit enceinte, qui fut Léobotés ou Labotés, & selon Plutarque Charilaüs; il prit cet enfant sous sa tutelle, & lui remit la couronne quand il eut atteint l'âge de majorité.

Mais dès le commencement de sa régence il exécuta le projet qu'il avoit formé, de changer le gouvernement entier de Lacédémone, dans la police, la guerre, les finances, la religion & l'éducation, dans la possession des biens, dans les magistrats, dans les particuliers ; en un mot dans tout ce qui concernoit les personnes des deux sexes, de tout âge & de toute condition.

Le premier soin de Licurgue & le plus important, fut d'établir un sénat de 28 membres, qui, joints aux deux rois, composoient un conseil de 30 personnes, entre les mains desquels fut dépofée la puissance de la mort & de la vie, de l'ignominie & de la gloire des citoyens. On nomma gérontes les 28 sénateurs de Lacédémone ; Platon dit qu'ils étoient les modérateurs du peuple & de l'autorité royale, tenant l'équilibre entre les uns & les autres, ainfi qu'entre les deux rois, dont l'autorité étoit égale.

Lycurgue après avoir compofé le sénat des perfonnes les plus capables d'occuper ce pofte, & les plus initiées dans la connoiffance de fes fecrets, ordonna que les places qui viendroient à vaquer fuffent remplies d'abord après la mort , & que pour cet effet le peuple éliroit , à la pluralité des suffrages , les gens les plus vertueux de Sparte qui auroient atteint 60 ans.

On couronnoit sur le champ le nouveau sénateur d'un chapeau de fleurs, & ce magistrat se rendoit dans les temples suivi d'une foule de peuple, pour remercier les dieux. A son retour ses parens lui présentoient une collation , en lui disant : *la ville t'honore de ce festin.* Ensuite il alloit souper dans la salle des repas publics , & on lui donnoit ce jour-là deux portions. Après le repas il en remettoit une à la parente qu'il estimoit davantage , & lui disoit : *Je vous offre le prix de l'honneur que je viens de recevoir.* Alors toutes les parentes & amies la reconduisoient chez elle au milieu des acclamations.

Le peuple tenoit ses assemblées générales & particulieres dans un lieu nud , où il n'y avoit ni statues , ni tableaux , ni lambris , pour que rien ne détournât son attention des sujets qu'il devoit traiter. Tous les habitans de la Laconie assistoient aux assemblées générales , mais les seuls citoyens de Sparte composoient les assemblées particulieres. Le droit de publier les assemblées & d'y proposer les matieres, n'appartenoit d'abord qu'aux rois & aux gérontes: les éphores l'usurperent dans la suite. On y délibéroit sur la paix, sur la guerre, sur les alliances, sur les grandes affaires de l'état, & sur l'élection des magistrats. Après les propositions faites, ceux de l'assemblée qui étoient d'un avis se rangeoient d'un côté, & ceux qui étoient d'une opinion contraire se rangeoient de l'autre; le plus grand nombre l'emportoit.

Le peuple se divisoit en tribus; les principales étoient celles des Héraclides & des Pitanates, dont sortit Ménélas, & celles des Egides, différente de la tribu Athénienne de ce nom.

Les rois Lacédémoniens s'appelloient Archagetes, d'un nom différent de celui que prenoient les autres rois de la Grece, pour montrer qu'ils n'étoient que les premiers magistrats à vie de la république, semblables aux consuls de Rome.

Ils étoient les généraux des armées pendant la guerre; présidoient aux assemblées, aux sacrifices publics pendant la paix; pouvoient proposer tout ce qu'ils croyoient avantageux à l'état, & avoient la liberté de diffoudre les affemblées qu'ils avoient convoquées ; mais ils ne pouvoient rien conclure fans le confentement de la nation ; & il ne leur étoit pas permis d'époufer une femme étrangere.

Lycurgue fe propofa de fondre les trois pouvoirs en un feul, pour qu'ils fe ferviffent l'un à l'autre de balance & de contrepoids.

« Ce grand homme (dit un écrivain célébre) ne procéda point aux autres changemens qu'il méditoit, par une marche infenfible & lente. Echauffé de la paffion de la vertu, & voulant faire de fa patrie une république de héros, il profita du premier inftant de ferveur de fes concitoyens, pour leur infpirer, par des oracles & par fon génie, les mêmes vues dont il étoit enflammé ; il fentit que les paffions font femblables aux volcans, dont l'éruption foudaine change tout-à-coup le lit d'un fleuve, que l'art ne pourroit détourner qu'en lui creufant un nouveau lit. Il mit donc en ufage des paffions fortes, pour produire une révolution fubite, & porter dans le cœur du peuple l'enthoufiafme, &, fi l'on peut dire, la fiévre de la vertu. C'eft ainfi qu'il réuffit dans fon plan de légiflation, le plus hardi, le plus beau & le mieux lié qui ait jamais été conçu par aucun mortel.

» Après avoir fondu enfemble les trois pouvoirs du gouvernement, afin que l'un ne pût pas empiéter fur l'autre, il brifa tous les liens de la parenté, en déclarant tous les citoyens de *Lacédémone* enfans nés de l'état.

» Il bannit des funérailles toutes fuperftitions, ordonnant qu'on ne mît rien dans la biere avec le cadavre, & qu'on n'ornât les cercueils que des fimples feuilles d'olivier ; mais comme les prétentions de la vanité font fans bornes, il défendit d'écrire le nom du défunt fur fon tombeau, à moins qu'il n'eût été tué les armes à la main, ou que ce ne fût une prêtreffe de la religion.

» Il permit d'enterrer les morts autour des temples, & dans les temples mêmes, pour accoutumer les jeunes gens à voir fouvent ce fpectacle, & leur apprendre qu'on n'étoit point impur ni fouillé en paffant par-deffus des offemens & des fépulchres.

» Il abrégea la durée des deuils, & la régla à onze jours, ne voulant laiffer dans les actions de la vie rien d'inutile & d'oifeux.

» Se propofant encore d'abolir les fuper-fluités religieufes , il publia dans tous les rits de la religion des loix d'épargne & d'éco-nomie. —— Nous préfentons aux dieux des chofes communes, difoit un Lacédémonien, afin que nous ayons tous les jours le moyen de les honorer.

» Il renferma dans un même code politique les loix , les manieres & les mœurs , parce que les loix & les manieres repréfentent les mœurs ; mais en formant les manieres , il n'eut en vue que la fubordination à la ma-giftrature , & l'efprit belliqueux qu'il vou-loit donner à fon peuple. Des gens tou-jours corrigeans & toujours corrigés , qui inftruifoient toujours & étoient toujours inftruits , également fimples & rigides , avoient plutôt des vertus qu'ils n'avoient des manieres ; ainfi les mœurs donnerent le ton dans cette république : l'ignominie y devint le plus grand des maux, & la foibleffe le plus grand des crimes.

Lycurgue profcrivit l'ufage de l'or & de l'argent fous peine de la vie. Il ordonna que toute la monnoie ne feroit que de fer & de cuivre, encore Seneque eft le feul qui parle de celle de cuivre ; tous les autres

auteurs

auteurs ne parlent que de celle de fer, &
même de fer aigre, selon Plutarque. Les
deniers publics de Lacédémone furent mis
en sequestre chez des voisins, & on les faisoit garder en Arcadie.

Les procès s'éteignirent avec l'argent :
comment auroient-ils pu subsister dans une
république où il n'y avoit ni pauvreté ni
richesse, l'égalité chassant la disette, &
l'abondance étant toujours également entretenue par la frugalité ? Plutus fut enfermé
dans Sparte comme une statue sans ame &
sans vie ; & c'est la seule ville du monde
où ce que l'on dit communément de ce
dieu, qu'il est aveugle, se trouva vérifié :
ainsi le législateur de *Lacédémone* s'assura
qu'après avoir éteint l'amour des richesses,
il tourneroit infailliblement toutes les pensées des Spartiates vers la gloire & la probité. Il ne crut pas même devoir assujettir
à aucunes formules les petits contrats entre
particuliers ; il laissa la liberté d'y ajouter ou
retrancher tout ce qui paroîtroit convenable à un peuple si vertueux & si sage.

Mais pour préserver ce peuple de la corruption du dehors, il fit deux choses importantes.

Tome IV.   K

Premierement, il ne permit pas à tous les citoyens d'aller voyager de côté & d'autre felon leur fantaifie, de peur qu'ils n'introduififfent à leur retour dans la patrie, des idées, des goûts, des ufages, qui ruinaffent l'harmonie du gouvernement établi, comme les diffonances & les faux tons détruifent l'harmonie dans la mufique.

Secondement, pour empêcher encore avec plus d'efficacité que les mélanges des coutumes oppofées à celles de ces loix, n'altérât la difcipline & les mœurs des Lacédémoniens, il ordonna que les étrangers ne fuffent reçus à Sparte que pendant la folemnité des fêtes, des jeux publics & des autres fpectacles. On les accueilloit alors honorablement, & on les plaçoit fur des fieges couverts, tandis que les habitans fe mettoient où ils pouvoient. Les proxenes n'étoient établis à *Lacédémone* que pour l'obfervation de cet ufage. On ne fit que rarement des exceptions à la loi, & feulement en faveur de certaines perfonnes dont le féjour ne pouvoit qu'honorer l'état; c'eft à ce fujet que Xenophon & Plutarque vantent l'hofpitalité du fpartiate Lychas.

Le larcin étoit permis aux enfans de *La-*

cédémone, pour leur donner de l'adresse, de la ruse & de l'activité, & c'étoit le même usage chez les Crétois. « Lycurgue, dit Montaigne, considéra au larcin, la vivacité, diligence, hardiesse, ensemble l'utilité qui revient au public que chacun regarde plus curieusement à la conservation de ce qui est sien, & le législateur estima que de cette double institution à assaillir & à défendre, il s'en tireroit du fruit pour la science militaire, de plus grande considération que n'étoit le désordre & l'injustice de semblables vols, qui d'ailleurs ne pouvoient consister qu'en quelques volailles ou légumes ; cependant ceux qui étoient pris sur le fait étoient châtiés pour leur mal-adresse ».

Ils craignoient tellement la honte d'être découverts, qu'un d'eux ayant volé un petit renard, le cacha sous sa robe, & souffrit, sans jetter un seul cri, qu'il lui déchirât le ventre avec les dents, jusqu'à ce qu'il tombât mort sur la place.

L'histoire de Lacédémone est remplie de traits semblables, qui prouvent la sublimité de la législation de Lycurgue, & que cette nation dût ses vertus & ses succès à ce grand homme.

K ij

L A C H E T É *punie.*

Le courage des Romains, dans les premiers temps de la république, leur faisoit regarder & punir comme des crimes ces fauſſes craintes que la lâcheté inſpire. Metellus, tréſorier des guerres, & quelques chevaliers, après la défaite de Cannes, ne ſe croyant pas en ſûreté dans Rome, réſolurent de quitter l'Italie, & de chercher dans quelqu'autre contrée une retraite que le vainqueur ne pût découvrir. On leur fit un crime de cette timide précaution, & les cenſeurs Attilius, Regulus & P. Furius Philus, ne les croyant pas aſſez punis par une amende à laquelle ils furent condamnés, leur ôterent encore ignominieuſement les chevaux que la république leur avoit donnés. Ce furent ces mêmes cenſeurs qui renvoyerent liés & enchaînés les Romains qu'Annibal avoit relâchés ſur leur parole, pour venir traiter à Rome l'échange des priſonniers, & qui, ſur la réſolution que prit le ſénat de n'y point conſentir, voulurent demeurer dans la ville, craignant le ſort que leur préparoit le général Carthaginois. Dans ce temps (dit l'hiſtorien qui nous a fourni ce

trait) Rome regardoit comme un égal déshonneur de craindre ou de tromper ses ennemis.

LADISLAS *condamné à mort.*

L'histoire de Hongrie renferme l'anecdote
suivante. Ladiflas (y est-il dit) roi de Hongrie , uniquement occupé de ses plaisirs ,
s'étoit débarrassé du gouvernement de son
royaume sur Ulric de Cilley , son oncle,
lequel abusant de son pouvoir, traitoit toute
la noblesse avec mépris, & sur-tout Ladiflas,
fils du célébre Huniade , cet immortel défen-
seur de la Hongrie contre les Turcs. Ne res-
pirant que la vengeance , Ladiflas assemble
quelques amis ; Ulric est tué à coups d'épée.
Cet assassinat alloit plonger la Hongrie dans
toutes les horreurs d'une guerre civile ,
lorsque le roi eut la politique de promettre
avec serment de ne jamais rechercher les
meurtriers. Le calme fut bientôt rétabli ;
mais quelque temps après , le roi , malgré
sa promesse , le fit arrêter , le jugea , & le
condamna à perdre la tête. Ladiflas marcha
au supplice avec une contenance assurée ,
& présenta fiérement sa tête au bourreau ; il
reçut trois coups sans être blessé à mort ;
un auteur rapporte qu'après le troisieme

coup il se leva avec courage , prit Dieu & la justice à témoin , & dit tout haut qu'il ne devoit plus être frappé, & que la loi défendoit de porter un quatrieme coup; ses remontrances furent inutiles, on ordonna au bourreau de lui ôter la vie. Sa tête fut enfin séparée de son corps au cinquieme coup.

LAMBERT,

maître d'école Anglois , condamné à être brûlé.

Quoique Henri VIII se fût éloigné par degrés des principes de religion dans lequel il avoit été élevé, il tenoit aussi dogmatiquement & avec autant de fermeté au petit nombre d'articles qu'il avoit conservés, que s'il n'eût pas ébranlé sa foi sur aucun.

Un nommé Lambert , maître d'école à Londres , avoit été inquiété , & même mis en prison, sur quelques opinions mal sonnantes, par l'archevêque Warham; mais à la mort de ce prélat, & au changement qui s'étoit fait dans le systême de la cour, on l'avoit mis en liberté. Peu intimidé par le danger qu'il avoit couru, il continua de déclarer ouvertement sa façon de penser. Un jour ayant

entendu le docteur Taylor, depuis évêque de
Lincoln , prendre dans un sermon la défense
de la présence réelle ; il ne put s'empêcher de
témoigner son zèle en réfutant cette doctrine.
Taylor s'empressa de porter sa réfutation au
docteur Barnes , qui étoit Luthérien.

Selon les loix & les usages alors établis,
Barnes ne s'exposoit pas moins que Lambert
aux peines portées contre les hérétiques.
Cependant telle étoit la fureur de la persé-
cution , que Barnes voulut bien risquer
d'être puni, pourvu qu'il fît punir Lambert,
de ce que dans leurs communs écarts de
l'ancienne foi , celui-ci avoit osé faire un
pas de plus que lui ; il engagea Taylor à
dénoncer Lambert à Cranmer & à Latimer,
qui furent obligés , quelle que fût leur opinion particuliere, de se ranger sous l'étendart
d'orthodoxie élevé par Henri. Lorsqu'on
cita Lambert devant ces prélats , ils tâche-
rent de le porter à se rétracter ; mais il les
surprit , quand au lieu d'y consentir, il ha-
sarda d'en appeller au roi même. Henri
flatté de trouver une occasion d'exercer sa
suprématie , & de déployer son sçavoir ,
accepta l'appel , & consentit à compro-
mettre très-indécemment le juge avec le

plaideur. Le public fut donc averti que sa majesté entreroit en lice avec le maître d'école ; on dreffa des échafauds dans la falle du palais de Weftminfter pour la commoité des auditeurs. Henri parut fur fon trône avec toutes les marques de la royauté, les prélats à fa droite , les pairs du royaume à fa gauche , les juges & les plus habiles avocats placés derriere les évêques , & la foule des courtifans derriere les pairs. Au milieu de cette affemblée majeftueufe , fut introduit le malheureux Lambert , que l'on fomma de défendre fon opinion contre fon royal antagonifte.

L'évêque de Chicheſter ouvrit la conférence en difant que « Lambert ayant été ac-
» cufé de quelques propofitions erronées , il
» avoit appellé de fon évêque au roi, comme
» fi c'étoit un moyen de faire fa cour, &
» comme fi le roi pouvoit jamais être engagé
» à protéger l'erreur, que fa majefté, quoi-
» qu'elle fe fût affranchie des ufurpations du
» fiege de Rome, qu'elle eût défincorporé
» quelques moines fainéans , qui vivoient
» dans leur cloître comme des bourdons dans
» une ruche, qu'elle eût fupprimé le culte des
» images, fait publier la bible en anglois pour

» l'inſtruction de ſes ſujets , & qu'elle eût fait
» enfin quelques autres légers changemens ,
» approuvés de tout le monde , elle n'en
» étoit pas moins réſolue à maintenir la pu-
» reté de la foi catholique , & à punir avec ri-
» gueur tout ce qui n'y ſeroit pas conforme ;
» qu'elle avoit ſaiſi l'occaſion qui s'offroit de
» faire triompher la vérité en préſence d'un
» ſi grave & ſi ſçavant auditoire , & de con-
» vaincre Lambert de ſon erreur ; mais que
» s'il y perſevéroit , il devoit s'attendre à
» une punition proportionnée à ſa crimi-
» nelle opiniâtreté «.

Après ce préambule qui n'étoit pas très-
encourageant, le roi , d'un air ſevere , demanda à Lambert qu'elle étoit ſa croyance
ſur la préſence réelle de Jeſus-Chriſt dans le
ſacrement d'euchariſtie : — Lambert ayant
commençé ſon diſcours par quelques éloges
pour ſa majeſté , Henri rejetta ces louanges
avec un dédain mêlé d'indignation. Le roi
ayant preſſé enſuite Lambert par des argumens tirés de l'écriture & des ſcholaſtiques ,
toute l'audience applaudit auſſi-tôt à la force
des raiſons du monarque & à l'étendue
de ſon érudition. Les évêques ſuccéderent
au roi , & la diſpute , ſi cela peut en mériter

le nom, fut prolongée pendant fix heures, & jufqu'à ce que Lambert fatigué, confondu, honteux & humilié, fût réduit au filence. Le roi revenant alors à la charge, lui demanda s'il étoit convaincu, & finit par lui demander s'il étoit réfolu à vivre ou à mourir ? —— Lambert qui avoit ce courage forcené que donne l'obftination, répondit —— qu'il s'abandonnoit entiérement à la clémence de fa majefté. Le roi répondit —— qu'il ne feroit point le protecteur d'un hérétique, & que fi c'étoit-là fa derniere réfolution, il n'avoit qu'à fe préparer à être brûlé : alors le vice-régent lut fa fentence.

Lambert, en qui vraifemblablement la vanité de ne point fe démentir en préfence de cette augufte affemblée, avoit redoublé la perfevérance, ne fut point abattu par la crainte du châtiment. Ses bourreaux eurent foin de rendre les tourmens d'un homme qui avoit ofé réfifter perfonnellement au roi, auffi cruels qu'il leur étoit poffible, il fut en effet brûlé à petit feu, & fes jambes & fes cuiffes furent confumées jufqu'au tronc. Lorfque les gardes virent que fon fupplice ne finiffoit pas, ils l'éleverent avec leurs hallebardes,

& le jetterent au milieu des flammes, qui acheverent de le dévorer.

LAMORALD,

comte d'Egmont, prince de Grave, & Philippe de Montmorency, *comte de* Hornes. (*Leur condamnation & leur supplice.*)

Charles V ayant abdiqué la couronne d'Espagne, Philippe II son fils quitta les Pays-Bas, & y laissa Marguerite d'Autriche pour les gouverner. Cette princesse s'étant apperçue que la noblesse étoit mécontente, prit les plus grandes précautions pour prévenir les troubles ; mais les esprits étoient trop aigris. La crainte sur-tout de voir l'inquisition ériger son tribunal au milieu des Pays-Bas, comme en Espagne, acheva de les révolter, & forma cette fameuse confédération, qui fut le premier fondement de la souveraineté des Provinces-Unies. Le prince d'Orange, les comtes d'Egmont & de Hornes se mirent à la tête de l'entreprise, & commencerent par refuser d'entrer au conseil.

Marguerite d'Autriche effrayée des trou-

bles qui naiſſoient de toutes parts , s'em-
preſſa de faire part de ſes frayeurs à la cour
de Madrid. Les miniſtres de Philippe II
crurent qu'en envoyant dans les Pays-Bas
un homme d'un caractere ferme & ſévere,
le calme ſe rétabliroit. Le fameux duc
d'Albe, dont les talens militaires, l'orgueil
& les cruautés ſont connus, fut choiſi par
Philippe II pour remplacer Marguerite d'Autriche. Il arriva dans les Pays-Bas avec le
droit d'employer une autorité ſans bornes.

Comme on connoiſſoit le caractere dur
& barbare du duc d'Albe, la plupart de
ceux qui avoient pris part aux troubles,
abandonnerent leur pays : plus de cent mille
perſonnes prirent la fuite pour ſe ſouſtraire à
la cruauté du duc. Les comtes d'Egmont
& de Hornes furent les premieres victimes
que le duc d'Albe réſolut d'immoler. Le 9
ſeptembre 1567 ils furent arrêtés & conduits
par 3000 Eſpagnols dans un château très-for-
tifié. Le duc d'Albe établit une commiſſion
pour leur faire leur procès. L'inſtruction
dura près d'un an : pendant ce temps la com-
teſſe d'Egmont & les amis des deux priſonniers firent tous leurs efforts pour juſtifier
les accuſés , ou au moins fléchir la ſévérité

du gouverneur ; mais tout fut inutile. Le duc d'Albe fatigué des follicitations de plufieurs princes en faveur des prifonniers , prit le parti de hâter la funefte conclufion du procès. Il fit tranfporter les accufés à Bruxelles ; & le lendemain de leur arrivée dans cette ville , ayant affemblé le confeil , le fecrétaire Pratz y préfenta les deux fentences , fignées par le gouverneur , & couvertes d'une enveloppe clofe & cachetée. Il les ouvrit , les lut , & prononça la fentence de mort contre les deux comtes , comme coupables des crimes de lèfe-majefté & de rébellion. Quelques perfonnes ayant paru étonnées de cette fentence , le duc d'Albe répondit : « *que peu de têtes de faumon va-* » *loient mieux que plufieurs milliers de gre-* » *nouilles* ».

Peu de jours avant , l'implacable gouverneur avoit envoyé un ordre à l'évêque d'Ypres , de fe rendre inceffamment à Bruxelles. Ce prélat y arriva la veille de l'exécution. Il ignoroit le motif de l'ordre qu'il avoit reçu de la part du duc d'Albe. Ce dernier après lui avoir appris que Lamorald & Montmorency étoient condamnés à mort , le chargea de les y difpofer. L'evêque fe jetta aux pieds du gouverneur , & les larmes aux yeux , lui demanda la grace des coupables , ou au moins un délai de quelques jours. « *Je ne vous ai point fait venir (dit le duc en colere) pour vous oppofer à la fentence que la commiffion a prononcée contr'eux , mais pour les aider à mourir chrétiennement.*

Le prélat voyant qu'il ne gagneroit rien fur l'efprit inflexible du duc , s'adreffa d'a-bord au comte d'Egmont , auquel il montra fa fentence. Le comte en apprenant cette fatale nouvelle, perdit connoiffance ; étant revenu , il dit à l'évêque : « Voilà une fen-tence bien rigoureufe. Je ne penfe pas avoir tant offenfé fa majefté pour mériter un tel traitement ; néanmoins je le prends en pa-tience , & prie le Seigneur que ma mort foit une expiation de mes péchés , & que par-là ma chere femme & mes enfans n'encourent aucun blâme ni confifcation , car mes fer-vices paffés méritent bien qu'on me faffe grace. Puifqu'il plaît à Dieu & au roi , j'accepte la mort avec patience ».

Une relation que nous avons fous les yeux, de la mort du comte d'Egmont, porte qu'il fit demander au duc s'il pouvoit efpé-rer fa grace , & qu'ayant appris qu'il ne lui

reſtoit aucun eſpoir, » il remercia le ciel &
le duc d'Albe de lui avoir envoyé un prélat
tel que l'évêque d'Ypres, pour l'aſſiſter
dans ſes derniers momens. Il lui demanda
enſuite de le confeſſer, & de vouloir bien
célébrer la meſſe, pour recevoir la ſainte
communion de ſes mains : l'évêque répondit qu'il la célébreroit, mais qu'il ne s'étoit
pas encore préparé, n'ayant pas dit ſes
heures. Le comte d'Egmont le pria de vouloir bien ſe hâter, car il craignoit d'être prévenu avant d'avoir communié, répétant fort
ſouvent les mêmes paroles, pendant que
l'évêque diſoit ſes heures. Lorſqu'elles
furent achevées, le prélat dit la meſſe,
pendant laquelle le comte communia avec
beaucoup de dévotion. Il demanda enſuite
quelle oraiſon ſeroit la meilleure & la plus
touchante pour ſe recommander à Dieu,
lorſqu'il ſeroit prêt à mourir. —L'évêque
lui répondit qu'il n'en ſçavoit pas de meilleure, ni de plus propre que celle que Jeſus-
Chriſt avoit enſeignée lui-même à ſes apô-
tres ».

Le comte après s'être ainſi préparé à recevoir la mort, s'abandonna à la douleur
de ne plus voir une épouſe & des enfans

chéris. L'idée que fa mort alloit les plonger dans la mifere lui paroiffoit affreufe. Sans les exhortations du prélat & les fecours de la religion, le comte fe feroit livré au défefpoir. Pour tâcher d'adoucir le fort de fa femme & de fes enfans, il écrivit la lettre fuivante au roi d'Efpagne.

« S I R E ,

Puifqu'il a plu à votre majefté de faire condamner à mort un fujet humble & fidele, qui ne s'eft jamais rien propofé que votre fervice, comme les chofes paffées en peuvent rendre témoignage ; n'ayant jamais rien épargné pour vous, ni ma peine, ni mes biens, ni même ma vie, que j'ai abandonnée à mille dangers pour les intérêts de votre majefté, je n'en fais point encore tant d'état, que fi elle pouvoit nuire, en la moindre chofe, à votre gloire & à votre grandeur, je ne vouluffe mille fois l'échanger avec la mort ; mais je ne doute point que, quand votre majefté fera mieux inftruite de mes actions, vous ne reconnoiffiez l'injuftice que l'on m'a faite lorfqu'on vous a perfuadé ce qui n'a jamais tombé dans

mon

mon efprit. J'en appelle Dieu à témoin , & je le prie de rendre à mon ame , qui doit paroître aujourd'hui devant fa face , ce qu'elle a juftement mérité , fi j'ai oublié quelque chofe de ce que j'ai cru devoir au roi & à la tranquillité des provinces. Ainfi je demande à votre majefté , puifque je ne dois plus lui rien demander , que , pour la récompenfe de mes travaux & de mes fer-vices , elle fe laiffe toucher de pitié pour ma femme & pour onze enfans , ou plutôt, pour onze ferviteurs que je vous laiffe , & que j'abandonne à la recommandation d'un petit nombre d'amis. Perfuadé , par cette bonté , qui vous eft naturelle , que vous accorderez cette grace aux dernieres prieres d'un malheureux ; je vais maintenant à la mort que j'embraffe librement , puifque je fçais que , par mon fang , je fatisferai beau-coup de monde.

A Bruxelles , ce cinquieme juin , à deux heures après minuit , 1568.

De votre majefté , le très-humble,
très-fidele , très-obéiffant fujet
& ferviteur , prêt à mourir ,
LAMORALD D'EGMONT.

Il fit une copie de cette lettre, & l'envoya

au préſident Viglius. Comme on ne venoit point le chercher pour le conduire au lieu de ſon ſupplice, il profita du temps qui lui reſtoit pour s'entretenir avec l'évêque d'Ypres. Il demanda à ce prélat « quels propos il pourroit tenir ſur l'échafaud, pour l'édification du peuple. *Le moins que vous pourrez parler, ſera le mieux*, (répondit ce prélat) *pour deux raiſons : la premiere, c'eſt que vous ne ſerez pas oui : l'autre, quoique vous ſoyez oui, le peuple d'à-préſent eſt tellement méchant, qu'il interprétera diverſement ce que vous direz ; & enfin vos propos pourroient profiter à quelques-uns, & nuire à pluſieurs autres.* L'évêque finiſſoit à peine ce diſcours, lorſque des ſoldats entrerent dans la ſalle. Ayant voulu lier le comte, il leur répondit que cela étoit inutile, puiſqu'il étoit diſpoſé à donner la vie qu'on vouloit lui arracher. Il leur montra enſuite ſon pourpoint, & leur dit : *j'en ai fait couper le collet devant & derriere, pour ne point gêner l'exécuteur.* Il ſortit alors entre l'évêque & dom Julien Romero, meſtre-de-camp, pour aller au lieu du ſupplice, en continuant ſes premiers entretiens avec le prélat.

Etant arrivé ſur l'échafaud, il récita trois

fois l'oraifon dominicale , & ayant reçu les
larmes aux yeux , la derniere abfolution , il
pria l'évêque de fe retirer. Il fe mit à genoux
fur un carreau de velours noir , jetta fa robe
à terre , & après avoir baifé le crucifix à
plufieurs reprifes , il tira un petit bonnet de
fon fein , s'en couvrit les yeux , & pendant
qu'il fe recommandoit à Dieu , l'exécuteur
lui trancha la tête. Le comte d'Egmont avoit
alors quarante-fix ans.

La même relation où nous avons puifé
les principales circonftances de la mort de
Lamorald , comte d'Egmont , contient les
détails fuivans fur les derniers momens de
la vie du comte de Hornes.

« Le comte de Hornes (y eft-il dit) ayant
entendu fa fentence , entra en fureur , &
répéta plufieurs fois qu'il avoit fouvent offenfé Dieu , mais jamais le roi. — L'évêque
effaya de le calmer, en lui faifant envifager le
peu de temps qu'il avoit à vivre ; il l'exhorta
à fe confeffer. — Le comte refufa d'abord
de le faire, difant qu'il s'étoit confeffé depuis
longtemps à Dieu ; cependant il fe rendit
aux inftances de l'évêque.

A midi , le comte d'Egmont ayant été
exécuté, le comte de Hornes fortit accom-

pagné de l'évêque d'Ypres ; *il étoit en jupon de foie noir, couvert d'un manteau, & tenoit à la main un bonnet noir.* De cette maniere, fans être lié, ni retenu par perfonne, il traverfa une partie de la grande place de Bruxelles, faluant les perfonnes de fa connoiffance qu'il trouva fur la route ; monté fur l'échafaud, il jetta les yeux fur le corps qui étoit étendu & couvert d'un drap noir ; il demanda fi c'étoit celui du comte d'Egmont, on lui répondit qu'oui. A cette vue quelques larmes coulerent de fes yeux. Il parut pénétré d'une profonde impreffion. Ayant détourné fes yeux, il ôta fon manteau, fe mit à genoux fur un carreau de velours & mit fon bonnet ; pendant qu'il faifoit une courte priere, l'exécuteur lui coupa la tête. Il étoit âgé de cinquante ans.

L'exécuteur mit auffi-tôt les deux têtes fur deux poteaux élevés à chaque côté de l'échafaud. Elles y refterent jufqu'à trois heures après midi. Le bourreau les détacha & les réunit à leurs corps, qu'il mit enfuite dans deux cercueils de plomb. Une foule innombrable de perfonnes trempa des mouchoirs dans le fang de ces illuftres infortunés. Leur mort, loin d'éteindre le feu de la révolte, qui commençoit à embrâfer les Pays-Bas, lui donna au contraire une plus grande activité, & prépara la révolution qui a enlevé les Provinces-Unies à la domination Espagnole.

LANGLADE.

(*Procès & condamnation de*)

Le fieur Langlade, quoique né avec une fortune médiocre, étoit admis dans les meilleures maifons de la capitale. Le hafard lui avoit fait connoître le comte de Montgommery, & depuis il avoit pris un logement dans la maifon occupée par ce feigneur.

La fortune du comte étoit immenfe. Il avoit un train confidérable. Etant fur le point d'aller paffer quelque temps à la campagne, il invita Langlade & fa femme à l'y accompagner ; ils ne s'en défendirent point d'abord, mais ils s'en excuferent quelques jours après ; cette excufe fut regardée comme un indice contre eux dans la malheureufe affaire dont nous allons rendre compte.

M. de Montgommery partit avec fon époufe le lundi 22 feptembre 1687 ; ils devoient revenir le jeudi fuivant ; ils étoient accompagnés de leurs domestiques & d'un prêtre manceau, nommé François Gagnard, leur aumônier. Une des femmes de madame de Montgommery, & quelques ouvrieres occupées à travailler à un meuble, resterent seules à la maison.

Le comte & la comtesse revinrent un jour plutôt qu'ils n'avoient fixé. On trouva en arrivant la porte de l'aumônier ouverte, quoiqu'en partant il l'eût fermée à double tour.

Sur les onze heures du soir le sieur Langlade revenant chez lui, accompagné des abbés de Villars & de Fleury, qui avoient soupé avec lui chez un ami, trouva monsieur & madame de Montgommery qui finissoient de souper. Il s'arrête & s'entretient avec eux. On fait descendre la dame Langlade, qui prit aussi part pendant quelque temps à la conversation, ensuite on se retira.

Le lendemain au soir, le comte rend plainte au lieutenant criminel du châtelet, de ce que, pendant son absence, on avoit forcé la serrure d'un coffre de campagne, où l'on avoit pris 13 sacs de 1000 livres en argent, 11500 en pieces de deux pistoles, 100 louis neuf au cordon, & un collier de perles de la valeur de 4000 livres.

On se transporte sur les lieux , & jugeant que le vol ne pouvoit avoir été fait que par des gens de la maison , on décide qu'il faut faire la visite de tous les appartemens. Le sieur Langlade & sa femme demanderent qu'on commençât par leur appartement : leurs chambres , cabinets , coffres , lits , tout fut visité ; on ne trouva rien. Il ne restoit que le grenier à visiter, ou dans un vieux coffre on découvrit 70 louis au cordon , enveloppés dans un papier imprimé , que le comte assura dans la suite être sa généalogie. Cette malheureuse découverte fixa aussi-tôt les soupçons sur le sieur Langlade & sur sa femme. Le comte déclara que les louis qu'il réclamoit étoient comme ceux qu'on venoit de trouver , au cordon, & des années 1686 & 1687. A ses risques & périls, il se rendit partie contre le sieur Langlade & sa femme, & requit qu'ils fussent interrogés séparément.

Qu'on se figure le désordre & la douleur de gens honnêtes & délicats, soupçonnés de pareils crimes, on fera peu surpris de la frayeur qui parut agiter dans cet instant cruel le sieur Langlade & son épouse.

Cependant on descendit dans la chambre

où couchoient l'aumônier, un page, & un valet de chambre. La dame Langlade fit remarquer au lieutenant criminel qu'on n'avoit point trouvé cette porte fermée comme elle auroit dû l'être, & qu'en queſtionnant le valet de chambre on pourroit ſe procurer des éclairciſſemens. Cet avis, qui devoit ſi naturellement conduire à la découverte des auteurs du vol, fut la cauſe de leur perte.

Cinq ſacs de 1000 livres complets, & un autre auquel il manquoit 219 livres, qu'on trouva dans un coin, inſpirerent une telle prévention au juge, qu'au lieu de ſoupçonner, comme il le devoit naturellement, les domeſtiques qui occupoient cette chambre, il regarda le ſieur Langlade comme convaincu, il fut même juſqu'à dire à l'infortuné Langlade, *ou vous ou moi avons fait ce vol.*

Le malheureux Langlade fut conduit au Châtelet, & ſa femme au Fort-l'Evêque, avec défenſe de leur laiſſer voir perſonne. Le ſcellé fut mis ſur le champ ſur tous leurs effets.

On entendit des témoins, dans le nombre deſquels étoient les auteurs même du vol. La prévention remplit tous les eſprits, au point que le plus frivole indice devint bientôt une preuve. Le juge prévenu d'abord, ensuite mécontent d'avoir été pris à partie par Langlade,qui avoit interjetté appel de sa procédure, contribua à précipiter sa perte.

Le malheureux Langlade subit la question sans rien avouer, & fut cependant condamné, par arrêt du 16 février 1688, aux galeres pour neuf ans; sa femme fut bannie de la ville pour le même temps, & tous deux solidairement condamnés à la restitution des effets volés au comte de Mongommery.

Cet arrêt injuste est un des plus tristes exemples de l'erreur funeste où peut jetter une premiere prévention, appuyée sur un amas de conjectures frivoles.

Langlade étoit d'une complexion foible & délicate; accoutumé à une vie douce & aisée, les tourmens, l'horreur de la prison, l'infamie dont on l'accabloit, furent plus forts que la seule consolation qu'il devoit trouver dans son innocence. Il mourut quatre mois après son arrivée à Marseille, pénétré des sentimens de religion, protestant de son innocence, & pardonnant à ses persécuteurs.

Le ciel sembla faire un miracle en faveur

de la dame Langlade , en lui conſervant une vie que la douleur & l'infortune lui rendoient inſupportable. L'eſpoir de rétablir la mémoire de ſon mari , & de dérober ſa fille à l'infamie , la ſoutint dans ſa miſere.

Peu de temps après la mort de l'infortuné Langlade , il courut dans le monde des lettres anonymes , où celui qui les avoit écrites diſoit, qu'il alloit ſe renfermer dans un cloître , & qu'il ſe croyoit, pour la décharge de ſa conſcience, obligé d'apprendre que le ſieur Langlade étoit innocent du vol dont il avoit été accuſé ; que les auteurs du crime étoient Vincent dit Bibetre, fils d'un tanneur du Mans , valet du comte , & un prêtre nommé François Gagnard , auſſi du Mans , & ſon aumônier ; qu'une femme nommée de la Comble donneroit des indices certains de ce qu'il avançoit.

Le lieutenant criminel , la dame de Montgommery, un autre particulier, reçurent chacun une de ces lettres. Les partiſans du comte diſoient que c'étoit un artifice de madame Langlade. Cependant on s'informa de la vie & des mœurs de Bibetre & de Gagnard : ce qu'on en apprit ſuffiſoit pour faire voir qu'ils étoient exercés depuis longtemps aux crimes qu'on leur imputoit. Il y eut des preuves claires comme le jour que ces deux malheureux étoient les auteurs du vol, & qu'ils l'avoient fait en pratiquant de fausses clefs. Si on les eût interrogés dans le moment où madame Langlade fit part du soupçon qu'elle avoit sur leur compte, (soupçon qui fut cependant cause de sa propre perte.) Un de ces misérables dit qu'il auroit tout avoué, tant il étoit troublé ; mais lorsqu'ils virent les soupçons se fortifier contre le sieur Langlade, ils résolurent de laisser consommer ce nouveau crime, & contribuerent tant qu'ils purent à la perte de cet infortuné, qui les mettoit à l'abri de la juste punition qu'ils subirent enfin ; l'un & l'autre furent en effet condamnés à être pendus.

La mémoire de Langlade fut justifiée, & sa femme obtint des dommages & intérêts contre le comte & la comtesse de Montgommery ; mais ces foibles dédommagemens accordés à l'innocence, n'étoient pas capables de réparer tous les maux qu'elle avoit soufferts.

LAPONIE. *Voyez les articles* SUEDE & NORWEGE.

L A U D, archevêque de Cantorbery.

(Condamnation de Guillaume)

Guillaume Laud, docteur d'Oxford, successivement évêque de Bath & de Londres, partagea avec le comte de Stafford, son ami, la faveur de Charles Ier, l'animosité du parlement, & la haine du peuple. C'étoit un homme, dit le pere d'Orléans, dont la fortune, quoique fort élevée, égaloit à peine le mérite ; son esprit & son cœur étoient également recommandables. La fatale entreprise qui lui coûta la vie, avoit été faite dans une bonne intention, quoiqu'on puisse le soupçonner, avec assez de fondement, d'avoir eu le projet de se faire chef des églises protestantes des trois royaumes.

Ce fut au couronnement de Charles Ier à Westminster, que Laud commença à faire éclater son dessein. Le prélat officiant à cette auguste cérémonie, s'approcha du monarque lorsqu'il fut assis sur le trône, & prononça le discours en latin qui suit.

« Asseyez-vous (dit-il au roi) & demeurez ferme à l'avenir dans cette place de dignité royale dont vous êtes l'héritier légitime &

incontestable, par la succession qui vous vient
de vos ancêtres, & qui vous a été aujourd'hui
remise au nom & par l'autorité du Seigneur
tout-puissant, par les mains des évêques
& serviteurs de Dieu, quoiqu'indignes. De
même que vous les voyez plus proches de
l'autel, daignez aussi leur continuer plus
abondamment vos faveurs & votre protection, afin que le Seigneur tout-puissant,
dont ils sont les ministres & les intendans,
établisse votre trône dans la droiture, pour
qu'il puisse subsister jusques dans l'éternité,
comme le soleil qui est devant lui, & que
vous soyez un témoin fidele dans le ciel ».

Ce discours prononcé contre l'usage dans
cette circonstance, irrita les puritains contre
Laud ; mais ce dernier, sûr de la protection
de son roi, fut insensible à leurs menaces,
& fut nommé à l'archevêché de Cantorbery.
Lorsqu'il fut monté sur le siege métropolitain, Laud dissimula moins ; ses nouvelles
ordonnances furent appuyées par l'autorité
royale, & soutenues par la protection de
Stafford. Dès-lors tout fut bouleversé, &
les mécontentemens ne tarderent pas à éclater. Laud fut traîné à la tour, d'où il vit son
ami le comte de Stafford traîné au supplice.

L'échafaud étoit encore teint de son sang, lorsque Laud comparut à la barre. On l'accusa d'avoir tenté de renverser les loix & la religion du royaume. Laud repoussa cette accusation avec tant de courage & de fermeté, qu'il embarrassa ses juges au point qu'ils ne purent pas le condamner, & qu'ils se contenterent d'ordonner qu'il resteroit prisonnier.

L'infortuné Charles ayant été entiérement vaincu cinq ans après, le parlement n'eut plus aucun ménagement pour les personnes qui avoient été attachées à ce prince. On ordonna à Laud de comparoître une seconde fois; il se justifia avec la même force, au point que les communes désespérant de le convaincre par la méthode ordinaire, le déclarerent coupable par un acte d'*attainder*, qui après quelques oppositions passa à la chambre des lords.

Le jugement le condamnoit au supplice des criminels convaincus de félonie : l'archevêque ayant appris cette condamnation, exposa dans *une petition*, qu'étant prêtre, évêque, conseiller privé & pair du royaume, il demandoit à être décapité. Les communes, après beaucoup de difficultés, eurent

égard à sa demande & changerent son supplice.

« Laud condamné à mort (dit l'auteur de
l'histoire des troubles de la Grande Bretagne) songea à ne point souiller, par une
foiblesse indigne d'un grand cœur, le peu
d'instans que le ciel lui accordoit. Ce vieillard vénérable marcha au supplice avec un
air doux & tranquille qui calma la fureur de
ses ennemis les plus acharnés. Arrivé au
lieu où il devoit recevoir la mort, il prononça un discours fort long & fort touchant,
avec autant d'assurance que s'il eût été sur
son siege métropolitain.

» Après ce discours il récita l'oraison
dominicale, & présenta avec gaieté sa tête
au fer du bourreau. Laud étoit âgé de 72
ans ».

L A Y E R, avocat Anglois,

condamné & exécuté à Londres.

Georges Ier, roi d'Angleterre, ayant
appris en 1722 qu'on avoit formé une conspiration contre lui, convoqua un parlement.
Les deux chambres étant assemblées, le roi
se rendit à Westminster, & leur adressa, par
la bouche de son chancelier, le discours suivant.

« Je suis fâché de me voir obligé, à l'ouverture de ce parlement, de vous informer
qu'on a formé, depuis quelque temps, une
conspiration dangereuse contre ma personne
& contre mon gouvernement, en faveur
d'un prétendant papiste. Les découvertes
que j'ai faites ici, les avis que j'ai reçus de
mes ministres dans les cours étrangeres, &
les intelligences que j'ai eues, soit des puis-
sances qui sont en alliance avec moi, soit
des autres endroits de l'Europe, m'ont
fourni des preuves évidentes & étendues
de ce noir complot..... Quant à moi, je me
repose entiérement sur la protection divine,
sur l'assistance de mon parlement, & sur
l'affection de mon peuple, que je tâcherai
de conserver, en soutenant avec fermeté
la constitution dans l'églife & dans l'état,
& en continuant à faire des loix de ce
royaume la regle & la mesure de toutes
mes actions ».

Le parlement ordonna aussi-tôt qu'on
poursuivît les auteurs & les complices de la
conspiration que le roi venoit de lui dénoncer. Un avocat nommé Layer, qui étoit un
des principaux conjurés, fut arrêté & conduit à la tour. On le cita devant le banc de

la cour , nommé *le banc du roi*. Il étoit accufé d'avoir confeillé d'exciter une rébellion ; d'avoir publié un écrit plein de
trahifon , par lequel il offroit une récompenfe à ceux qui prendroient les armes
contre le roi; d'avoir propofé & entrepris
de foutenir , par les armes , les intérêts du
prétendant ; d'avoir enrôlé du monde pour
cet effet ; d'avoir comploté de fe faifir du
roi, du prince de Galles , & du refte de la
famille royale ; on lui produifit enfuite le
plan de la confpiration , écrit de fa main ,
qui étoit ainfi conçu :

« Au défaut de la force , il faut employer
la rufe ; le général & un de fes officiers de
diftinction conviendront du jour de l'exécution. Cet officier fera enforte qu'il ait ce
jour-là la garde de la tour. Huit efcouades
de vingt-cinq hommes chacune des trois
régimens des gardes , commandés par huit
fergens affidés , feront prêts à marcher vers
le rendez-vous qui leur fera affigné. A
quatre heures après midi on diftribuera
l'argent néceffaire aux fergens , qui , s'étant
affemblés avec leur monde à huit heures du
foir , feront commandés par un autre officier qui marchera droit à la tour , où il arri-

vera précifément à neuf heures. Alors l'officier de garde fera ouvrir les portes , & on
s'affurera de tous ceux que l'officier de garde
trouvera à propos , mais fans effufion de
fang ; après quoi l'officier qui commande le
renfort de deux cens hommes , marchera
avec fes gens à la bourfe royale , où le général doit fe trouver.

» Précifément à l'heure qu'on fe faifira de
la tour , on arrêtera chez eux les grands
perfonnages , & on les livrera au général.
Après s'être affemblés à la bourfe , on répandra la proclamation ou le manifefte , on
fermera les portes de la cité, & on y conduira du canon pour les garder , de même
que les autres avenues de la ville ; on fe
rendra enfuite au rendez - vous général ;
fçavoir , à l'efplanade , fous les canons de la
tour ; & le lord maire fera bonne garde à
la banque , après en avoir tiré l'argent néceffaire pour payer les foldats.

» Le matin du jour de l'exécution , le
général concertera avec un autre officier du
camp les mefures pour fe faifir de l'artillerie , au bruit qu'on répandra d'un foulévement dans la cité. L'officier qui aura faifi
l'artillerie du camp, ne fera aucun mouve-

ment jufqu'à ce qu'il foit informé qu'on eft maître de la tour. Alors, fous prétexte de mettre la perfonne du roi à couvert des infultes de la populace, il fera marcher un détachement pour s'en affurer, & le conduira au général.

» Pour faciliter tout, les officiers de la cavalerie du camp, affidés, marcheront avec leurs gens vers la cité. Le général ordonnera ce jour-là à quatre capitaines à la demi-paye, de fe trouver à quatre différens poftes, pour exciter un foulévement & armer la populace ».

Layer fit ufage de la défenfe la plus finguliere & la plus bifarre pour tâcher de fe fouftraire au fupplice qui l'attendoit. En Angleterre, jufqu'aux dernieres années du regne de Georges Ier, toutes les procédures & tous les actes s'écrivoient en latin ; c'eft à mylord Georges Scaville qu'on doit l'abolition de cette coutume ridicule & favorable à ceux qui vouloient éluder la loi. Layer ne manqua pas d'avoir recours à ce fubterfuge. « Une fin de non-recevoir, difoit-il, adreffant la parole au chancelier, s'éleve en ma faveur, je la tire du mot *Chriftopherus*, qu'on a écrit avec un *E* : votre grandeur fçait que

ce moyen de nullité est expressément contenu dans l'acte du parlement sur les mots
mal orthographiés, ou dont le latin est im-
propre ».

Après avoir prouvé par l'autorité des
dictionnaires, des Lexicons, par les regles
des étymologies & de la formation des
noms, qu'on devoit écrire *Christophorus* &
non *Christopherus* ; il passa aux impropriétés
des termes, aux solécismes & aux barba-
rismes, & il en tira la conclusion bisarre
qu'il étoit innocent.

Mais malgré toutes les ruses que Layer
mit en usage pour éluder la force des
preuves, le lord chef lui adressa le discours
suivant : « Christophe Layer, vous êtes
accusé &, après un long examen de procédures juridiques, convaincu de haute
trahison, en conspirant contre la vie du roi...
ce qui étant ainsi, la loi ne vous juge pas
digne de conserver plus longtemps la vie ;
& la sentence de la loi, ainsi qu'elle est
considérée par la cour, est, que vous,
Christophe Layer, serez reconduit à l'endroit d'où vous êtes venu, & delà au lieu
de l'exécution, où vous serez pendu au cou,
mais non pas jusqu'à ce que mort s'ensuive.

On vous taillera en vie ; vos entrailles feront tirées de votre corps , & brûlées en votre préfence ; votre tête fera féparée de votre corps , & votre corps partagé en quatre quartiers, & on difpofera de votre tête & de vos quartiers de la maniere que fa majefté le jugera à propos.

Ce jugement étonna Layer : cependant il eut la fermeté *de dire qu'il efpéroit avoir affez de courage pour recevoir la mort en gentil-homme & en chrétien, & qu'il ne doutoit pas qu'il ne trouvât dans l'autre monde la juftice qu'on lui avoit refufée en celui-ci ; qu'il n'avoit pas lieu de s'attendre à la clémence du roi ; que la feule grace qu'il demandoit , étoit qu'on lui donnât du temps pour mettre ordre à fes affaires , & fe réconcilier avec Dieu, fçavoir, jufqu'au 23 décembre fuivant ; & qu'on permît à fon fecrétaire, à fa femme, à fa fœur & aux miniftres Thompfon & Brown, de l'affifter.*

Excepté deux autres miniftres qu'on nomma pour l'affifter , on lui accorda tout ce qu'il avoit demandé.

Layer étant arrivé à l'endroit où il devoit recevoir la mort , remit au fchérif un écrit qui contenoit ce qui fuit.

« Ayant déjà (y difoit-il) réfolu d'employer tout le temps de l'exécution en dévotion & à faire ma paix avec Dieu, par le mérite infini & par la médiation de mon doux Sauveur, j'ai, au lieu d'un diſcours que je pourrois faire aux ſpectateurs ſur cette infortunée exécution, mis par écrit mes dernieres penſées ſur les affaires du monde, pendant que j'ai eu quelques intervalles pour le pouvoir faire, & j'en ai envoyé à deux amis fideles deux duplicata authentiques, ſignés de ma main au bas de chaque feuille, afin d'atteſter en temps & lieu les véritables principes de ma réligion & de ma fidélité, auſſi bien que les rigueurs & l'injuſtice ſans exemple qui m'ont été faites depuis peu, & leſquelles je prie Dieu de pardonner aux auteurs. Et afin qu'aucun de mes amis qui ont eu accès auprès de moi, depuis que j'ai été condamné à mort, ne pût être inquiété à la publication de meſdits écrits ; j'en ai envoyé les minutes cachetées enſemble, avec les minutes de deux différentes lettres adreſſées à certaines perſonnes du gouvernement, à un de mes amis ci-deſſus mentionné, le priant de les mettre au net, & de me les renvoyer. Je les ai ſignées alors, & rendues à mes amis, ſans rien dire du contenu aux porteurs. Je prends maintenant congé du monde. Dieu veuille en ſa miſéricorde recevoir mon ame ! »

Quoique Layer eût annoncé qu'il ne prononceroit aucun diſcours, lorſqu'il fut ſur l'échafaud il prononça le diſcours ſuivant.

« Je viens ici (dit-il) pour ſouffrir une mort ignominieuſe , non pour un crime grand , mais pour avoir ſuivi les mouvemens de ma conſcience, & avoir tâché de faire mon devoir. En mourant ainſi , je ne doute pas d'être bientôt heureux ; mais je ſuis certain que cette nation ne ſera jamais heureuſe , ou même paiſible, juſqu'à ce que ſon roi ſoit placé ſur le trône. Je pardonne à tout le monde , & je demande pardon à Dieu de tous mes péchés , & aux hommes du tort que je puis leur avoir fait ».

Auſſitôt qu'il eut fini ce diſcours il fut pendu , enſuite écartelé , & ſes entrailles furent brûlées. On expoſa enſuite ſa tête ſur la porte du temple bas , & ſes quartiers furent remis à ſes parens, qui eurent la permiſſion de les faire enterrer.

LENTILLES,

Juif puni pour avoir répandu la peste dans Geneve.

En 1545 on découvrit à Geneve le projet le plus abominable que l'homme puisse concevoir. Cette république avoit été souvent infectée de la peste, & jamais on n'avoit pu découvrir la cause de ce terrible fléau. Plusieurs Juifs, après avoir été employés aux fonctions les plus basses & les plus mal propres, après avoir été guéris de cette maladie, & s'en croyant pour toujours à l'abri, avoient eu l'atrocité de la répandre. Ces misérables, tant hommes que femmes, avoient formé entr'eux une association, & ne se communiquoient leurs pensées que dans un jargon qu'ils avoient inventé. Ils avoient à leur tête un nommé Lentilles. Ils ramassoient ordinairement dans de vieux chiffons toutes les matieres morbifiques, & ils alloient ensuite les répandre dans les lieux que la peste sembloit épargner. On avoit pris sur le fait à Tonon, un certain Tallent, complice de Lentilles. Lorsqu'il fut appliqué à la question, il avoua son crime, & accusa Lentilles. Celui-ci fut arrêté & confronté avec son accusateur. Mais les tourmens les plus horribles ne purent jamais lui faire confesser la vérité. Il fut condamné à être brûlé ; un instant avant son supplice il pria les magistrats d'ordonner qu'on arrêtât tous ceux qui servoient dans l'hôpital. Les ordres furent promptement exécutés : sept hommes & 24 femmes, convaincus par leur propre aveu, furent condamnés à être brûlés vifs. Parmi ces scélérats, un chirurgien & deux autres eurent la peau arrachée avec des pinces rouges ; tous déclarerent que Lentilles les avoit engagés à commettre cette action horrible. Ces exécutions firent en peu de temps diminuer la maladie, & ramenerent la santé dans la ville, après une perte de plus de vingt mille ames.

L E G R I S, *accusé de viol.*

Quoique la plupart de nos rois avant Charles VI, eussent tenté de supprimer, dans toutes les jurisdictions du royaume, la barbare coutume de décider les différens par le duel ; sous le regne de ce prince, on regardoit encore le combat judiciaire

comme indifpenfable dans les procès criminels où les juges ne pouvoient avoir une connoiffance certaine de la vérité. On en trouve
un exemple dans la fameufe affaire de Car-
rouge & de Legris, que nous allons rapporter.

La dame de Carrouges accufa Jacques
Legris, gentilhomme du comte d'Alençon,
d'être entré chez elle pendant un voyage
de fon mari en Ecoffe, & de l'avoir violée.
« Ce méchant, fuivant elle, ayant été bien
reçu dans le château, l'avoit priée de vouloir bien le conduire au donjon, ce qu'elle
n'avoit pas cru devoir lui refufer : là fe
trouvant feul avec elle, il lui avoit fait des
propofitions dont elle lui témoigna fon
mécontentement ; elle ajoutoit que voyant
qu'il n'y avoit rien à obtenir par priere,
Legris avoit employé la violence, & l'ayant
embraffée & jettée à terre fur le carreau,
*en avoit fait fa volonté, ce qu'elle n'avoit
pu empêcher, Jacques Legris étant fort &
dur.* Après cette action il s'étoit retiré,
fans être touché des plaintes de la dame,
qui lui difoit en pleurant : « *Jacquet, Jacquet, vous n'avez pas bien fait de m'avoir
vergondée, mais le blâme n'en demeurera pas*

sur moi, si Dieu donne que monseigneur mon mari retourne ».

On peut aisément croire que Carrouges entra en fureur à un pareil récit ; ses parens assemblés lui conseillerent de poursuivre l'auteur d'un si sanglant affront. Legris informé de la colere de Carrouges & de son motif, nia l'accusation formée contre lui, soutenant que la femme & le mari lui en vouloient pour des causes étrangeres au crime qu'on lui imputoit ; que Carrouges avoit déjà tenté de lui imputer une pareille affaire par le moyen de sa premiere femme, que d'ailleurs il étoit prouvé qu'il n'avoit point quitté la cour du comte d'Alençon le jour du prétendu viol. L'affaire fut portée au parlement, qui ne crut pas devoir admettre la preuve de l'*alibi*, & qui jugea qu'il *échéeoit gage de bataille.*

La dame fut constituée prisonniere, & l'on prépara la lice derriere le temple : on y avoit dressé un échafaud orné, pour le roi, qui s'y rendit accompagné de sa cour ; le champ étoit entouré d'une foule de peuple & d'étrangers accourus à ce spectacle. Avant d'entrer en lice, Carrouges dit à sa femme : — « *dame pour votre que-*

relle je vais avanturer ma vie , & com-
battre Jacques Legris ; vous sçavez si ma cause
est juste & loyale. —— *Il est ainsi ,* répondit-
elle *, combattez tout sûrement , la cause est*
bonne. —— ***Aussitôt il la baisa , lui prit la main ,***
se signa , & partit ».

Legris parut avoir d'abord l'avantage, mais
étant ensuite tombé , Carrouges se précipita
sur lui & le pressa de s'avouer coupable ;
quoique vaincu , Legris persista dans son
désaveu , & son adversaire impitoyable lui
plongea son épée dans le corps ; il fut tiré
hors du camp , & pendu au gibet préparé
pour le vaincu.

Cependant quelques années après on prit
un malfaiteur qui s'avoua coupable du viol
imputé au malheureux Legris ; Carrouges
étoit alors passé en Afrique, d'où il ne revint pas ; la dame reconnut, mais trop
tard , la témérité de son accusation ; elle
se condamna à faire pénitence le reste de
sa vie , & s'enferma volontairement dans
une cellule murée , où elle finit ses jours.

LIMOGES, (la comtesse de)

accusée d'adultere.

En 1243 la comtesse de Limoges , pour

suppléer par artifice à sa stérilité, supposa une fille à son époux. Gui, (c'étoit le nom du comte) persuadé qu'il n'avoit aucune part à la naissance de cet enfant, traita sa femme d'adultere, l'enferma dans une étroite prison, & fit expirer dans les flammes une demoiselle soupçonnée d'avoir favorisé le crime de son infidéle épouse. Ce fut en vain que l'infortunée comtesse avoua tout, protestant de son innocence, & jurant que l'enfant n'étoit pas plus d'elle que de son mari ; celui-ci obstiné à croire son déshonneur certain, regarda cet aveu comme une invention grossiere ; ainsi elle n'attendoit qu'un traitement pareil à celui de sa malheureuse suivante, (traitement bien dur dans un pays où les adulteres n'étoient alors condamnés qu'à une amende pécuniaire, ou à courir nuds par la ville), mais enfin la supposition se vérifia si clairement, que le comte demeura convaincu de l'innocence de son épouse. Alors il tomba dans un autre embarras ; un frere de la comtesse, outré des traitemens barbares qu'elle avoit éprouvés, intenta au comte un procès suivant la forme alors usitée, c'est-à-dire, qu'il l'appella en duel. Louis IX qui régnoit alors,

& qui tentoit, par toutes fortes de voies,
d'abolir cette barbare coutume, parvint à
concilier les parties. Le gentilhomme fe dé-
fifta, & le comte pardonna à fa femme le
crime de fuppofition, charmé de n'en avoir
point d'autre à lui reprocher.

LITTLETON. (Jean)

Sa condamnation.

Littleton, gentilhomme Anglois, étoit
connu avantageufement à la cour d'Elifa-
beth par fon courage & par fon efprit.
Ayant été nommé député pour le comté de
Vorcefter, il entra dans la confpiration du
comte d'Effex; fon crime ayant été découvert il fut arrêté. Les reproches & la douleur de fon époufe rendoient fa fituation
affreufe; pour tâcher de la confoler il lui
écrivit de fa prifon la lettre fuivante.

« Ne foyez pas découragée par les apparences de mon infortune; je n'ai rien fait
qui doive charger ma confcience; je n'ai
commis aucun crime qui puiffe, avec raifon,
mettre quelque tache à ma réputation; je
n'ai conçu aucune penfée contraire à la fidélité que je dois à ma patrie : toute ma faute

se réduit à ma folie (si cela mérite le nom de folie) d'avoir été trop zélé & trop affectionné pour les amis que je faisois profession d'aimer & de suivre. Si les circonstances du temps & le pouvoir de ceux qui sont en crédit donnent un autre tour à ma conduite, & font passer des actions particulieres pour les atteintes à la tranquillité publique, il faudra bien que je sois enveloppé avec les autres dans la fatale & générale accusation qu'on intente.

» J'ai, malgré cela, & aurai toujours un cœur sincere & innocent, & une conscience sans reproche ; ce sont-là deux appuis qui me soutiennent, & à la faveur desquels je me roidis contre tous les malheurs auxquels je puis être exposé de la part des hommes & de la fortune. Je ne vois aucun sujet de désespérer de mon salut, ma faute n'étant, en aucune façon, capitale, & mes amis donnant de jour en jour des espérances à ceux qui sollicitent en ma faveur ; je ne compte pourtant pas beaucoup sur ces fragiles appuis, je mets ma principale confiance en celui-là seul qui peut seul m'aider ; s'il juge à propos que je périsse, que mes péchés & ceux de ma maison demandent ce sacrifice pour les expier, sa volonté soit faite.

» J'espere qu'il me fera la grace que ce ne soit qu'un passage d'un monde corrompu, vil & méprisable, dans un royaume rempli de gloire & de bonheur : soit que je vive, soit que je meure, je le supplie humblement que je puisse être à lui, & alors il est assez indifférent que j'aille vers lui à présent, ou dans quelqu'autre temps, de quelque maniere qu'il lui plaise, selon sa sagesse, de disposer de moi, j'espere de sa bonté & de sa miséricorde, qu'il me fera la grace de vivre & de mourir constamment, de maniere que vous n'aurez jamais ci-après sujet de rougir de me nommer votre époux, ni vos enfans de m'avouer pour leur pere.

» J'espere que vous aurez reçu la boëte noire ; vous y trouverez un acte qui assure toutes mes terres à vos enfans, & une provision pour vous, qui vous met en état de les élever d'une maniere aussi noble que mes biens peuvent le permettre : j'y pourvois aussi mes freres, pas, à la vérité, aussi largement qu'ils s'y attendent, mais au-delà presque de ce que ma fortune ruinée peut le permettre, & plus avantageusement même que les plus jeunes de mes propres enfans ;

j'ai

j'ai donné ordre au payement de mes dettes, & s'il est nécessaire de donner d'autres instructions sur ce sujet, j'espere que Dieu m'en accordera le temps : communiquez cette lettre à mes freres, qui sont, je m'imagine, allarmés de l'état de ma fortune, & par cela même, de celui de la leur.

» Ne laissez pas d'avoir tous bon courage, & vous en particulier, ma femme, fortifiez-vous, & soyez persuadée que la plus grande marque d'amitié que vous puissiez me donner à présent, c'est de ne pas vous laisser accabler, & de vous conserver pour élever dans la vertu nos pauvres enfans, qui, si vous vous laissiez abattre par le chagrin & la douleur, seroient dans un danger imminent d'être entiérement ruinés, à moins d'une grace toute particuliere de Dieu. Le Tout-puissant vous bénisse tous ! sa miséricorde & ses bénédictions soient & demeurent éternellement avec vous ! *amen*, *amen*, *amen*. J. LITTLETON.

Le chagrin de se voir exposé à perdre la vie, agita Littleton au point qu'il tomba dangereusement malade ; la reine en ayant été instruite, donna ordre de lui faire son procès sur le champ. L'instruction du procès ne fut pas longue ; il fut trouvé coupable & condamné à mort. Lorſqu'on lui lut ſa ſentence, il s'écria : *Je te benis, ô Dieu, je reconnois que tu es le maître.*

Ayant été conduit à Newgate, il écrivit les lettres ſuivantes.

Au chevalier Gautier Ralegh.

« Monſieur, il ne convient ni à la vertu, ni à la généroſité dont vous faites profeſſion, de perſécuter un homme qui eſt dans le malheur. Si juſqu'à préſent vous avez été indiſpoſé ſans ſujet contre moi, jamais temps ne fut moins convenable pour le faire éclater, que celui-ci ; ſouvenez-vous, monſieur, de la vraie nobleſſe des ſentimens, & qu'il eſt indigne d'un cœur généreux de prendre plaiſir à accabler les malheureux : il dépend à préſent de vous de me rendre de bons & de mauvais offices : ſi vous me faites du mal, vous ferez tort à votre propre gloire ; ſi vous me faites du bien, vous m'obligerez à être reconnoiſſant ; il y a déjà un lien naturel & du ſang entre votre fils & moi : je verrois avec ſatisfaction que vous ſeraſſiez les nœuds de l'union par des marques d'affeſtion & par des ſervices d'ami ; il y auroit trop de lâcheté , dans l'état où je fuis, à implorer votre protection ; il y auroit de l'infolence & de l'indifcrétion à la refufer ; mais il n'y a que de la juftice à exiger de vous de ne me point faire de tort , tout gentilhomme eft en droit d'attendre cela d'un autre. Je laiffe à votre propre jugement à décider quel ufage vous devez faire des cent mille livres fterlings que je vous envoye , & quel eft le parti que vous devez prendre. Je fuis. J. LITTLETON.

A fon époufe.

« J'avois deffein, lorfque je vous écrivis dernièrement , de m'étendre amplement , tant fur les raifons qui m'ont engagé à faire ce que vous aurez trouvé dans la boëte , que fur plufieurs autres fujets , & de vous expliquer mes fentimens touchant l'éducation de vos enfans, la maniere dont vous devez vous conduire vous-même & gouverner le peu de bien que je vous laiffe ; mais la peine de mettre tout cela dans un état de perfection , & l'affurance qu'on me donna de mon départ prochain, m'en empêcherent ; je fuis donc obligé d'entamer & de finir en peu de mots ce qui demanderoit beaucoup de temps : venons au fait.

» Dans ce que je vous .ai envoyé, j'ai souhaité de pourvoir à vous & à vos enfans, de satisfaire mes créanciers, de mettre à couvert les sûretés que j'ai données pour mes dettes , & enfin de récompenser en quelque sorte , autant que mon état le permet, mes anciens domestiques & serviteurs; comme en tout cela vous êtes celle qui me touchez de plus près , celle dont j'ai eu le plus de soin , & en qui je me confie principalement , j'exige de vous & vous ordonne par l'amour que vous me devez en qualité d'épouse, & par les devoirs que vous impose la qualité de femme chrétienne , de faire tout ce qui dépendra de vous pour que ce que j'ai réglé soit exécuté dans toutes ses parties ; & comme de toutes les choses de ce monde les enfans que Dieu m'a donnés sont ce qui demande le plus d'attention, j'exige donc premiérement , que vous ayez soin par-dessus toutes choses, qu'ils soient élevés dans la crainte de Dieu, d'où dépendent toutes les bénédictions, tant dans cette vie que dans celle qui est à venir ; en second lieu, qu'ils soient instruits soigneusement dans les sciences , & formés aux bonnes mœurs , sans quoi l'on ne peut s'attendre qu'ils aient aucun mérite ; enfin qu'on prenne sur-tout soin , quand ils auront atteint l'âge de raison , qu'ils ne se corrompent par des mauvaises compagnies, mais que de bonne heure on leur inspire des principes d'honnêteté & de vertu , qui influent sur toutes leurs actions & sur toute leur vie.

» Ce sont là , ma très-chere femme , des choses que je vous recommande de la maniere la plus forte , & je vous conjure , par la tendresse que vous avez pour moi , de vous en acquitter avec soin, car il viendra un temps où vous & moi nous nous rencontrerons devant Dieu , où je vous en demanderai compte , & au nom duquel je vous en conjure encore une fois. Il y a dans la petite cassette peinte quelques lettres qu'il n'est pas à propos qu'on trouve & qu'on voie ; je vous prie , par toute notre mutuelle tendresse , de les brûler , pour qu'elles ne fassent aucun tort à ceux qui y sont intéressés, car comme ma foiblesse y a donné occasion , si ces folies devenoient publiques, ma réputation en souffriroit , & je serois exposé à la risée & au blâme. Le

Dieu tout-puissant veuille, dans ses grandes & infinies miséricordes, te bénir, ma très-chere & bien-aimée femme, & bénir tous tes enfans, nous faire à tous la grace de le servir, & d'honorer son saint nom, & nous rendre tous les heureux possesseurs de son Royaume glorieux dans les cieux. *Amen, amen, amen.* J. LITTLETON.

A son épouse.

» Dans plusieurs lettres & papiers, selon que les sujets se sont offerts à ma mémoire, j'ai recommandé à vos soins les choses auxquelles je n'avois pas pourvu pendant que j'étois en liberté ; elles sont de si peu d'importance, que vous pouvez répondre à mes intentions, sans que votre bien en souffre beaucoup. Je ne prétends point vous imposer rien de plus pénible que ce que j'ai déjà exigé de vous ; mais je vous le recommande de la même maniere, si ce n'est plus fortement encore : c'est de vous souvenir des services de mes fidèles serviteurs & amis qui, dans le temps de mes malheurs, ont non seulement travaillé & fait des voyages pour mes intérêts, pour le vôtre & pour ceux de nos enfans, mais ont aussi hazardé

Leur crédit, leurs biens & leurs perfonnes mêmes, pour moi en particulier. Dieu vous béniffe & tous mes chers enfans, que fa grace nous accompagne pendant notre pélerinage temporel! & quand il fera fini, puiffions-nous nous rencontrer avec joye dans fon royaume célefte! *Amen, amen, amen.* J. LITTLETON.

A fon oncle.

» L'acte de ceffion dont vous me parlez eft déjà en fûreté, & entre des mains fidèles; fi le foin que j'ai pris du bien de ma femme & de mes enfans eft caufe que d'autres s'intéreffent peu à ma vie, & que l'accompliffement des devoirs de la nature exigeoit de moi, foit une raifon qui oblige à me négliger extraordinairement, il faut que je cherche des reffources en moi même, & je ne laifferai pas de faire mon devoir à cet égard du mieux qu'il me fera poffible; il y a quinze jours que j'ai reçu moi-même le papier des mains de mon coufin Parotte, à la conduite honnête & à la fidélité duquel je dois ce témoignage, que dans toutes mes affaires précédentes, & dans mes derniers malheurs, j'ai trouvé en lui, felon fon petit pouvoir, l'ami le plus fidele & le plus offi-cieux que j'ai jamais eu, c'eſt ce que j'ai ſoin de marquer ici, d'autant que j'ai appris qu'on a débité ſur ſon compte des choſes odieuſes, qui ſont fauſſes ; je vous ſuis auſſi redevable à vous, mon cher oncle, de bien des marques de bonté que vous m'avez données : je les reconnoîtrai tant que je vivrai ; & après ma mort, je prierai Dieu de vous en récompenſer ».

Votre affectionné neveu, J. LITTLETON.

Il paroît par les lettres que nous venons de tranſcrire, que Littleton avoit une ame forte & courageuſe ; ſa maladie ayant fait des progrès, on voulut hâter le moment de ſon ſupplice ; mais ſa mort empêcha l'exécu-tion de ſon jugement. Depuis ce jugement fut anéanti, & la veuve de Littleton obtint la main-levée de la confiſcation qui avoit été prononcée.

On permit même au fils de Littleton de couvrir le tombeau de ſon pere d'une pierre, & d'y faire graver ces mots : *J. Littleton, écuyer.*

L O A N G O.

(Formalités employées pour découvrir les crimes à)

Un voyageur dit que , « dans le royaume de Loango , lorſque les preuves d'un vol , d'un aſſaſſinat , d'un adultere, ne ſont pas ſatisfaiſantes, on a recours à l'épreuve d'une liqueur nommée *bonda* ; cette liqueur eſt le jus d'une racine groſſe comme la cuiſſe , quoiqu'elle ſoit à peine longue de ſix pouces : on rape cette racine dans l'eau ; après y avoir fermenté quelque temps , elle devient amere comme le fiel.

» D'abord les perſonnes intéreſſées s'a-dreſſent au roi pour le prier de nommer un miniſtre , & cette faveur coûte une certaine ſomme. Les miniſtres du *bonda* qui ſont ordinairement au nombre de neuf ou dix , ſont preſque toujours aſſis dans les grandes rues : vers trois heures après midi, l'accuſateur leur apporte les noms de ceux qu'il ſoupçonne , & jure que ſes dépoſitions ſont ſinceres. Les accuſés ſont cités avec toute leur famille , car il arrive rarement que l'accuſation tombe ſur un ſeul , &

fouvent tout le voifinage y eft compris ;
ils fe rangent fur une ou plufieurs lignes,
pour s'approcher fucceffivement du miniftre , qui pendant ces préparatifs ne ceffe
de battre fur un petit tambour : chacun
reçoit fa portion de liqueur , l'avale , &
reprend fa place.

» Alors le miniftre fe leve & lance fur eux
de petits bâtons de banannier , en les fom-
mant de tomber s'ils font coupables , ou de
fe foutenir fur leurs jambes , & *de piffer
librement* s'ils n'ont rien à fe reprocher : il
coupe enfuite différentes racines , dont il
jette les morceaux devant lui ; tous les accufés font obligés de marcher deffus d'un
pas ferme ; fi l'un d'eux a le malheur de
tomber , l'affemblée pouffe un grand cri , en
remerciant les *mokiffos* (ou les efprits) des
éclairciffemens qu'ils viennent de donner.

» Si le crime eft grave , ou fi le coupable
a beaucoup d'ennemis, on le conduit devant
le roi , après l'avoir dépouillé de fes habits,
qui font l'unique falaire du miniftre ; la
fentence eft prononcée auffitôt , & on le
condamne ordinairement au fupplice : on le
mene à quelque diftance de la ville fur un
grand chemin , où il eft coupé en pieces.

L O V A T , (le lord)

& autres lords condamnés à mort & exécutés à Londres , pour avoir soutenu la cause du prétendant.

En 1740 le prince Charles Edouard s'entretenant avec le cardinal de Tencin , des moyens qu'il pourroit avoir de remonter sur le trône de ses peres , le cardinal lui dit : « que ne tentez vous de passer sur un vaisseau vers le nord de l'Ecosse ? votre seule présence pourra vous former un parti & une armée, alors il faudra bien qu'on vous donne des secours ». Le prince Edouard qui brûloit du desir de punir les ennemis de sa famille , suivit le conseil du cardinal : il ne confia son projet qu'à sept officiers, les uns Irlandois , les autres Ecossois , qui offrirent de partager ses dangers. Un de ces officiers écrivit à un négociant de Nantes, nommé Walth , fils d'un Irlandois , qui étoit attaché à la maison de Stuart. Ce négociant avoit une frégate de dix-huit canons, sur laquelle le prince s'embarqua le 12 Juin 1745 , n'ayant , pour une expédition dans laquelle il s'agissoit de la couronne de la

Grande-Bretagne , que sept officiers , environ dix-huit cens sabres , douze cens fusils , & 48 mille francs.

Le prince aborda , après avoir couru les plus grands dangers , dans un petit canton de l'Ecosse appellé le Moidard ; les habitans auxquels il se fit connoître , se jetterent à ses genoux : *mais que pouvons-nous faire, lui dirent-ils , nous n'avons point d'armes ; nous sommes dans la pauvreté , nous ne vivons que de pain d'avoine , & nous cultivons une terre ingrate.*

Je la cultiverai, cette terre, avec vous , répondit le prince : *je mangerai de ce pain , je partagerai votre pauvreté , & je vous apporte des armes.*

Trois cens hommes s'étoient à peine réunis pour défendre la cause du prétendant, qu'on fit un étendart royal d'un morceau de taffetas. Peu de jours après le prince se vit à la tête de quinze cens combattans , qu'il arma avec les fusils & les sabres qu'il avoit apportés.

Il y avoit au plus six mille hommes de troupes réglées dans l'Angleterre , & le roi étoit absent ; une partie du régiment de Sinclair marcha d'abord des environs d'Edimbourg contre la petite armée du prince, qui remporta une victoire complette ; quatre-vingts Anglois furent faits prisonniers par trente montagnards Ecoſſois : le courage & l'eſpérance ayant augmenté par ce premier ſuccès, le prétendant voyoit chaque jour groſſir ſon armée ; il marchoit ſans relâche, toujours à pied, à la tête de ſes montagnards, vêtu comme eux, & partageant leur nourriture groſſiere. Il s'empara de Perth, ville conſidérable d'Ecoſſe, où il fut proclamé ſolemnellement régent d'Angleterre, d'Ecoſſe & d'Irlande, pour ſon pere Jacques III ; le duc de Perth & le lord Georges Murai arriverent alors à Perth avec de nouveaux ſoldats : une portion conſidérable d'un régiment Ecoſſois qui étoit au ſervice de la cour, déſerta pour ſe ranger ſous les drapeaux du vainqueur, qui, le 29 ſeptembre, s'empara d'Edimbourg, où il fut reconnu régent des trois royaumes.

Le général Cope s'étant avancé à la tête de 4000 Anglois, le prince ſortit d'Edimbourg avec 3000 montagnards pour l'attaquer : avant de commencer le combat, il tira ſon épée, & jettant le fourreau loin de lui : *mes amis , dit - il , je ne la remettrai dans le fourreau que quand vous serez libres & heureux* ; le général Anglois entiérement défait, fut obligé de fuir ; ces succès firent croire que les Stuart étoient sur le point de remonter sur le trône de leurs ayeux.

Malheureusement pour le prétendant, le duc de Cumberland remporta sur lui une victoire complette à la bataille de Culloden. Le prince légérement blessé, fut entraîné dans la fuite la plus précipitée, accompagné d'une centaine d'officiers ; il fut obligé de se jetter dans une riviere, & de la passer à la nâge. Quand il eut gagné l'autre bord , il vit de loin (& ce fut le premier spectacle qui s'offrit à ses regards) les flammes au milieu desquelles on faisoit périr cinq ou six cens montagnards, dans une grange à laquelle on avoit mis le feu. Les cris horribles de ces malheureuses victimes de la férocité & de la barbarie de leurs vainqueurs, furent entendus du prince infortuné dont ils avoient soutenu le parti. Son cœur reçut dans ce moment le coup le plus sensible.

Le prince Edouard, presque sans suite, marcha pendant plusieurs jours & plusieurs nuits fans faire panfer fa bleffure ; enfin accablé de fatigues & de faim , après avoir échappé aux pourfuites des foldats qui cherchoient à gagner la fomme à laquelle on avoit mis fa tête à prix ; le prétendant prêt à fuccomber , entra dans une maifon dont il fçavoit que le maître n'étoit pas de fon parti : il fut reçu par le gentilhomme qui l'habitoit avec les égards dûs à fa naiffance & à fes malheurs. Enfin le prétendant après des aventures prefque incroyables , s'embarqua fur une frégate françoife , & arriva le 10 octobre 1746 au port de Saint-Paul-de-Léon , avec quelques uns de fes partifans.

La cour de Londres , avant de verfer le fang qui pouvoit appaifer fa vengeance , crut devoir rendre le prétendant ridicule & méprifable aux yeux du peuple : elle autorifa plufieurs de ces fcénes qui fe renouvellent à chaque moment au milieu de cette nation ; les drapeaux du prince vaincu furent portés par le bourreau dans les rues d'Edimbourg , & brûlés dans la place publique.

Après cette fête angloife & cette efpece de réjouiffance nationale , on s'òccupa d'objets plus férieux & plus chers à la vengeance du vainqueur ; on commença par lui

immoler 17 officiers : le colonel Tounley,
un de ces officiers , fut traîné avec huit
autres fur la claye au lieu du fupplice ; après
qu'on les eut pendus , on leur arracha le
cœur , dont on leur battit les joues , & on
mit leurs membres en quartiers. Le lord
Lovat & trois autres lords qui avoient été
arrêtés , furent jugés deux jours après &
condamnés à mort.

En Angleterre le jugement des pairs eft
accompagné des cérémonies les plus impo-
fantes : lorfqu'ils font accufés de haute trahifon , on les juge avec des formalités bien
différentes de celles qu'on emploie pour les
autres citoyens.

« On choifit (dit l'hiftorien dans lequel
nous avons puifé les faits dont nous allons
rendre compte) pour préfider à leur jugement , un pair , à qui on donne le titre de
grand Stuart du royaume : les pairs de la
Grande Bretagne reçoivent alors fes ordres ;
il les convoque dans la grande faile de Weftminfter, par des lettres fcellées de fon fceau,
& écrites en latin ; il faut qu'il y ait au
moins douze pairs avec lui , pour prononcer
l'arrêt : les féances fe tiennent avec le plus
grand appareil ; il s'affied fous un dais , le

clerc

clerc de la couronne délivre sa commission
à un roi d'armes qui la lui présente à genoux ; six massiers l'accompagnent toujours
& sont aux portieres de son carrosse quand
il se rend à la salle & quand il en sort , &
il a cent guinées par jour pendant l'instruction du procès. Quand les pairs accusés sont
amenés devant lui & devant les pairs leurs
juges , un sergent d'armes crie trois fois
oyés, en ancienne langue françoise ; un huissier porte devant l'accusé une hache , dont
le tranchant est tourné vers le grand Stuart,
& quand l'arrêt de mort est prononcé , on
tourne alors la hache vers le coupable ».

Les lords Balmerino , Kilmarnock &
Cromatie, qui avoient été pris les armes à
la main à la bataille de Culloden , furent
amenés à Westminster. Comme il fut facile
de les convaincre de leur crime , l'instruction de leur procès ne fut pas longue : voici
le discours que le chancelier leur adressa.

« Guillaume , comte de Kilmarnock ;
Georges , comte de Cromatie ; Arthur,
lord Balmerino , vous avez été informés,
pendant le cours de cette solemnelle procédure , que vous êtes convaincus de haute
trahison , dont vous avez été chargés par

les diverſes accuſations portées contre vous.

» Par cette conviction , il eſt finalement déterminé que vous êtes , mylords , coupables d'un crime , lequel eſt réputé , pour des raiſons très-ſolides , non-ſeulement par les loix de la Grande Bretagne , mais auſſi par celles de toutes les autres nations , comme le plus grand qui ſe puiſſe commettre.

» Tous & un chacun des ſeigneurs vos pairs n'ont pu qu'être ſenſiblement touchés de voir que des perſonnes de votre naiſſance & de votre qualité ſe ſoient ſouillées d'une offenſe ſi indigne ; ils ont néanmoins reſſenti quelque ſatisfaction de ce qu'en effet vous en êtes tous convenus ; deux d'entre vous , mylords , ſe ſont d'abord & bien expreſſément déclarés coupables des accuſations portées contr'eux ; le troiſieme a publiquement avoué qu'il étoit ſatisfait de ce qui a été déterminé par la chambre ſur l'unique point qui faiſoit le fondement de ſa défenſe ; la charité fait eſpérer que c'eſt-là un indice de quelque diſpoſition à une repentance ſincere & proportionnée au crime que vous avez commis.

» Vous mylord Balmerino , vous avez

fait quelqu'inftance pour arrêter le jugement, & les feigneurs ont bien voulu vous accorder des avocats afin de vous aider dans votre défenfe ; mais, après les avoir confultés, vous avez, de votre propre mouvement, renoncé à cette inftance, comme étant tout-à-fait deftituée de fondement.

» Ce feroit une chofe auffi inutile que défagréable, d'entreprendre d'aggraver, dans les malheureufes circonftances où vous vous trouvez, des crimes fi noirs & fi atroces, & qui, de leur nature, font fi peu fufceptibles d'être aggravés ; cependant le devoir de la charge que j'ai l'honneur d'exercer exigeoit que je vous fiffe faire quelques réflexions, afin de vous faire fentir d'autant mieux la néceffité de la juftice qui doit fe faire aujourd'hui, & exciter dans vos cœurs un jufte fentiment de l'état où vous vous trouvez......

» Quelques-uns de vous, mylords, parmi les raifons qu'il vous a plu d'alléguer pour votre défenfe, avez tâché de mettre en œuvre bien des argumens propres à exciter la compaffion & la pitié ; mais de tels argumens, s'ils méritent quelqu'attention, ne font à leur place que devant le tribunal où la pitié a beaucoup à dire ; mais lorsqu'il s'agit ici de compassion pour le coupable , elle disparoît devant celle que nous devons à notre patrie , aux innocens qui ont été les victimes de cette rébellion , & à ceux qui sont morts glorieusement en défendant la liberté. . . . . .

» Ainsi la cour veut *que vous, Guillaume, comte de Kirmarnock ; Georges, comte de Cromatie ; Arthur, lord Balmerino, retourniez à la prison de la cour d'où vous êtes venu ; que delà vous soyez traînés au lieu du supplice ; que lorsque vous y serez, vous y soyez pendus par le cou , mais non pas jusqu'à ce que la mort s'ensuive , puisque vous devez être détachés de la potence pendant que vous serez encore en vie ; ensuite on vous tirera les entrailles du corps pour être brûlées devant vous , après quoi on vous coupera la tête , & vos corps seront écartelés , lesquels resteront à la disposition du roi.*

Le tout-puissant veuille avoir pitié de vos ames ».

Le chancelier annonça aussi-tôt après la prononciation de ce jugement aux prisonniers , que le roi leur accordoit la grace d'avoir la tête tranchée.

C'eſt l'uſage en Angleterre que les perſonnes condamnées à mort adreſſent à leurs
juges des diſcours; le lord Cromatie prononça celui qui ſuit.

« J'ai le malheur (dit-il) de paroître
devant vous, coupable d'un crime qui, par
ſa nature, mérite la plus haute indignation
de ſa majeſté, ainſi que la vôtre & celle
du public; comme j'en ſuis parfaitement
convaincu moi-même, je n'ai pas voulu
vous arrêter par la moindre défenſe; reconnoiſſant avoir commis une trahiſon, je
n'ai pas cru devoir entreprendre de juſtifier
mon procédé; ainſi l'unique choſe que j'alléguerai tendra à exciter votre compaſſion,
& la clémence de ſa majeſté ſera mon ſeul
refuge ».

» Dans la grande affliction qui m'accable,
j'ai encore la ſatisfaction, mylords, d'eſpérer que vous aurez trouvé irréprochable la
conduite que j'ai tenue avant le commencement de la rébellion, par rapport à mon
attachement pour l'heureuſe conſtitution
préſente, ſoit dans l'égliſe ou dans l'état,
afin de prouver l'affection que je portois au
gouvernement dans le temps que la rébellion ſe manifeſta, j'oſe même en appeller

à l'officier qui commandoit alors en chef les troupes de sa majesté à Invernes, ainsi qu'au lord préfident de la cour des feffions en Ecoffe, qui, j'en suis sûr, rendront juftice à ma conduite en cette occasion.

» Mais, mylords, nonobstant la ferme réfolution où j'étois de demeurer fidéle au gouvernement, j'ai été malheureufement féduit par les artifices de quelques gens défefpérés & intrigans à y renoncer, dans un moment où je n'étois pas bien fur mes gardes ; & il eft notoire, mylords, que je ne fus pas plutôt revenu de cette illufion, que je fentis des remords cuifans pour m'être écarté de mon devoir, mais il n'en eft plus temps.

» Il ne me refte, mylords, qu'à me recommander à vous avec ma vie & ma fortune, comme un objet digne de votre pitié ; je vous la demande moins pour moi-même que pour d'autres. J'ai enveloppé dans mon crime une époufe chérie, avec un enfant qui n'a pas encore vu le jour, & qui participeroit aux peines qu'il n'a pas méritées ; j'y ai enveloppé mon fils aîné, qui, par fa jeuneffe & par fon refpect filial, a été entraîné dans le torrent de la rébel-

lion ; enfin j'y ai enveloppé huit enfans
innocens , qui souffriront la punition de
leur pere avant que de connoître leur
faute.

» Puissent ces objets , mylords , trouver
grace auprès de sa majesté, auprès de vous,
& auprès de ma patrie ! puissent le silence
éloquent de leur douleur & de leurs larmes,
& le langage efficace de l'innocente nature,
suppléer au défaut de mes paroles pour per-
suader ! faites - moi grace , mais pas plus
longtemps que je la mériterai , & ne me
laissez jouir de la vie qu'autant que je l'em-
ploierai pour effacer les crimes dont je me
suis rendu coupable.

» En implorant ainsi le pardon de sa majesté par votre intercession , puisse le re-
mord de mon crime , qui me ronge en
qualité de sujet , puisque la tristesse que je
ressens dans le cœur , comme mari , puisse
enfin la douleur qui m'accable , comme
pere , vous représenter toute l'étendue de
ma déplorable situation ! comme vous êtes
hommes, mylords, & sujets comme tels aux
agitations de l'esprit & du cœur, je souhaite
que personne d'entre vous n'éprouve jamais
la moindre partie de l'angoisse qui me tour-
mente.   O iv

» Mais, si après tout, mylords, on trouve que ma conservation est incompatible avec le bien public, & qu'il n'y a que mon sang qui puisse expier mon malheureux crime ; si le sacrifice de ma vie, de ma fortune & de ma famille est jugé indispensablement nécessaire pour faire cesser les hauts cris de la justice publique, & si je dois boire enfin cette coupe amere, alors, ô Dieu, que ta volonté soit faite, & point la mienne ».

Les juges n'entendirent pas sans émotion ce discours prononcé avec le ton que la situation du lord Cromatie lui inspiroit ; ils s'intéresserent en sa faveur auprès du roi : l'épouse de cet infortuné entourée de ses huit enfans, & enceinte d'un neuvieme, courut se jetter aux pieds de sa majesté, qui lui accorda la grace de son mari.

Les autres lords firent solliciter la même grace, mais elle leur fut refusée.

Voici la relation qu'on trouve dans les papiers publics de Londres, du supplice des deux lords Kirmarnock & Balmerino. Le 29 août (y est-il dit) vers les six heures du matin, un détachement des gardes du corps, des grenadiers à cheval, & des trois régimens des gardes à pied, traverserent la ville pour se rendre à l'esplanade de la tour : à dix heures un billot fut porté sur l'échafaud, & couvert de drap noir, avec quelques sacs de sciure de bois, pour recevoir le sang. Peu de temps après, on y mit deux cercueils couverts aussi de drap noir, avec des clous dorés ; il y avoit sur chacun une lame avec une inscription.

Une demi-heure après, les schérifs allerent à la tour, où après avoir frappé quelque temps à la porte, on leur livra les prisonniers. Balmerino voulut mourir avec son uniforme. Le gouverneur de la tour ayant crié, selon l'usage, vive *le roi Georges*, le lord s'écria : vive *le roi Jacques & son digne fils*.

» Il étoit onze heures & demie lorsque le comte de Kirmarnock, accompagné du ministre Foster, chapelain de la tour, parut sur l'échafaud ; ce seigneur étoit habillé de noir : après avoir été quelques minutes à se recueillir, il ôta lui-même la bourse de ses cheveux, son habit & sa cravatte, parla à l'exécuteur, qui étoit vêtu de blanc, lui donna quelqu'argent, & ayant dit adieu à ses amis, il fit mettre ses cheveux sous un

bonnet de damas , découvrit fon cou , &
s'agenouilla devant le billot , fur lequel il
pofa fa tête , qui fut féparée d'un feul coup.

» Balmerino ne montra pas moins de
courage : étant arrivé au lieu du fupplice, il
prononça un difcours qui annonçoit une
ame capable de fupporter le malheur.

» Lorfqu'il eut achevé fon difcours , il
ajufta lui - même fa tête fur le billot , &
s'écria : *Pere des miféricordes , protége nos
amis , pardonne à mes ennemis , rétablis mon
roi , aie pitié de mon ame.* Il fit alors le fignal
dont il étoit convenu ; il reçut un coup fur
l'épaule qui ne lui arracha ni cris ni plaintes ;
il fe retourna feulement , & dit avec douceur à l'exécuteur : *vife donc mieux.* Celui-ci
lui donna le fecond coup d'une main trem-
blante , & l'acheva au troifieme.

» Quelques mois après , c'eft-à-dire le 19
décembre , le comte de Darwenwater fubit
le même fort. La veille de fa mort , il écrivit
à fon époufe la lettre fuivante.

« Le meilleur de vos amis vous dit un
éternel adieu , il eft très-réfigné à la volonté
du très-haut ; c'eft demain fon dernier jour ;
aimez fa mémoire ; que fes amis fe joignent
à vous en priant pour lui. La mort n'a rien

d'effrayant, lorsque préparé comme je le suis, on l'envisage d'un œil tranquille & serein : aimons nos ennemis, & prions pour eux ; que mes fils soient hommes comme moi, & mes filles femmes vertueuses comme vous. Adieu ma chere & tendre épouse ».

A Londres, ce 18 décembre 1746.

» Après avoir prononcé un discours plein de force, il ôta son uniforme, donna dix guinées à l'exécuteur, & demanda d'être inhumé dans le cimetiere de saint Gilles, *où reposoient*, disoit-il, *les cendres de plusieurs martyrs* ; ensuite il présenta sa tête, qui fut abattue au second coup.

» Le lord Lovat fut la derniere victime illustre qui fut immolée par la main du bourreau. Ce seigneur qui étoit âgé de 80 ans, avoit été un des premiers à favoriser le projet du prétendant ; les principaux mécontens s'étoient assemblés secrettement chez lui : il employa autant qu'il put, les subterfuges des loix pour défendre un reste de vie qu'il perdit enfin sur l'échafaud ; cependant il vit approcher le moment de sa mort avec courage ; au lieu d'adresser un discours au public, il se borna avant de recevoir le coup fatal , à prononcer ce vers d'Horace :

Dulce & decorum pro patria mori !

» Les mêmes papiers publics qui nous ont fourni ces détails contiennent le trait fuivant. Un jeune étudiant d'Oxford, nommé Painter , dévoué au parti Jacobite, demanda à mourir à la place du vieillard condamné ; fa demande ayant été rejettée, il fit les plus vives inftances : s'il eût connu Lovat , fa conduite pourroit paroître moins extraordinaire ; mais il n'avoit jamais eu aucune relation avec ce vieillard.

L O U I S.

(*Jugement de faint*)

Deux gentilshommes ayant paffé un compromis fur un procès criminel, s'en rapporterent au jugement de faint Louis ; l'un follicitoit une vengeance éclatante de la mort de fon fils que l'autre avoit cruellement affaffiné ; l'autre nioit une action auffi barbare : déja la plainte avoit été portée devant la juftice ordinaire , où l'accufé prétendoit s'être juftifié ; mais cette juftification n'étant pas complette , le roi ordonna une information ; il fut prouvé que l'accufé ayant rencontré le fils de l'accufateur , l'avoit percé d'un coup de lance , en l'appellant *méchant bâtard;* qu'auffitôt un chevalier de fa compagnie lui avoit enfoncé un poignard dans le fein, au moment même qu'il rendoit fon épée & demandoit la vie.

Saint Louis , convaincu de la vérité du crime , put à peine contenir fa jufte indignation ; mais comme le crime n'étoit prouvé que par une procédure inufitée à l'égard de la nobleffe (c'eft-à-dire par la voie de l'information) & que l'accufé perfiftoit à nier, le monarque ne le punit pas autant qu'il auroit defiré : la terre fatale où le crime avoit été commis fut adjugée à perpétuité à l'accufateur , le coupable fut condamné à demander pardon à genoux au pere du défunt , à faire 40 livres de rente en terre à fes enfans , enfin à quitter le royaume pendant cinq ans , & paffer ce temps au fervice de la terre fainte.

L O U I S.

(*Autre jugement rendu par faint*)

Le procès fait en préfence de S. Louis à

Enguerrand de Coucy, est un des exemples les plus frappans de la juste sévérité de ce monarque dans la punition des crimes.

Le coupable devoit le jour au fameux Enguerrand, qui dans les premieres années du regne de S. Louis avoit aspiré à la couronne. Ce jeune seigneur, issu d'une des familles les plus illustres de la nation, étoit du caractere le plus violent & le plus barbare.

Trois jeunes gentilshommes Flamands, envoyés par leurs parens à l'abbaye de S. Nicolas - des - Bois pour apprendre la langue françoise, allerent un jour se promener hors du monastere, & s'amuserent à tirer des lapins à coups de flêches : l'ardeur de la chasse les ayant emportés jusques dans les bois de Coucy, ils furent arrêtés par les gardes du comte, qui eut la barbarie de les faire pendre sur le champ sans vouloir les entendre, & sans leur donner le temps de se préparer à la mort.

Le bruit de cette action atroce parvint aux oreilles de S. Louis : ce monarque indigné contre l'auteur d'un crime aussi lâche, donna ordre sur le champ de faire citer de Coucy devant les juges de *la cour du roi.*

De Coucy se présenta, mais il refusa de répondre, sous prétexte qu'étant baron, il ne pouvoit être jugé que par ses pairs.

Malgré ses représentations, le roi le fit enfermer dans la tour du Louvre, & garder par des huissiers & des sergens. Cette action de vigueur inouie jusqu'alors, étonna tous les barons, qui étoient presque tous parens ou alliés du coupable.

Dans la premiere assemblée de *la cour*, le roi déclara qu'il vouloit que le coupable fût condamné à la peine du talion ; les barons s'assemblerent & vinrent supplier le monarque de leur permettre d'être du nombre des juges, ce qu'il leur accorda ; mais il leur dit, que s'ils manquoient à faire justice, il la feroit lui-même.

De Coucy ayant été amené devant ses juges, le roi l'interrogea lui-même ; ayant été convaincu, il ne vit d'autre moyen pour tâcher d'éviter la condamnation, que de demander à prendre conseil de ses parens.

Cette grace ne pouvoit lui être refusée, aussi le roi la lui accorda, & (ce qui est une preuve de la grandeur de sa maison & de l'étendue de ses alliances) tous les barons se leverent pour le suivre. Quelque temps après ils rentrerent, & de Coucy à leur tête *nia le fait,* & offrit de s'en justifier par le duel, en protestant contre la voie de l'information, qui, disoit-il, ne pouvoit avoir lieu selon les loix du royaume, lorsqu'il s'agissoit de la personne & de l'honneur des barons; c'étoit en effet une procédure extraordinaire; mais le roi qui vouloit l'établir pour abolir l'usage du combat, répondit « que la » preuve du duel n'étoit point recevable à » l'égard des églises & des gens sans appui, » que faute de trouver des champions pour » combattre les grands seigneurs, les petits » resteroient dans une éternelle oppression » & sans espérance d'obtenir justice ».

Le comte de Bretagne, fameux depuis longtemps par ses révoltes, voulut insister : « Vous n'avez pas toujours pensé de même, » lui répliqua le roi, vous devriez vous » rappeller qu'accusé devant moi par vos » barons, vous me demandâtes que la » preuve se fît par enquête, le combat » n'étant point une voie de droit ».

Cette fermeté fit trembler pour le coupable. Personne n'osa répliquer. On ne songea plus qu'à fléchir le monarque justement irrité.

Le

Le roi ayant donné ordre aux barons de reprendre leurs places & de donner leurs avis, il se fit un profond silence, tous se jetterent aux pieds du monarque, avec Coucy, qui fondoit en larmes, & implorerent sa miséricorde ; ému par leurs prieres, ne croyant pas devoir méprifer les follicitations de toute fa nobleffe, touché de fa foumiffion, Louis laiffa tomber un regard fur le coupable. « Enguerrand, lui dit-il, fi » je fçavois certainement que Dieu m'or- » donnât de vous punir, toute la France, » notre parenté même ne vous fauveroient » pas ». Ce difcours mêlé de clémence & de févérité calma les vives inquiétudes de l'affemblée : on alla aux opinions ; Coucy fut condamné à fonder trois chapelles où l'on diroit des meffes à perpétuité pour les victimes de fa cruauté, à donner à l'abbaye de S. Nicolas le bois fatal où le crime avoit été commis, à perdre dans toutes fes terres le droit de haute juftice & de garenne, à fervir pendant trois ans à la terre-fainte, enfin à une amende de 12500 livres,

LOUIS D'ORLÉANS,

auteur de libelles dans le temps de la ligue ; arrêté ; réponse sublime de Henri IV, pour empêcher le parlement de le condamner à mort.

Louis d'Orléans, fameux ligueur, étoit né à Orléans ; il ne manquoit pas d'érudition, mais sa fureur pour la ligue lui inspira des ouvrages qui méritoient les châtimens les plus sévéres.

Plusieurs de ses ouvrages furent proscrits par le parlement. Il en fit imprimer un à Lyon en 1574, où ce monstre osoit donner à Henri IV les noms les plus odieux : ce qu'il y a de singulier & ce qui peint bien le fanatisme de ces temps malheureux, c'est que l'évêque de Senlis (disent les historiens) avoit mis de sa propre main à ce libelle des notes marginales *en signe d'approbation.* Cet auteur audacieux publia une satyre si atroce contre le grand Henry, que les ligueurs même en blâmerent l'emportement, & tous les bons François détesterent & le livre & l'auteur ; le libelle fut brûlé, & l'auteur poursuivi comme il le méritoit ; mais il eut l'adresse de prendre la fuite & de se retirer à Anvers, où il fit réimprimer son ouvrage, & il eut l'audace d'y mettre son nom.

Après un exil d'environ neuf ans, étant revenu à Paris, il fut arrêté & conduit à la Conciergerie. Le parlement avoit déjà commencé son procès, mais Henri IV ordonna qu'on cessât toute poursuite; & lorsqu'on lui remontra les horreurs qu'il avoit eu l'audace d'imprimer contre lui & la reine sa mere, il répondit « qu'on ne devoit pas » plus lui vouloir de mal à lui ou à ses sem- » blables, qu'à des furieux quand ils frap- » pent, ou à des insensés quand ils se pro- » menent nuds ».

LUCQUES.

(Administration de la justice & tribunaux de la république de)

Les Lucquois reconnoissent l'empereur pour leur protecteur ; ils vivent néanmoins en république : les nobles, suivant la loi Martinienne, ont seuls le droit d'avoir part au gouvernement. Avant cette loi l'état étoit démocratique ou populaire, mais depuis il est aristocratique.

Le chef de cette république s'appelle *gonfalonnier* ; il est assisté de neuf seigneurs que l'on nomme *anciens*, on leur donne le titre d'*excellence* : leurs fonctions, ainsi que celles du gonfalonnier ne durent que pendant deux mois ; ils habitent pendant ce temps le palais de la *Signoria*.

La ville de Lucques est divisée en trois *terciers*, sçavoir S. Paulin, S. Sauveur & S. Martin ; le gonfalonnier est choisi dans le tercier de S. Paulin pour janvier & février, & ensuite dans les terciers de S. Sauveur & de S. Martin.

Le gonfalonnier porte un chapeau cramoisi, bordé d'une frange d'or, une robe de velours ou de damas cramoisi, avec une cornette de velours de la même couleur. Quand il marche en cérémonie, il a devant lui deux hommes qui portent un manteau rouge, semé de bandes de satin blanc, & deux enfans, dont l'un porte son épée, & l'autre celle du viguier, qui va après lui. Ce premier enfant, qui porte l'épée du gonfalonnier, est toujours son fils ou son parent ; il porte aussi un bonnet attaché au col, avec un cordon où est représenté l'aigle de l'empire, couvert de perles. Plusieurs trompettes marchent devant avec la musique qui est entretenue par la république : le prince est suivi des viguiers ou vicaires , de six gentilshommes conducteurs, de l'office des revenus, de la cour des marchandises , de l'office de l'abondance , & de celui de la bonne garde.

Les anciens portent des robes & des grandes manches de velours ou de damas noir, avec la cornette de damas cramoisi : on en prend trois de chaque tercier , & les neuf ensemble ont un commandeur ; ce commandeur , qui porte le sceau pendant trois jours, le remet au plus ancien du second tercier , & celui-ci au plus ancien du troisieme.

Il y a six chanceliers , qui sont pris indifféremment dans tous les terciers ; ils restent en charge tant qu'ils remplissent leurs devoirs , & ils demeurent au palais pendant le jour : pendant la nuit le premier & le dernier sont seuls obligés d'y rester : leur fonction est d'écrire & d'enregistrer tous les actes.

L'état est gouverné par le grand conseil des *six vingt*, dont quarante sont pris de chaque tercier. Les membres de ce conseil reftent une année en charge ; on les change au mois de mars ; ce font eux qui décident toutes les affaires importantes de la république. Il y a encore un *moindre confeil*, compofé de trente-fix perfonnes, qui font en charge pendant fix mois, & ils ont le droit de choifir les trente-fix qui doivent leur fuccéder.

Les confeils s'affemblent ordinairement le mardi & le vendredi de chaque femaine ; ceux qui manquent à s'y trouver font condamnés à une amende.

L'office de l'abondance eft compofé de fix gentilshommes, qui font nommés par le confeil général : ils ont leur chancelier & leur tréforier ; ce font eux qui ont foin de pourvoir la ville de bled pour fept ans ; ils ont auffi foin de faire cuire le pain, & de faire tenir trois grandes boutiques ouvertes où les bourgeois vont l'acheter ; un particulier qui cuiroit du pain chez lui, payeroit cent écus d'amende.

L'office de la munition ftable des vivres eft compofé de fix citoyens qui font l'amas de feigles, de féves, de farine, de millet, de pois-chiches, de riz, & de facéoles.

L'office de la bonne garde de la cité eft pareillement compofé de plufieurs citoiens qui font obligés de porter aux feigneurs du palais les noms des étrangers qui entrent dans la ville. Un autre *office* compofé de fix perfonnes, eft chargé des armes de la ville, & des munitions de guerre.

Il y a en outre, un vicaire ou podeftat, qui porte une verge d'argent, longue d'un pied, avec cette infcription *libertas*, & une panthere au-deffus : cet officier qui eft chargé de pourfuivre les criminels & de les juger, doit être étranger.

Les affaires civiles font décidées par quatres juges qui doivent être également étrangers ; ils logent tous au palais, & on les appelle *juges de la rote*. Dans chaque endroit qui dépend de la république, on a établi un commiffaire gentilhomme avec un ou deux notaires qui lui fervent de groffiers. Le commiffaire a le pouvoir le plus étendu, il prend connoiffance de toutes les caufes, & les juge conformément aux ftatuts de la république ; ces commiffaires font obligés de faire marcher la milice pour le fecours de la ville, auffi-tôt qu'ils voient le fignal du fanal de la tour du palais, & ceux des autres tours.

L U N A. (Alvarès de)

Son procès & son supplice.

Jean II, roi de Castille, eut pour favori Alvarès de Luna, qui avoit été placé très-jeune auprès de lui en qualité d'échanson ; ce jeune homme sçut si bien flatter les passions & les goûts de son roi, qu'il parvint à acquerir un empire absolu sur son esprit. La reine régente allarmée, mit tout en usage pour arrêter les progrès de la faveur que son fils accordoit à Alvarès de Luna ; elle l'éloigna pendant quelque temps , croyant que l'absence détruiroit son crédit ; mais Jean II ne fut pas plutôt parvenu à sa majorité , qu'il rappella Alvarès de Luna. Ce prince ne parut plus occupé que de la fortune de son favori , & la premiere dignité du royaume , celle de connétable de Castille, qu'il lui accorda , fut un témoignage éclatant de l'amitié intime dont le monarque honoroit le sujet.

Alvarès de Luna a été certainement un des favoris les plus puissans dont l'histoire des cours fasse mention , mais il n'en a jamais existé qui ait abusé avec plus de

hauteur & d'impudence de son crédit & de
son autorité. Les seigneurs les plus opulens
se virent en effet dépouillés de leurs biens
& de leurs charges ; & la noblesse privée
des places fut obligée de s'éloigner de la
cour, & d'en céder les emplois aux créatures du connétable.

Quoiqu'Alvarès de Luna n'eût jamais
daigné rendre à son maître aucun compte de
son administration, quoique les courtisans
ligués avec quelques princes voisins, ten-
tassent toutes sortes de moyens pour ouvrir
les yeux à Jean II sur la conduite de son
ministre, ce monarque avoit toujours en lui
la même confiance.

Si cet impudent favori d'un prince aveugle
eût voulu garder quelques ménagemens, il
auroit conservé sa puissance ; mais il parvint
à force de vexations, d'injustices & de
cruautés, à révolter la Castille entiere.

On l'accusa en forme devant le roi, d'a-
voir reçu dans la guerre contre les Maures
plusieurs sommes d'argent du général ennemi, pour empêcher les Castillans de faire le
siége de Grenade ; on découvrit & l'on
prouva des manœuvres criminelles, qui tendoient à s'emparer du gouvernement de

l'état ; la reine s'unit aux mécontens, qui
fçurent fi bien prendre & leur temps & leurs
mefures, que le roi auffi irrité que furpris
d'avoir fi longtemps accordé fa faveur à un
fujet qui en étoit fi peu digne, donna ordre
de s'affurer de la perfonne du connétable.
Alvarès de Stuniga, grand alguafil, & ennemi
mortel du favori, fut chargé de cette commiffion. Le roi lui fit remettre le billet fuivant :

*Dom Alvarès de Stuniga, mon grand al-
guafil, je vous ordonne de prendre au corps
dom Alvarès de Luna, & de le tuer s'il veut fe
défendre.*

Le connétable ayant été arrêté dans fon
château, demanda à parler au roi ; mais fes
inftances & fes prieres ne purent lui faire
obtenir cette grace. Le prince fit réponfe à
ceux qui le follicitoient en fa faveur : *qu'il
lui avoit autrefois confeillé de ne jamais parler
à ceux qu'il feroit arrêter, & qu'il vouloit
fuivre ce confeil.*

Le connétable ayant été conduit à Valla-
dolid, écrivit de fa prifon une lettre au roi,
dans laquelle, après avoir rappellé fes fer-
vices, il abandonna à fon maître les richeffes immenfes qu'il reconnoiffoit avoir

amaſſées par des moyens odieux & illégi-
times : « la grace que je demande, diſoit-il
» de la maniere la plus forte, c’eſt qu’on
» reſtitue dix ou douze mille écus à ceux à
» qui je les ai extorqués par des voies in-
» juſtes, à cauſe du mauvais état des finances;
» ſi mes ſervices ne peuvent mériter cette
» grace, que la juſtice même de la cauſe en-
» gage à me l’accorder ».

Malgré ſon indignation, Jean II voulut
bien répondre au connétable, « que ſes ſer-
» vices paſſés avoient été amplement ré-
» compenſés...... qu’il ne pouvoit nier qu’il
» ne fût l’auteur des diviſions, des troubles
» qui depuis longtemps déchiroient l’état, &
» que la cauſe de ſa priſon étoit juſte ».

Alvarès de Luna comptant ſur l’ancienne
amitié de ſon maître, ne pouvoit croire
qu’il le condamnât à mort; cette confiance
étoit d’autant plus forte, que dans le temps
de ſa faveur, il avoit eu la curioſité ridicule
de vouloir pénétrer dans l’avenir, & d’apprendre le ſort qui lui étoit deſtiné; & qu’en
effet il avoit conſulté un devin fameux, qui
lui avoit aſſuré qu’il mourroit en *cadahalſo*;
il avoit imaginé qu’il étoit queſtion d’une
de ſes terres qui portoit ce nom; il ne

s'attendoit donc qu'à l'exil, & ne fongeoit point (dit l'hiftorien qui rapporte ce fait) qu'en langue efpagnole *cadahalfo* fignifie *échafaud*; quoi qu'il en foit de cette prédiction, fes efpérances furent trompées.

Douze docteurs du confeil du roi furent commis pour inftruire fon procès, & jurerent avant de commencer la procédure, de rendre la juftice conformément aux loix de l'état & à leurs confciences. Après avoir examiné pendant deux jours l'affaire, le confeil fit dire au roi par un des juges « que » tous ceux qui avoient examiné le procès » avoient trouvé le connétable coupable de » beaucoup de chofes contre fon fervice; » qu'il avoit ufé tyranniquement de l'auto- » rité, volé le domaine, &c. &c. &c..... que » pour ces crimes le confeil étoit d'avis qu'il » eût la tête tranchée & attachée à un poteau, » pour fervir d'exemple aux ambitieux, qui » facrifioient la juftice & l'honneur à leurs » paffions ».

Le roi ayant approuvé cette fentence, dès le lendemain on l'exécuta. Après en avoir entendu la lecture, le connétable pria fon confeffeur de lui dire la meffe, pendant laquelle il communia; il fut auffi-tôt conduit au lieu du supplice, monté sur une mule, environné d'une foule de gens de guerre, & précédé d'un trompette qui crioit : « c'est » la justice que le roi a commandé être faite » de ce tyran usurpateur de l'autorité » royale ; pour punition de ses crimes il est » condamné à avoir la tête tranchée ».

Lorsque le connétable fut arrivé au lieu de son supplice, il monta sur l'échafaud d'un pas ferme : on y avoit placé une croix & deux cierges ; il se mit à genoux & pria pendant quelques minutes. Un de ses pages qui l'avoit accompagné versoit des larmes ; le connétable lui donna une bague précieuse qu'il avoit à son doigt, & lui dit : *prens cette bague, c'est la derniere récompense que tu peux recevoir de moi.*

Dans le même instant il apperçut dans la foule qui entouroit son échafaud, l'écuyer du prince des Asturies : *approche, lui dit-il, puisque tu es ici ; je te prie de dire au prince ton maître qu'il récompense mieux les siens que le roi son pere ne fait en ma personne.......* Ensuite tournant ses yeux sur le bourreau qui s'étoit approché : *Regarde, je te prie, si ton poignard est bon, afin que tu me coupe la gorge promptement.*

Il se dépouilla lui-même, l'exécuteur lui demanda pardon & lui trancha la tête, qui fut attachée aussi-tôt à un poteau, & qui y resta pendant neuf jours ; son corps fut d'abord porté au lieu où tous les criminels étoient exposés, ensuite on le transporta dans une chapelle de la cathédrale de Toléde qu'il avoit fait bâtir.

M.

MACRIN

empoisonneur découvert & puni.

Un particulier nommé Macrin, ayant été maltraité par les gens du pape Innocent VIII, conçut un violent desir de se venger. Dans cette idée il se rendit à Constantinople, & proposa au sultan de faire mourir le pape, qui lui suscitoit des guerres continuelles : il lui proposa également de donner la mort à Sizim son frere, que les chevaliers de Rhodes avoient fait prisonnier & livré au pontife.

Bajazet (c'étoit le nom du sultan) craignoit qu'on ne se servît de son frere pour le dépouiller de ses états ; il écouta donc les propofitions de cet homme , & lui promit le gouvernement de Négrepont, s'il parvenoit à empoifonner la fontaine où l'on puifoit l'eau pour la boiffon du pape & de Zizim.

Macrin muni d'un poifon violent , s'embarqua pour l'Italie , & quitta Conftantinople dans le deffein de mettre tout en ufage pour affurer fa vengeance ; mais il fut à peine arrivé à Rome qu'il y fut arrêté : on inftruifit auffi-tôt fon procès ; ayant été appliqué à la queftion la plus rigoureufe, il avoua l'horrible projet qu'il avoit formé. Par le jugement qui intervint , il fut condamné à être déchiré avec des tenailles ardentes, & fes membres furent expofés aux différens quartiers de la ville.

M A G I E.

(Chirurgien qui avoit un fquélette chez lui accufé de)

Avant le regne de Pierre le Grand , l'hiftoire de Ruffie renferme une foule de traits qui annoncent l'ignorance & la barbarie des habitans de ce vafte empire.

Un chirurgien Hollandois qui s'étoit fixé

à Moſcou, jouoit du luth dans les momens que ſa profeſſion lui laiſſoit libres. Pluſieurs *ſtrelitz*, en paſſant dans la rue, s'arrêterent à la porte du chirurgien pour l'entendre; un d'eux curieux de le connoître, regarda par le trou de la ſerrure ; ayant apperçu un ſquélette pendu derriere lui, qui étoit agité par le vent qui venoit de la fenêtre, fut ſi effrayé qu'il prit la fuite auſſi-tôt, en criant que cette maiſon étoit habitée par un ſorcier. Les autres *ſtrelitz* qui avoient partagé la frayeur de leur camarade curieux, répandirent dans le public que ce ſorcier faiſoit danſer les morts au ſon du luth.

Le czar & le patriarche nommerent trois perſonnes pour vérifier le fait : on aſſembla enſuite le conſeil, & le pauvre chirurgien fut condamné à être brûlé vif avec ſon ſquélette.

Heureuſement un ſeigneur plus inſtruit que le conſeil, repréſenta au czar que dans les pays où la chirurgie avoit fait des progrès, on avoit des ſquélettes ſur leſquels on faiſoit des études, & fit ſentir par-là combien il étoit atroce & ridicule d'avoir condamné au feu un chirurgien pour avoir chez lui un ſquélette.　　　　Sur

Sur cette repréſentation ſage , l'infortuné Hollandois auroit dû ſans doute être déclaré innocent & récompenſé par le czar ; mais la ſeule grace que le ſeigneur Ruſſe put obtenir, ce fut de faire commuer la peine du feu en celle du banniſſement perpétuel.

Le ſquelette qui avoit été regardé comme complice du crime du chirurgien , fut condamné à ſubir les peines qui avoient été prononcées contre lui ; il fut traîné dans les rues de Moſcou , & enſuite brûlé.

Voilà certainement un des exemples les plus biſarres des extravagances cruelles dont l'ignorance & le fanatiſme ſont capables.

M A G I E.

(*Accuſation de*)

Un hiſtorien Anglois rapporte un procès qui prouve juſqu'à quel point les paſſions peuvent égarer les hommes & leur faire oublier toutes les régles de l'équité , pour s'abandonner aux mouvemens impétueux de la haine & de la vengeance.

Le cardinal de Wincheſter (dit cet hiſtorien) le plus riche prélat de l'Angleterre & le plus voluptueux de son siecle, balançoit l'autorité du duc de Glocester son neveu, qui avoit la régence du royaume. Une fille de qualité appellée Eléonore de Cobham, aussi dangereuse par sa beauté que par ses artifices, avoit inspiré une passion égale au cardinal & au régent. Après les avoir long-temps trompés tous deux, elle avoit enfin couronné l'amour du cardinal, lorsqu'elle avoit vu le duc préférer & épouser Jacqueline de Brabant; mais le pape ayant annullé ce mariage, Eléonore, dont la passion pour le duc n'étoit pas éteinte, se conduisit avec tant d'adresse, qu'elle le détermina à lui offrir sa main, qu'elle accepta aussi-tôt.

Le cardinal trahi par sa maîtresse, conçut une haine implacable contre le duc & la duchesse, & ne s'occupa que des moyens de se venger. Un de ses espions l'ayant instruit que la duchesse, par une curiosité assez ordinaire aux femmes, alloit souvent chez un prêtre qui passoit pour un grand négromancien, & qu'elle avoit de fréquentes conférences avec une femme qui avoit la réputation d'être sorciere, il conçut aussi-tôt le projet de former contre elle une accusation de magie. Quelques personnes

gagnées par le cardinal , accuferent la ducheffe d'avoir compofé avec fes deux confi-
dens une image de cire qui repréfentoit le
roi , dans l'efpérance qu'en la faifant fondre
par degrés , les forces du roi diminueroient
infenfiblement, & qu'il perdroit la vie auffi-
tôt que l'image feroit entiérement fondue.

On fuppofoit que la ducheffe avoit le
projet de faire paffer la couronne fur la tête
de fon mari. Eléonore , dans fes interrogatoires , avoua avec ingénuité à fes juges
qu'elle avoit eu la foibleffe de confulter un
magicien ; mais elle foutint qu'elle n'avoit
jamais eu l'horrible deffein dont on l'accufoit ; elle déclara qu'elle n'avoit eu d'autre
objet en faifant ces démarches , que de demander un philtre propre à réveiller l'amour
de fon époux. Cette demande n'avoit certainement aucun rapport avec le crime
dont on l'accufoit ; cependant le prélat eut
affez de crédit pour parvenir à faire condamner le prêtre à être pendu , la femme à
être brûlée , & la ducheffe à faire amende
honorable dans l'églife de S. Paul , & à une
prifon perpétuelle.

Il eft facile d'imaginer qu'un affront auffi
fanglant rendit le cardinal on ne peut pas

plus odieux au duc ; mais pour éviter les effets de la haine de son neveu, le prélat, dont la conduite étoit bien éloignée d'être exempte de reproche, voulant se soustraire à toutes especes de poursuites, demanda & obtint des lettres du grand sceau par lesquelles *le roi lui accorda une abolition générale de tous ses crimes depuis la création du monde.*

M A G I C I E N *condamné.*

Vers le mois d'Avril de l'année 583, sous le regne de l'empereur Maurice, le feu prit dans la grande place de Constantinople ; l'incendie animé par un vent violent, ne fut éteint qu'après avoir fait beaucoup de ravages : un mois après, un horrible tremblement de terre fit craindre que la ville entiere ne fût abîmée ; le peuple effrayé aima mieux attribuer ces événemens malheureux aux magiciens qu'à des causes naturelles. Un habitant nommé Paulin, connu par son grand sçavoir, avoit beaucoup d'ennemis, entr'autres *Jean le Jeûneur*, patriarche de Constantinople : le peuple excité, attribua au malheureux Paulin les deux fléaux dont il venoit d'être frappé ; le patriarche, à la tête du peuple, sollicita

vivement l'empereur de faire périr ce magicien facrilége. Maurice penfoit qu'il valoit
mieux amener les coupables au repentir,
que de les faire périr ; mais le patriarche fut
impitoyable ; il força l'empereur de condamner à mort le malheureux Paulin, qui
fut en effet pendu : avant de l'étrangler,
on eut la barbarie de trancher fous fes yeux
la tête à fon fils, fur le prétexte qu'il étoit
inftruit des fecrets dont fon pere avoit fait
un funefte ufage.

MAGISTRAT Efpagnol.

(*Courage d'un*)

On trouve dans l'hiftoire peu d'exemples
d'une fermeté auffi courageufe que celle qui
fuit.

Un hiftorien Efpagnol prétend que dom
Pedre, roi d'Arragon, furnommé le Cruel,
n'avoit point de plus grand plaifir que de fe
déguifer la nuit & de courir feul les rues
de Sarragoffe pour attaquer les paffans &
ferrailler avec eux. Une nuit il arrêta un cavalier, & le força de mettre l'épée à la main ;
ils fe pousserent de part & d'autres, &
l'avantage étant demeuré au roi, il regagna

son palais, fort satisfait d'avoir tué un homme dans sa soirée. Le lendemain il demanda à ses courtisans des nouvelles de la ville.—Sire, lui répondit l'un d'eux, dom Joseph de Longarès a été tué cette nuit d'un coup d'épée, sans qu'on puisse soupçonner l'auteur de ce meurtre, que toute sa famille brûle de venger.

Le corrégidor ayant confirmé cette nouvelle, le roi affecta de paroître fort affligé, & s'écria qu'il falloit remuer ciel & terre pour trouver le coupable.—J'en veux faire, dit-il au corrégidor, un exemple frappant pour les méchans ; je vous ordonne de ne rien épargner pour les recherches , & de venir m'en rendre compte.

Le magistrat obéit, & fut bien surpris de découvrir par ses perquisitions que le roi étoit l'auteur du crime : il se rendit à la cour fort embarrassé , & dit à dom Pedre qu'il n'avoit que trop bien réussi , mais qu'on feroit mieux de ne faire aucune poursuite , parce que le coupable étoit d'une qualité si distinguée qu'on ne pouvoit continuer l'instruction.

Pourquoi, reprit le prince d'un ton irrité ? quelque puissant que soit cet homme, je pré-

tends qu'il éprouve toute la rigueur des loix :
— le juge étonné fortit en difant qu'il alloit
remplir fon devoir. Quelques jours après
il revint au palais du prince : — Sire (lui
dit-il) j'ai condamné à mort l'affaffin , mais
comme il s'eft enfui après avoir commis
fon crime , j'ai pris un parti que votre majefté ne défapprouvera pas , c'eft de faire
afficher la fentence dans la place publique ;
comme je ne fçais également que le nom de
baptême du meurtrier , j'ai fait mettre feulement ces paroles : *un quidam nommé dom
Pedre , ayant &c......* Fort bien (reprit le
roi) vous avez fait votre devoir , je fuis
content de vous.

Cette conduite de dom Pedre juftifie bien
le furnom de *cruel* qui lui a été donné.

MAHAMET, fils de Muley Ifmael, roi de Maroc.

(*Supplice de*)

L'hiftoire de Maroc eft remplie de révoltes & de féditions , & fur - tout de
fupplices qui font frémir l'humanité. On y
trouve l'exemple fuivant de la férocité d'un
des tyrans qui a occupé pendant plus d'un

demi-siecle le trône de ce vaste empire de brigands.

Mahamet, fils de *Muley Ismaël*, s'étant mis à la tête d'un parti considérable de mé-contens, qui brûloient de se venger des cruautés que le barbare Ismaël avoit exercées sur eux, avoit déjà fait plusieurs conquêtes, lorsqu'un événement imprévu le fit tomber dans les mains de son pere. Ayant eu l'imprudence de sortir de Maroc un jour de sabbat, les négres indignés se mirent en embuscade près de la porte & voulurent l'arrêter ; en les appercevant il leur cria qu'il étoit *Muley Mahamet ;* mais les négres lui répondirent, *nous te connoissons bien, & nous te cherchons.* Le chérif se voyant enveloppé, poussa son cheval avec force pour gagner la porte de la ville ; mais la voyant fermée, & la garde ne répondant point à sa voix, il ne douta plus qu'il ne fût trahi ; aussi-tôt il recommença à courir & à frapper sur ceux qui l'approchoient ; il en tua plusieurs, parce que les négres n'osoient se servir de leurs armes contre lui, de peur de répandre le sang d'un chérif. L'un d'eux prit enfin le parti de couper les jambes de devant du cheval de Mahamet, qui fut en même temps faifi par ceux qui l'environnoient & conduit à Maroc, d'où il fut envoyé avec une efcorte de cinq cens cavaliers à Mequinez.

Le roi ayant été inftruit du départ de Mahamet, alla au-devant de lui jufqu'à Beth, où il avoit projetté de le punir de fa révolte, pour éviter les follicitations de fa cour : Ifmaël étoit accompagné de deux mille cavaliers & de deux mille fantaffins ; quarante efclaves chrétiens portoient une grande chaudiere, un quintal de goudron, autant de fuif & d'huile ; fix bouchers le couteau à la main les fuivoient avec une charrette chargée de bois : cet horrible appareil jetta l'épouvante dans Mequinez, dont les habitans venoient d'être témoins du fupplice de l'infortuné *Melech*. La fille de Mahamet pouffoit des cris affreux avec fes compagnes ; la fultane même, diffimulant fa haine, fe joignit aux autres pour demander au roi la grace de *Mahamet* : le roi voulant les confoler, leur dit froidement qu'il ne feroit fouffrir d'autre fupplice à fon fils que *de faire jetter fur lui un peu d'huile bouillante*.

Mahamet arriva à Beth un jour avant fon

pere. Ifmaël y paffa un jour & une nuit fans le voir ; enfuite il ordonna qu'on fît paroître *Mahamet* devant lui : le cherif fe profterna à fes pieds en lui demandant pardon ; mais le roi fut infenfible à fes prieres & à fes larmes : Ifmaël ayant mis la pointe de fa lance fur l'eftomac de fon fils , lui montra les bouchers & le terrible appareil de fon fupplice. Cet infortuné s'écria alors : *pardonne-moi, mon pere, je t'en conjure, au nom de Dieu & de fon faint prophête.*

L'implacable Ifmaël ordonna à deux hommes de monter dans la charrette avec *Mahamet*, de lui prendre le bras droit , & d'appuyer fon poignet fur le bord de la chaudiere ; il commanda enfuite à un des bouchers de le lui couper ; le boucher plus humain que le pere, protefta qu'il fouffriroit plutôt la mort que de répandre le fang du fils de fon prince : le roi irrité coupa fur le champ la tête au boucher , & en appella un autre qui monta fur la charrette : tandis que celui-ci fe préparoit à exécuter les ordres barbares d'Ifmaël , ce prince dit à ceux qui l'entouroient : *approchez, & voyez couper la main & le pied à ce perfide.* Après l'exécution, il dit à fon fils d'un ton ironique : — *hé*

bien malheureux, connois-tu à préfent ton pere ?
Dans le même inftant il prit un fufil, & tua
le boucher qui avoit coupé la main & le pied
à fon fils ; *Mahamet* ne put alors s'empêcher
de dire, —— *admirez, je vous prie, fa bravoure, il tue celui qui exécute fes ordres,
comme celui qui refufe de lui obéir.* —— On mit
enfuite le bras & la jambe du cherif dans le
goudron pour arrêter le fang, & le roi
monta à cheval, en ordonnant à quatre
alcaïdes de conduire fon fils vivant à Mequinez.

Il eft impoffible d'exprimer les cris douloureux & perçans dont les femmes firent
retentir le ferrail en apprenant la nouvelle
du fupplice du malheureux cherif ; le tyran
dont les oreilles étoient fatiguées par les
cris épouventables qu'il entendoit de toute
part dans fon palais, menaça de la mort la
premiere de fes femmes qui paroîtroit fenfible au fort de *Mahamet* ; quatre femmes
qui ne purent, malgré cette menace, cacher
leur douleur, furent fur le champ étran-
glées ; la fille de *Mahamet* eut feule la permiffion de pleurer ; un des fils du cherif
fe précipita d'une terraffe & mourut.

Mahamet entra dans Mequinez monté fur

une mule , ayant le bras en écharpe , & la jambe dans un petit coffre de bois : lorfqu'il fut entré dans la maifon qui lui étoit deſ- tinée il reçut la vifite de fes amis ; treize jours après , n'ayant pas voulu fouffrir qu'on guérît fes plaies , la gangrène s'y mit , & il mourut.

M A H M O U D.

(Modération du fultan)

L'an 420 de l'hégire le fultan Mahmoud s'étant rendu maître d'une province , en donna le gouvernement à fon fils Maffoud: la caravane qui partoit de ce pays-là pour les Indes fut volée , plufieurs marchands fure nt tués , entr'autres le fils d'uné veuve appellée Jal : cette mere affligée fe rendit à la cour de Mahmoud , & lui demanda juftice du meurtre de fon fils ; le fultan lui répondit que la province étant éloi- gnée du fiege de fon empire qui étoit à Gazuah , il étoit fort difficile qu'il remédiât à tous les défordres qui pouvoient arriver ; la veuve répondit avec hardieffe : « pour- » quoi conquérez-vous plus de pays que » vous n'en pouvez garder, & dont vous

» ne puissiez répondre au jour du jugement
» lorsqu'on vous en demandera compte ».

Quelques courtisans témoins de cette
réponse, voulurent irriter le sultan, & l'engager à punir la hardiesse de cette mere
éplorée ; mais elle avoit fait trop d'impression sur lui, dans l'impossibilité où il se
trouvoit de rendre une autre justice à la
veuve, il la renvoya comblée de présens,
& fit publier dans toute la province qu'il
avoit conquise, que désormais il seroit caution de la vie & des biens de tous ceux qui
y passeroient en caravane pour aller aux
Indes.

MAHOMET II

condamne son fils à mort.

Mustapha, fils de Mahomet II, ayant
quitté son gouvernement d'Amasie pour
venir à la cour de son pere, y trouva le
bacha Achmet qui venoit d'épouser une esclave Circassienne de la plus grande beauté ;
il en devint éperduement amoureux, & sans
considérer que celui qu'il alloit outrager
étoit un des favoris de son pere, & un des
hommes les plus braves de la cour ; il se
glissa dans les bains, & trouva le moyen de

fe faire écouter & de fatisfaire fa paffion ; Achmet indigné courut fe jetter aux pieds du fultan & lui demanda juſtice de cet outrage.

Muſtapha mandé par fon pere fut repris févérement , & privé juſqu'à nouvel ordre de fa préfence ; ce jeune imprudent n'ayant pu s'empêcher de plaifanter fur cette punition , qu'il trouvoit , difoit-il, trop légere pour un fi grand crime ; fon pere le fit arrêter fur le champ , & le condamna à être étranglé.

MALABAR.

(*Vol, comment puni au*)

Les voyageurs difent que , de tous les crimes , le vol eſt celui que les peuples du Malabar ont le plus en horreur , & qu'ils puniſſent avec plus de rigueur. Si les preuves ne font pas fuffifantes pour condamner l'accufé , on lui accorde l'épreuve du feu, qui fe fait de la maniere fuivante : on le met dans les fers au premier endroit où il fe trouve, car on n'y connoît point les prifons, & après l'avoir gardé quelques jours, on le conduit devant le prince , feul juge dans les matieres civiles & criminelles ; on fait rougir le fer d'une hache, on la lui applique fur la main, qu'on couvre d'une feuille de banannier jufqu'à ce que le fer ait perdu fa rougeur : les blanchiffeurs du roi qui font préfens à cette exécution, ont une ferviette mouillée dont ils enveloppent la main du coupable, ils lient enfuite cette ferviette avec des cordons que le prince noue lui-même & qu'il fcelle de fon cachet ; on le laiffe dans cet état pendant huit jours, après ce délai on découvre en public la main du criminel, fi elle fe trouve faine & fans apparence de brûlure, il eft déclaré innocent & renvoyé abfous ; mais fi la marque du fer fe fait appercevoir, le prince prononce l'arrêt de mort, & le criminel eft conduit au fupplice.

On perce fon corps à coups de lance, ou on le met en pieces. Les *nairs* font eux-mêmes l'office des bourreaux, & regardent comme un honneur d'exécuter les ordres de leur fouverain : lorfque le crime eft affez grand pour dèshonorer une famille entiere, les parens font les premiers à fe charger de l'exécution, & s'empreffent de laver dans le fang du coupable la honte de fa tribu ;

après avoir déchiré fon corps en morceaux,
on les attache à des troncs d'arbres, &
quelquefois il ne faut, dit un voyageur,
avoir volé qu'une poignée de poivre pour
mériter un pareil fupplice.

On ne doit pas être étonné de voir les
fauvages & les peuples qui ne font pas
encore entiérement civilifés, admettre dans
la punition des crimes, des fupplices qui
n'ont aucune proportion avec la nature des
délits ; puifque les nations les plus poli-
cées & les plus éclairées de l'Europe n'ont
pu encore parvenir à avoir des loix criminelles, qui, en protégeant les droits de
l'homme & ceux du citoyen, prononcent
des peines proportionnées à la nature des
délits, & raffurent la fociété contre les at-
tentats de fes membres, fans offenfer l'humanité.

Une réforme auffi importante eft depuis
longtemps défirée dans la plupart des états
de l'Europe ; il faut efpérer que le fiecle qui
a vu détruire tant de préjugés dangereux,
& élever tant de monumens qui ne doivent
le jour qu'à l'humanité & au progrès des
lumieres, ne s'écoulera pas fans avoir été
témoin de cette réforme utile.

MALDIVES.

MALDIVES.

(*Punitions de différens crimes aux*)

Aux Maldives il faut que l'offenfé fe plaigne pour exciter l'attention de la juftice, & que les crimes foient dénoncés formellement pour être punis. Si un homme affaffiné a laiffé des enfans en bas âge, on attend qu'ils aient l'âge de raifon pour fçavoir d'eux s'ils veulent être vengés par la juftice ; dans l'intervalle celui qui eft connu pour l'auteur du meurtre eft condamné feulement à les nourrir & à leur faire apprendre quelque métier ; lorfqu'ils ont atteint feize ans, il dépend d'eux de pourfuivre le coupable ou de lui faire grace : les peines ordinaires font le banniffement, la mutilation & le fouet ; ce dernier châtiment eft le plus commun & le plus cruel ; on employe des courroies de cuir fort, de la longueur du bras, larges de quatre doigts, épaiffes de deux, qu'on attache à un manche de bois ; les coups en font fi rudes que fouvent ils deviennent mortels ; c'eft le fupplice ordinaire des grands crimes, tels que le meurtre, l'incefte, l'adultere, &c. On coupe le poing aux voleurs, mais il faut que le vol soit confidérable.

MALDIVES. (roi des)

Complot fait contre ce prince découvert & puni.

Un navire Portugais ayant échoué fur les bancs des Maldives, il s'y trouva un enfant d'une figure charmante, âgé de 7 ans ; deux freres qui régnoient alors dans ces îles le prirent dans une finguliere affection ; ils le firent nourrir avec leur héritier préfomptif qui étoit à-peu-près du même âge ; la nature n'avoit pas donné moins d'efprit que de beauté à ce jeune prince.

Le jeune étranger fe perfectionna dans les fciences & dans les arts du pays ; fe voyant traité avec les mêmes honneurs que le prince des Maldives, il fe perfuada qu'il étoit fon frere : à la vérité, lorfqu'il fut un peu avancé en âge on lui apprit fon origine, & on l'avertit qu'il devoit autant de foumiffion que de fidélité au prince qui feroit un jour fon maître.

Après la mort d'un des deux rois, l'autre lui fit époufer la fille de fon frere, qui étoit le parti le plus noble & le plus riche du royaume ; les dignités lui furent prodiguées après ce mariage ; il se vit honoré de l'emploi d'amiral, & du commandement de la premiere compagnie des gardes : tant de grandeur excita son ambition & le fit penser à se placer sur le trône ; il ne voyoit dans le prince des Maldives qu'un concurrent foible & moins estimé que lui ; dans cette idée il trouva le moyen de traiter secrettement avec les Portugais ; le roi pénétra le complot, & par la trahison de quelque complice, apprit que sa vie & celle de son fils étoient exposées au plus grand danger : il fit appeller sur le champ ce jeune ambitieux , qui eut la hardiesse de se rendre au palais comme s'il n'eût eu rien à se reprocher ; il le fit asseoir en sa présence au milieu de toute sa cour qu'il avoit fait assembler ; il l'interrogea lui-même , en le regardant d'un œil fixe, & ne voulant qu'un aveu sincere pour lui pardonner , il mit tout en usage pour en tirer la vérité ; enfin indigné de ses mensonges, de son ingratitude & de sa perfidie , il l'abandonna aux grands de sa cour qui jugent ces sortes d'affaires ; on le fit enfermer dans un coffre avec une prodigieuse quantité d'oiseaux de proie , & dans cet état il fut jetté à la mer.   R ij

M A N D A R I N.

(*Hardieſſe d'un*)

Tiziang eſt un des tyrans les plus barbares qui ait gouverné la Chine. Ses cruautés avoient inſpiré à ſes ſujets la plus juſte & la plus forte averſion ; douze mandarins indignés de la conduite de leur prince , s'aſſemblerent & prirent le parti de lui découvrir les ſentimens de haine que ſes ſujets avoient pour lui. Le premier qui oſa lui faire des remontrances fut ſcié en deux auſſi-tôt. Le ſecond mourut dans les plus horribles tourmens. Le troiſieme fut tué par l'empereur. Le dernier ſauva ſeul ſa vie ; il ſe rendit au palais , portant dans ſes mains les inſtrumens de ſon ſupplice : *voilà prince , s'écria-t-il , voilà le fruit que vos meilleurs ſujets ſont accoutumés à recevoir de leur ſervice ; je viens auſſi chercher ma récompenſe.* —— L'empereur étonné de cette intrépidité , & frappé par ce ſpectacle , pardonna au mandarin , & réforma ſa conduite.

M A N D A R I N *puni.*

Un voyageur rapporte le trait ſuivant

de l'empereur Kang-hi. Dans une de ses promenades (dit ce voyageur) l'empereur s'étant éloigné à quelque diſtance de ſon cortege , apperçut un vieillard qui pleuroit amerement. Il lui demanda la cauſe de ſes larmes : « je n'avois qu'un fils, répondit le » vieillard , dans lequel j'avois placé toute » ma joie & le ſoin de ma famille, un man- » darin Tartare me l'a enlevé, je ſuis privé » déſormais de toute affiſtance humaine, car » pauvre & vieux comme je ſuis , quel » moyen d'obliger le gouverneur à me » rendre juſtice ».

Il y a moins de difficulté que vous ne penſez (répliqua l'empereur) montez der-riere moi, & ſoyez mon guide juſqu'à la maiſon du raviſſeur. Le vieillard obéit avec joie ; en deux heures ils arriverent au palais du mandarin, qui ne s'attendoit pas à une viſite ſi extraordinaire. Les gardes du corps & quantité de ſeigneurs , après avoir cherché quelque temps leur maître , arriverent au même lieu , & ſans ſçavoir de quoi il étoit queſtion, les uns environ-nerent le palais , pendant que les autres entrerent avec l'empereur. Le mandarin convaincu de violence fut condamné ſur le champ à perdre la tête. Après l'exécution, Kang-hi se tournant vers le vieillard : « je » vous donne , lui dit-il, l'emploi du cou- » pable , conduisez-vous avec plus de mo- » dération que lui , & que son sort vous » empêche de servir un jour d'exemple aux » autres ».

M A N D A R I N

sauvé par son fils.

Un mandarin qui s'étoit rendu coupable d'un crime digne de mort , fut condamné à perdre la vie. Son fils ayant appris ce jugement , courut se jetter aux pieds de l'empereur , & lui offrir sa vie pour rache- ter celle de son pere. L'empereur étonné & attendri par la priere de cet enfant gé- néreux, lui accorda non-seulement la grace de son pere , il voulut encore le récompen- ser par une marque d'honneur ; mais le jeune homme refusa cette faveur , disant qu'il n'avoit fait que son devoir , & qu'il ne vouloit point d'une distinction qui lui rap- pelleroit sans cesse le crime & le jugement de son pere.

MANLIUS.

Son supplice.

Manlius étoit à peine parvenu à l'âge de seize ans, que Rome le comptoit déjà au nombre de ses plus braves guerriers. Cette ville devenue la conquête des Gaulois, n'avoit plus de ressource que dans le capitole, dont les vainqueurs étoient sur le point de se rendre maîtres ; *Manlius* réveillé par les cris des oies, se mit à la tête d'une troupe de jeunes gens, & repoussa les ennemis dont il fit un grand carnage : ce service lui mérita le surnom de *conservateur de Rome*. Alors couvert de gloire, il se ménagea la faveur du peuple pour parvenir aux premieres dignités de la république, & peut-être pour en devenir le tyran ; dès qu'il fut entré dans les charges, il introduisit plusieurs nouveautés dangereuses, & sur-tout l'abolition des dettes. Le dictateur *Cornelius Cossus* le fit arrêter & conduire en prison ; le peuple qui le regardoit comme son protecteur, fit éclater son mécontentement par un deuil public, & le sénat fut contraint d'ordonner son élargis-

fement ; alors devenu plus audacieux par
fon impunité , il alluma le feu des féditions.
Les tribuns du peuple fe rendirent eux-
mêmes fes accufateurs , & lui imputerent
plufieurs trahifons : les premieres affemblées fe tinrent au champ de Mars , d'où
l'on découvroit le capitole qu'il avoit fauvé.
Les juges faifis de refpeét n'oferent prononcer la condamnation d'un citoyen dans le
lieu même qui avoit été le théâtre de fa
gloire. Les comices fuivantes furent indi-
quées dans un autre endroit ; Manlius convaincu d'être traître à la patrie, fut condamné à être précipité du haut du Capitole,
& il fut défendu aux Manlius de prendre
dans la fuite le nom de Marcus qu'il avoit
porté.

MARC-ANTOINE l'orateur,

accufé d'incefte , & fauvé par un de fes efclaves.

L'orateur Marc-Antoine fut accufé d'incefte par quelques-uns de fes ennemis.
Comme les preuves alléguées contre lui
ne fuffifoient pas pour le convaincre,
les accufateurs demanderent qu'on appli-
quât à la queftion un jeune efclave qu'ils

foutenoient avoir été témoin du crime : cet efclave qui affiftoit à l'inftruction du procès, ne témoigna pas la moindre crainte du fupplice dont on le menaçoit : loin de chercher à prendre la fuite, il fe jetta aux genoux de fon maître & le fupplia de lui permettre de fouffrir la queftion ; il foutint avec une conftance incroyable les tourmens les plus affreux, fans rien avouer qui chargeât fon maître. Après l'avoir déchiré à coups de fouet, on le mit fur le chevalet, on lui appliqua fur le corps des lames de fer ardentes, mais fa conftance fut inébranlable, & faute de preuves de la part des accufateurs, Antoine fut renvoyé abfous.

M A R C, chevalier de Montréal,

condamné à mort, & exécuté à Rome.

Marc, chevalier de Montréal, gentilhomme romain, dont les mœurs avoient avili la naiffance, s'étoit attaché au fameux Rienzi, fénateur & gouverneur de Rome, & lui avoit aidé à faire fes conquêtes ; il lui avoit auffi prêté des fommes très-fortes pour lever des troupes, & fe mettre en poffeffion de fa dignité. Dans le temps où Rienzi faifoit

le siége de Palestrine , le chevalier de Montréal se rendit à Rome pour demander le
payement de cinq mille florins qu'il avoit
prêtés à Rieuzi.

Montréal eut l'imprudence d'aigrir les
esprits par des plaintes & des murmures ;
on manda aussi-tôt à Rieuzi ce qui se passoit
à Rome. Rieuzi partit sur le champ & revint
dans cette ville ; à son arrivée il donna
ordre d'arrêter Montréal & ses deux freres,
de les charger de fers , & de les plonger
dans un cachot.

Montréal & ses freres proposerent d'a-
bandonner tous leurs biens pour obtenir
leur liberté ; mais , quoique leur ennemi
eût une soif insatiable d'or , il imposa silence
à l'avarice , & n'écouta que la vengeance.
Le chevalier fut arraché de son lit la nuit du
jour qu'il fut arrêté pour subir la question ;
le chevalier en appercevant l'appareil effrayant de la torture , ne put retenir son
indignation : *malheureux* , dit-il aux bourreaux qui s'apprêtoient à le tourmenter,
*aurez-vous l'insolence de traiter ainsi un homme
de ma sorte ?* on le mit à l'estrapade sans
l'écouter , & comme on l'élevoit de terre ,
Ah ! s'écria-t-il , *ne suis-je donc plus ce*

général d'une armée redoutable ? faut-il que je me voye en cet état, après avoir fait trembler toute l'Italie !

Montréal méritoit sans doute d'être puni pour ses brigandages ; mais la haine & la crainte hâterent la perte de ce malheureux. S'étant apperçu qu'il n'y avoit point de grace à espérer, il se disposa à mourir chrétiennement ; après avoir mis ordre à ses affaires, il adressa à ses freres, qui ne cessoient de pleurer, le discours suivant.

« Consolez-vous, leur dit-il, je meurs content, & je le suis d'autant plus que je mourrai seul, vous ne me suivrez point ; j'ai quelqu'expérience, & je connois assez les hommes pour vous assurer que le tyran en veut à ma vie, & non pas à la vôtre ; la politique veut qu'il m'immole & qu'il vous épargne. Je vous le répéte encore, je meurs content, & je n'ai que trop vécu ; une vie aussi agitée que la mienne commençoit à me devenir insupportable : ne suis-je pas heureux de la perdre dans un lieu consacré par le sang de tant d'illustres martyrs ? c'est vous Arimbal, qui nous avez réduits dans cette triste situation ; mais loin de vous en faire des reproches, je ne veux que vous en confoler.—— Je fuis homme comme vous , & comme vous j'ai eu le malheur de me laiffer furprendre & d'être trahi : ceffez donc de vous affliger , & apprenez feulement à connoître les hommes : votre grande jeuneffe ne vous a pas permis à tous les deux de fçavoir par expérience ce que c'eft que le monde , ni à vous défier de la fortune. Conduifez vous avec circonfpection , & furtout demeurez inféparablement unis, votre félicité en dépend : pour la bravoure, l'honneur & la fidélité , je vous laiffe mon exemple à fuivre ; montrez - vous dignes freres d'un homme qui a fait plier la Pouille, la Marche & la Tofcane...... j'ai rempli ma deftinée , & j'ai fait mon devoir aux yeux des hommes ; comme mes vues ont été droites , j'ofe efpérer que Dieu me fera miféricorde ».

Lorfque Montréal marchoit au fupplice, il dit au peuple qui l'entouroit : ——*Comment pouvez-vous foufcrire à la mort d'un homme qui ne vous a jamais offenfé ? ah ! je le vois, ce font mes richeffes & votre pauvreté qui caufent ma perte ; mais le traître qui m'a condamné ne tirera pas de ma mort tout l'avantage qu'il s'en promet, elle lui fera funefte.*

Pendant la lecture de son arrêt, le terme de gibet qu'il crut entendre, le fit entrer en fureur; mais il s'appaisa lorsqu'on lui dit qu'il seroit décapité. Etant monté sur l'échafaud:—— *Hélas*, s'écria-t-il, *j'étois, il y a peu de temps, à la tête d'une nombreuse armée, j'avois de grands desseins pour la gloire de Rome....... & tout cela va périr avec moi! ah!..... faut-il mourir ?....*

Ce fut en flottant ainsi entre la foiblesse & le courage, qu'il passa les derniers momens de sa vie. Après avoir recommandé son ame à Dieu, il se mit dans la position qu'on lui indiqua pour recevoir la mort. Quand il sentit qu'on mettoit la hache sur son cou pour prendre la jointure, il dit au bourreau : *tu ne la mets-pas où il faut ;* alors son valet-de-chambre chirurgien marqua l'endroit, & dans l'instant l'exécuteur lui sépara la tête du corps.

M A R I G N Y.

(*Procès d'Enguerrand de*)

Enguerrand de Marigny, issu d'une ancienne maison de Normandie, fut distingué à la cour aussi-tôt qu'il y parut par les graces

de son esprit & les charmes de sa figure.
Philippe-le-Bel le combla de ses faveurs :
voulant l'approcher de sa personne, il lui
accorda d'abord l'entrée de son conseil ;
il le fit ensuite chambellan, comte de
Longueville, châtelain du Louvre, surintendant des finances, grand maître-d'hôtel
de France, & enfin son premier ministre.

Une fortune aussi élevée & aussi rapide
excita l'envie des courtisans. Le comte de
Valois, frere du roi, étoit un de ses ennemis les plus implacables ; mais ce prince,
pendant la vie de son frere, ne voulut pas
suivre les mouvemens de sa haine. Un changement de domination, joint au souléve-
ment des peuples, lui parut un moment
favorable à sa vengeance ; il résolut de la
poursuivre avec éclat & d'immoler Marigny
à sa haine.

A la mort de Philippe-le-Bel, quoiqu'on
eût levé des impôts considérables sur le
peuple pendant son regne, on trouva à
peine l'argent nécessaire pour faire les frais
du sacre de son successeur. « Où sont donc,
» dit un jour le roi en plein conseil, où sont
» les décimes qu'on a levées sur le clergé ?
» que sont devenus tant de subsides dont on

» a furchargé le peuple ? où font ces ri-
» cheffes qu'ont dû produire tant d'altéra-
» tions dans les monnoies. — Sire (dit le
» comte de Valois) Enguerrand a eu le
» maniement de tous ces deniers , c'eft à
» lui d'en rendre compte. — Le furinten-
» dant répondit qu'il étoit prêt à le faire fi
» le roi l'ordonnoit : — que ce foit donc
» maintenant, reprit l'oncle du roi. — C'eft
» ce qui eft facile , dit le miniftre , je vous
» en ai donné , monfieur, une grande partie,
» le refte a été employé à payer les charges
» de l'état , & à faire la guerre aux Fla-
» mans. — Vous en avez menti , s'écria le
» prince furieux. — C'eft vous - même
» pardieu , reprit le furintendant outré
» de cet affront, & affez peu maître de lui-
» même , pour oublier qu'il parloit devant
» fon roi & au premier prince du fang ».

Le comte de Valois, tranfporté de rage ,
mit l'épée à la main , & Enguerrand fe difpofoit à fe défendre , fi les membres du
confeil ne s'étoient jettés entre eux.

Quelques jours après, Enguerrand qui fe
fioit trop fur les faveurs de la fortune, fe
rendit au confeil. Le comte de Valois étoit
parvenu à perfuader au roi que ce miniftre

étoit la feule victime capable d'appaifer la
fureur du peuple. Les ordres furent donnés
pour l'arrêter, & ils furent exécutés comme
il entroit chez le roi. On le renferma d'a-
bord dans la tour du Louvre ; il fut enfuite
transféré au Temple, & enfermé dans un
cachot : plufieurs de fes amis furent enveloppés dans fa difgrace , & l'on mit en
prifon les perfonnes qui avoient eu des
relations avec lui.

Le comte de Valois fit alors fçavoir ,
(difent quelques hiftoriens), « à tous, tant
» pauvres que riches , à qui Enguerrand
» avoit méfait, qu'ils vinffent à la cour du
» roi, & qu'on leur feroit bon droit ».

Comme on avoit réfolu , foit qu'il fe
préfentât des accufateurs ou non , de faire
le procès à Enguerrand de Marigny, on le
conduifit à Vincennes , en préfence du roi,
qui étoit affifté d'un grand nombre de feigneurs & de prélats.

« Lors , difent les grandes chroniques de
» S. Denis, Mᵉ Jean Banniere propofa contre
» ledit Marigny les raifons & les articles qui
» s'enfuivent : après avoir parlé d'*Abraham*
» & d'*Ifaac* , il allégua les *ferpens* qui dé-
» gaftoient la terre de Poitou au temps de
» faint

» faint Hilaire, & comparegea ces ferpens
» à Enguerrand & à fes parens, & affins;
» enfuite il recompta les cas & les forfaits
» en général ».

Les principaux étoient qu'il avoit altéré
les monnoies, furchargé le peuple, volé
de grandes fommes; qu'il avoit fait fceller
par le chancelier plufieurs lettres en blanc,
qu'il étoit à préfumer qu'il les avoit remplies de faux comptes, &c. qu'il avoit eu
l'infolence de faire placer fa ftatue fur l'ef-
calier du palais, qu'il avoit entrepris de
rebâtir par l'ordre du roi.

« Marigny (dit l'hiftorien que nous avons
» déjà cité) auroit pu fe laver, mais il ne
» lui fut en aucune maniere audience
» donnée de foi défendre ». L'évêque de
Beauvais fon frere demanda en vain la
communication des différens chefs d'accu-
fations, il ne fut pas écouté. « Enguerrand
» fut ramené au temple, enferré en bons
» liens & anneaux de fer, & gardé dili-
» gemment ».

Le roi ne voyant d'autres preuves des
crimes dont le furintendant étoit accufé,
que la haine du comte de Valois, propofa
à ce prince de reléguer ce miniftre dans

l'île de Chypre. Mais le comte de Valois, dont le reſſentiment n'étoit pas ſatisfait par cette peine, pria le roi de différer le jugement de Marigny pendant quelques jours, il profita de ce délai pour dreſſer de nouvelles batteries dont il eſpéroit plus de ſuccès. Dans cet intervalle la femme d'Enguerrand & ſa ſœur furent accuſées d'avoir eu recours aux ſortiléges pour ſauver le miniſtre, « & d'avoir envouté le roi & » autres barons », c'eſt-à-dire qu'elles avoient fait faire leurs images en cire ; on croyoit alors qu'en piquant ou en brûlant ces ſortes de figures avec des opérations prétendues magiques, ces impreſſions s'étendoient ſur ceux qu'elles repréſentoient : tel étoit l'aveuglement de ces temps d'ignorance. Cette accuſation rendit le procès de Marigny plus dangereux qu'il ne l'avoit été pour lui juſqu'alors : les dames furent arrêtées ; un magicien nommé Jacques de l'Or fut conduit au Châtelet avec ſa femme & ſon valet. Peu de jours après de l'Or fut trouvé étranglé dans ſa priſon : que ſa mort fût volontaire ou forcée, on la fit paſſer pour une conviction de ſon crime. On procéda enſuite au jugement du procès de Marigny,

que le roi abandonna au comte de Valois.
Ce prince se hâta de convoquer quelques
barons & quelques chevaliers au bois de
Vincennes ; il fit lire devant eux les chefs
d'accusation rapportés par Banniere , leur
produisit les images , & prouva que Marigny étoit seul auteur de ces pratiques *félones,
déloyales & déteflables*. Enguerrand fut donc
déclaré convaincu de tous les crimes qu'on
lui imputoit , & condamné à être pendu.

Ce jugement fut exécuté aussi tôt , & le
corps du malheureux Marigny fut attaché
au gibet de Monfaucon, qu'il avoit fait cons-
truire pour y expofer le corps des malfai-
teurs après leur supplice.

M A R I L L A C. (le maréchal de)

Son procès & fon fupplice.

Si le cardinal de Richelieu a été un des ministres les plus puiffans qui aient jamais exif-
té , aucun n'a eu plus d'ennemis ou fecrets
ou déclarés. Son ingratitude envers la reine
mere , l'avoit rendue fa plus redoutable ennemie; elle n'épargnoit rien pour le perdre.
L'ambaffadeur d'Efpagne , les deux freres
Marillac, l'un maréchal , l'autre garde des
fceaux , fe réunirent pour le perdre , dans

l'espérance de succéder à son crédit. Lorsqu'ils crurent avoir pris des mesures infaillibles, la reine mere parvint à obtenir de son fils la promesse de la disgrace du ministre. Dans l'instant même où Louis XIII venoit de faire cette promesse à sa mere, le cardinal entra par une fausse porte dans la chambre. — « Ah ! le voilà , s'écria le roi. » — Je crois que vous parliez de moi, dit » le cardinal : — non , répliqua dédaigneu- » sement la reine. — Avouez la chose , » reprit le ministre , vous étiez sur mon » chapitre.

Outrée de ses questions, la reine cessa de dissimuler : « Oui , reprit-elle , nous parlions » de vous , & sur le champ elle l'accabla de » menaces & de reproches ». Le roi sort sans lui parler ; il se croit perdu, & commence à préparer sa retraite. Sa ruine paroissoit d'autant plus sûre , que ce même jour le roi donna pouvoir à Marillac, ennemi déclaré du ministre, de faire la guerre & la paix dans le Piémont. Alors Richelieu presse son départ ; ses mulets avoient déjà porté une partie de ses trésors à trente-cinq lieues, sans passer par aucune ville, précaution nécessaire contre la haine publique.

Le cardinal de la Valette & quelques amis lui conseillerent enfin de tenter un nouvel effort auprès du roi.

Le cardinal alla trouver le roi; ce prince qui avoit sacrifié son ministre par foiblesse, se remit par foiblesse entre ses mains, & lui abandonna tous ses ennemis; ce jour appellé la *journée des dupes*, fut en effet celui du pouvoir absolu du cardinal; dès le lendemain Marillac le garde des sceaux est arrêté, & le jour même un huissier du cabinet porte aux maréchaux de la Force & Schombert, ordre d'arrêter le maréchal de Marillac au milieu de l'armée qu'il alloit commander seul.

Le cardinal le fit accuser de concussion, & son procès dura deux ans. Nous allons en rapporter les principaux détails.

Le maréchal connoissant son ennemi, crut devoir prendre d'abord le parti de la soumission; il écrivit au cardinal la lettre suivante.

« Monseigneur,

J'appelle Dieu & le monde à témoins, & oserois-je bien vous y appeller encore, que je n'ai jamais mérité la discontinuation de votre proteǎion, foit par manquement de fidélité & de zèle au fervice du roi mon maître ni par aucun défaut volontaire, ou difcontinuation de l'affeǎion que j'y ai depuis fi longtemps profeffée & marquée de tant de devoirs & d'obéiffance, quoique je faffe une entiere réflexion fur les aǎions de ma vie paffée, je ne puis trouver en moi que le même defir que j'ai toujours eu de paroître fidéle à mon roi & très-affeǎionné à vous fervir. Néanmoins je me vois tout d'un coup grandement abandonné, fans pouvoir imaginer qui en peut être la caufe, fi ce n'eft mon propre malheur.

» Il me refte cependant encore quelque efpece de confolation, quand je me rappelle que vous avez toujours eu ci-devant affez de générofité pour me garantir de plufieurs autres, ce qui fait que je ne défefpere pas que vous le ferez encore de celui-ci ; c'eft de quoi je vous fupplie très-humblement, mon innocence & mon intégrité vous en conjurent ; auffi vous puis-je affurer qu'elles font entieres & fans tache.

» Oui, monfeigneur, j'ofe croire que les aǎions de ma vie paffée vous aideront à connoître mon innocence, & jufqu'à quel point je vous ai été loyal & fidélement affectionné ; & quand bien même toutes ces choses ne feroient aucune impreſſion ſur votre ame, votre ſeule bonté, dont j'ai une particuliere connoiſſance, & dont j'ai ſi généreuſement reſſenti les effets, vous y doit elle-même convier, auſſi eſt-ce de cette bonté que j'oſe tout attendre, aſſuré que je ſuis que vous ne ſerez point inſenſible aux plaintes d'un innocent malheureux, que l'on veut rendre miſérable ſur le déclin de ſes jours. C'eſt beaucoup faire, pour un infortuné gentilhomme, que de lui ſauver la réputation ; la mienne, monſeigneur, court fortune de perte, ſi les marques de l'indignation du roi perſéverent contre moi ; chacun en jugera ſelon ſon caprice & ſa fantaiſie, le tout à mon dommage.

» Je vous ſupplie donc inſtamment, ou plutôt je vous conjure par vous-même, par notre ancienne amitié, & ſur-tout par l'honneur que j'ai eu d'être en vos graces, d'avoir compaſſion de mon malheur, & de diſſiper cet orage prêt à crever ſur la tête du plus affectionné, ou pour mieux dire du plus infortuné de tous ceux qui ont été aimés de vous ; conſervez-moi, dis-je, une répu-

ration glorieufe, acquife depuis fi longtemps,
recherchée par le travail, par la vertu, &
par les voies les plus juftes & les plus hono-
rables qui puiffent chatouiller l'efprit d'un
fidele ferviteur du roi ; ce n'eft pas que je
n'avoue qu'après Dieu je vous en dois la
plus grande partie, & c'eft auffi ce qui vous
doit obliger de la prendre fous votre protection & de la conferver, puifque vous y
avez intérêt, & je joindrai au grand nombre
d'obligations que je vous ai, dont je ne
fus méconnoiffant ni ingrat ; cette fainte
marque de votre faveur, en publiant par-
tout qu'ayant toujours été très-fortement
attaché à votre fervice, & fenfiblement
touché de vos intérêts, vous avez pris la
protection de mon innocence lâchement
accufée, & fait connoître à mes ennemis
que vous fçavez faire choix de perfonnes
fideles & fans reproches, lorfqu'il s'agit du
fervice du roi.

» Auffi vous puis-je affurer que je l'ai
toujours très-fidelement fervi ; que fi pourtant je fuis fi malheureux que d'avoir déplu
à fa majefté, ce que je ne crois pas, je
n'aurois garde de vous faire la préfente
fupplication. J'ai affez de cœur, & trop

d'horreur pour les mauvaifes actions, pour me condamner moi-même fans attendre la colere du roi ; mais je fuis auffi affuré de la pureté de mes actions & de la conduite de ma vie, comme de la vérité d'avoir toujours été & defiré d'être éternellement, monfeigneur, votre très - humble & très - affectionné DE MARILLAC ».

Le 22 novembre 1631.

Cette lettre fut fans effet. Le maréchal fut conduit à Verdun & obligé de comparoître devant fes juges. Le cardinal ne fe contenta pas de le priver du droit d'être jugé par les chambres du parlement affemblées, il le fit juger par une commiffion, & les membres de cette commiffion ayant trompé fon attente, il fit caffer l'arrêt par lequel ils permirent à l'accufé de fe juftifier. Le cardinal, au mépris des loix, fit alors transférer Marillac dans fa maifon de Ruel, & continuer l'inftruction du procès dans cette maifon particuliere.

Les loix de l'églife ne furent pas moins violées que celles de l'état. Le nouveau garde des fceaux Châteauneuf, qui venoit de fuccéder dans cette charge au frere du maréchal de Marillac, refta préfident, quoiqu'il fût foudiacre. Le cardinal lui avoit fait, à la vérité, venir de Rome une difpenfe qui lui permettoit de juger à mort.

On rechercha jufques aux moindres actions de l'infortuné Marillac. Quelques légers abus dans l'exercice de fon commandement, d'anciens profits illicites faits autrefois par lui ou par fes domeftiques, dans la conftruction de la citadelle de Verdun, voilà tout ce qu'on put trouver.

Nous allons donner un fragment du factum que Marillac préfenta à fes premiers juges, & qui les empêcha de le condamner ; on verra que rien n'étoit plus vrai que ce qu'il difoit : « chofe étrange qu'un homme » de mon rang foit perfécuté avec tant » d'injuftice & de rigueur, il ne s'agit dans » tout mon procès que de foin, de paille, » de pierre & de chaux.

» Toute cette grande inftruction de procès, » dit le maréchal en fe juftifiant, où plus » de trente mains de papier font employées, » fe réduit en fept chefs principaux, ou » plutôt prétexte d'accufation, dont il n'y » en a pas un feul qui bien examiné ne fe » trouve faux & malicieufement fuppofé.

Le Ier eft malverfation en la fortification

de Verdun sur les deniers, sur la conduite, & sur les profits illicites.

II. Mauvais gouvernement des armées, & malversations en l'emploi des deniers du roi.

III. Abus & profits illicites sur le pain de munition.

IV. Faussetés de quittance avec les comptables.

V. Divertissement de quatre cens mille livres fournies par le roi au paiement des maisons prises & démolies à Verdun pour la citadelle.

VI. Application à son profit des nouveaux officiers des fortifications aux trois évêchés, & des deniers de l'enchere jettée sur l'élection de Bar-sur-Aube.

VII. Vexations du peuple Verdunois & voisins, sur lesquelles premierement sera faite cette sommaire réponse, avant que d'entendre les branches par le menu.

Sur le premier le maréchal dit « qu'il ne pouvoit être que faux & calomnieux, car la citadelle de Verdun, qui en circuit & en ouvrages occupe plus d'un tiers de terrein que celle d'Amiens, de qui les bastions sont plus grands de corps & d'élévation, & dont tout le foffé eft tout en roc vif, a été plutôt élevée & mife en défenfe toute entiere que la moitié de l'autre. Elle a moins coûté au roi que celle d'Amiens, encore qu'elle confifte en maçonnerie de grand carreau de taille dure, ce que ne fait pas l'autre, & en trente pieds d'épaiffeur, que les baftions foient remplis de terre portée depuis le rez-de-chauffée jufqu'à l'éminence par-deffus les parapets, & qu'il y ait autant d'ouvrage ».

» Le deuxieme chef eft clairement faux (difoit le maréchal) car le pays fur lequel mon commandement d'armée s'eft étendu, n'a fait aucunes plaintes ni de maifons brû-lées, ni de marchands détrouffés, ni de labourages interrompus, ni de payfans bat-tus & rançonnés, en onze mois confécutifs que j'ai commandé une armée de 25 mille hommes & de deux mille cinq cens che-vaux, encore que pendant tout ce temps l'infanterie n'ait été payée que de quatre mois en quatre mois, & la cavalerie de deux en deux ; & quant au paiement des gens de guerre, les propres dépofitions du commis de l'extraordinaire, qui a été très-bien examiné, certifient qu'ils ont été

exactement faits suivant l'état du roi, que le
soldat n'en a pas perdu un sol, & que jusqu'au dernier écu des deniers revenans
bons, ils ont été employés au profit de sa
majesté, contre la coutume de la plupart des
armées.

» Le troisieme chef est aussi faux que les
autres, répondoit le maréchal, jusqu'au
jour où j'ai quitté l'armée par ordre du roi
pour aller en Piémont, le pain de munition
y a été si bien & réellement fourni de
l'argent du roi & du mien, qu'il ne se
trouve pas un soldat qui dise en avoir manqué un seul jour, ou que le pain n'ait été
du poids & de la nature qu'il doit être, &
qu'au lieu d'y avoir fait ce profit illicite qui
m'est reproché, le roi me doit, & à mes
préposés, à cause de ladite fourniture,
trente-huit mille livres de rente, dont les
acquits & le compte font foi.

» Sur le quatrieme, le maréchal dit que
les quittances présumées fausses avoient été
faites non par lui, mais dans son absence &
longtemps depuis son département, qu'ainsi
on ne pouvoit les lui imputer ; mais qu'au
fond il n'y en avoit pas une seule de celles
dont on lui a parlé qui fût fausse, elles étoient

feulement défectueufes pour la forme, dont il fe falloit prendre aux commis des tréforiers, non à autres, auxquelles le roi pourtant n'étoit pas préjudicié.

« Sur le cinquieme, il répondit que la calomnie étoit détruite par elle-même, puifque quand même, ce qui n'étoit pas vrai, cependant le roi auroit fourni l'argent néceffaire aux rembourfemens des maifons démolies pour bâtir la citadelle de Verdun, il étoit impoffible qu'il l'eût appliqué à fon profit, puifque hors la perfonne du roi & celle du furintendant, il n'y en avoit aucune en France qui eût pu changer ou divertir l'emploi ; n'en déplaife, ajouta le maréchal, à ceux qui ont pofé cette accufation, un tréforier chargé des deniers du roi par ordonnance libellée, ne s'en peut abfolument décharger que fur les quittances de ceux à qui lefdits deniers s'adreffent par ladite ordonnance ; il eût été bien plus à propos, fans doute, d'étouffer cet article, puifqu'il reproche au roi une dette qui coûte la ruine ou la mendicité à plus de cent famille, encore qu'il en foit bien innocent, mais que pour ce que cela le chargeoit en apparence, on a voulu le faire éclater à quelque prix que ce fût.

Le maréchal finit par se justifier des véxa-
tions qu'on lui imputoit. « Si ce pays, disoit-
il, depuis sept années, a fait des dépenses en
logemens de guerre, en corvées d'hommes
& fourniture de denrées pour la citadelle,
ç'a été pour le roi : l'une sous les ordres de
M. d'Angoulême, l'autre par le sieur président de Metz, en vertu d'une commission
de sa majesté, partant ce n'est ni pour moi ni
par moi que lesdites dépenses ont été faites.

» Si le pays a fourni quelque contribution
en mon nom, c'est sans ordonnance de moi,
soit écrite, soit verbale, ains pour des
frippons qui durant mon absence ont abusé
de mon autorité sans aucune charge de moi,
à mon insçu, comme les témoins en con-
viennent ».

Tel est le précis des accusations & des
défenses du maréchal ; quelques abus qu'il
pouvoit effectivement avoir ignorés ou to-
lérés, faisoient tout son crime. Quoiqu'il fût
couvert de blessures qu'il avoit reçues pendant 40 années de service, il fut jugé digne
de mort.

Marillac apprit la nouvelle de sa condamnation avec la tranquillité que l'innocence,
soutenue par la religion, peut donner ; il

eut la tête tranchée en place de Greve, &
parut dans ce dernier moment plus grand
encore qu'à la tête des armées.

Après l'exécution le cardinal a dit aux commiſſaires : « il faut avouer que Dieu donne
» aux juges des lumieres qu'il n'accorde pas
» aux autres hommes , puiſque vous avez
» condamné le maréchal de Marillac à mort,
» pour moi je ne croyois pas que ſes actions
» méritaſſent un pareil châtiment ».

L'injuſtice étoit criante & les murmures
publics ; cependant il fallut attendre la mort
du miniſtre pour oſer revoir cette procédure monſtrueuſe. Le parlement s'en occupa
alors , & la mémoire du maréchal fut pleinement réhabilitée.

M A R I S

devenus peres par un événement ſingulier.

Deux gentilshommes à-peu-près de même
âge , mariés l'un & l'autre depuis quatre
ans , ne pouvoient avoir d'enfans ; comme
ils étoient fort riches , ils murmuroient ſans
ceſſe contre la ſtérilité de leurs épouſes. Les
médecins conſeillerent à ces deux époux de
conduire leurs épouſes tous les ans aux eaux

de

de Bourbon : y étant arrivés plus tard qu'à l'ordinaire, toutes les hôtelleries se trouverent occupées ; dans cette position il ne leur restoit d'autre ressource que de se loger dans une chambre à deux lits ; ils s'empresferent de louer cette chambre. Le jour même de leur arrivée, comme le temps étoit très-beau, ils propoferent après fouper à leurs dames d'aller respirer le frais. Fatiguées du voyage, les dames préférerent de se coucher de bonne heure, afin de prendre les eaux dès le lendemain matin.

Les maris se promenerent jufqu'à minuit ; lorfqu'ils entrerent dans leur chambre commune, ils trouverent leurs femmes couchées & endormies ; pour ne pas troubler leur fommeil, ils se déshabillerent fans lumiere & fans appeller leurs domeftiques : comme ils avoient fixé chacun leur lit, chacun crut en y entrant se coucher près de fa femme.

On se rappelle le but du voyage des deux maris, ainfi la nuit ne se passa point fans faire de nouveaux efforts pour détruire la ftérilité de leurs époufes ; mais à peine le jour eut commencé à éclairer de fes premiers rayons la chambre, que les dames tirerent les rideaux pour se parler. Il feroit difficile d'exprimer la confusion des femmes & la surprise des maris à la vue du spectacle étrange que le jour offroit à leurs yeux ; la scène resta muette pendant quelques minutes, par la crainte que chaque époux avoit de se voir éclairci : il fallut cependant se faire un aveu mutuel & ils se trouverent également coupables : « ce qui est fait est » fait, dit l'un des époux, le hasard seul » est coupable, nous n'avons à nous plaindre » que de lui ; mais pourquoi nous plaindre ? » que sçavons-nous si ce moyen ne servira » point à satisfaire le desir que nous avons » l'un & l'autre d'avoir des enfans ?

Les femmes devinrent effectivement enceintes, & neuf mois après elles accoucherent heureusement chacune d'un garçon.

On craignit alors qu'il ne s'élevât dans la suite quelque contestation. Pour prévenir les effets de la regle *pater is est quem nuptiæ demonstrant*, on eut recours à un jurisconsulte, qui décida que chaque enfant devoit être retiré par son véritable pere, & qu'il auroit une légitime de droit dans le bien de sa mere. Cette décision fut respectée par les deux familles.

MAROC.

(Administration de la justice dans l'empire de)

Il n'y a point de gouvernement plus absolu & plus tyrannique que celui de Maroc, sur-tout depuis que les chérifs s'en sont rendus maîtres. La religion, les loix, les coutumes anciennes & les préjugés de l'enfance, conspirent à rendre vils & misérables tous les sujets de cet empire. Le souverain a non-seulement un pouvoir absolu sur la vie & sur les biens de ses sujets; il régne avec une autorité égale sur leurs consciences, en qualité de successeur de Mahomet, & comme interpréte de l'alcoran, c'est lui qui nomme les alfaquis, qui décident toutes les questions qui ont trait à la religion. Comme les alfaquis sont les créatures du roi de Maroc, & qu'ils dépendent entiérement de lui, ils se conforment à tous ses caprices & à toutes ses volontés; ainsi, dès qu'il a fait une loi, & qu'elle a été publiée dans ses états par les gouverneurs, elle est reçue & exécutée avec une soumission aveugle. Le peuple, d'ailleurs, reçoit dans son enfance les préjugés les plus favorables au despotisme ; il regarde en effet comme une maxime de sa religion, que ceux qui meurent en exécutant les ordres du roi sont reçus aussi-tôt dans le paradis, & que ceux qui ont l'honneur de mourir de sa main sont élevés à un plus haut point de félicité : on ne doit pas être étonné de voir dans un pays soumis à des préjugés aussi grossiers, le souverain commettre toutes sortes de cruautés, & ses sujets languir dans l'abjection & la misere.

Les empereurs de Maroc exercent une tyrannie d'autant plus effrayante pour ceux qui ont le malheur d'être soumis à leur despotisme, qu'ils sont les seuls héritiers de tous leurs sujets ; ils s'emparent des biens aussi-tôt après la mort, & ne laissent aux enfans que ce qui leur plaît : pour montrer néanmoins quelque apparence de justice, ils accordent à leur muphti une espece de supériorité pour le spirituel, & laissent à leurs sujets la liberté de les appeller devant son tribunal ; mais le danger auquel on s'exposeroit, suffit pour rendre ce recours inutile.

La défense de l'alcoran contre tous les

jeux de hafard, eft obfervée fi exactement dans les états de Maroc, que les jeux de hafard y font inconnus. Si quelqu'un a perdu de l'argent à un jeu de hafard, & qu'il en porte plainte au cadi, ce juge ordonne fur le champ à celui qui a gagné de rendre l'argent ; le cadi le condamne en outre à une amende, ou à recevoir la baftonnade. On inflige la même peine à tous ceux qui violent les loix établies contre les jeux de hafard.

Les punitions & les fupplices font les mêmes à Maroc que dans les autres états de barbarie. Ces fupplices font de fcier le coupable en travers, en long, ou en croix, de brûler à petit feu, &c. &c. &c.

Les renégats font condamnés au feu : on les dépouille tout nuds, on les frotte avec du fuif depuis la tête jufqu'aux pieds ; on leur met enfuite une chaîne autour du corps, & on les traîne ainfi de la prifon jufqu'au lieu du fupplice, où ils font brûlés.

Les Juifs qui altérent la monnoie, ou qui font tort à l'empereur, & les efclaves qui tentent de fe fauver, font condamnés à perdre la vie dans les tourmens les plus horribles.

MARTABAN. (reine de)

Son supplice & celui de cent quarante femmes de sa cour.

Mendez Pinto, Portugais, rapporte dans ses voyages que le roi de Brama après la prise de Martaban, se livra aux plus horribles cruautés, malgré les promesses réitérées qu'il avoit faites de bien traiter les vaincus.

« Quelques jours après la prise de la ville (dit ce voyageur) on vit paroître sur une colline une multitude de gibets dont vingt étoient de la même hauteur, les autres un peu moins élevés. Ils étoient dressés sur des piles de pierres entourées de grilles, au-dessus desquelles on avoit placé des girouettes dorées : cent bramas y faisoient la garde à cheval, plusieurs tranchées qui formoient d'autres enceintes, étoient bordées d'enseignes tachetées de gouttes de sang. Ce nouveau spectacle paroissant annoncer quelqu'événement, j'y courus avec cinq autres Portugais ; nous entendîmes d'abord un bruit extraordinaire, causé par la foule des bramas ; tandis que

nous en cherchions la caufe, nous vîmes
fortir du quartier du roi cent éléphans
armés, quantité de gens de pied, fuivis de
1500 bramas à cheval ; à cette cavalerie
fuccéda un gros de trois mille hommes d'infanterie, armés d'arquebufes & de lances,
au milieu defquelles nous découvrîmes cent
quarante femmes liées quatre à quatre avec
un grand nombre de moines du pays qui les
confoloient par leurs exhortations : toutes
ces infortunées étoient femmes ou filles
des principaux officiers de Chambaynha,
prince de Martaban. La plupart n'étoient
âgées que de 17 à 18 ans ; elles étoient fi
foibles qu'elles tomboient évanouies prefque
à chaque pas : derriere elles marchoient
douze huiffiers avec leurs maffes d'argent,
qui précédoient *Nhay · Canatou*, reine de
Martaban. Quatre hommes portoient fes
enfans autour d'elle ; après cette princeffe
marchoient deux files de foixante moines,
priant dans leurs livres, la tête baiffée &
les yeux baignés de larmes : ils étoient fuivis
d'une proceffion de trois ou quatre cens
petits enfans, nuds jufqu'à la ceinture, avec
des cierges à la main & la corde au cou,
qui faifoient retentir l'air de leurs cris & de

leurs gémiſſemens. Ils n'étoient point deſtinés au ſupplice, & n'accompagnoient la
reine & ſes dames que pour invoquer le
ciel en leur faveur. Cette marche étoit
fermée par une garde d'infanterie & par
cent éléphans.

» Lorſque ces miſérables victimes furent
entrées dans l'enceinte des échafauds, ſix
huiſſiers à cheval publierent leur ſentence:
« elle portoit qu'étant filles ou femmes de
» peres ou de maris qui avoient tué un
» grand nombre de bramas, & qui avoient
» donné naiſſance à cette guerre, le roi les
» avoit jugées dignes de mort ». Alors tous
les officiers de la juſtice s'étant mêlés avec
les gardes, on n'entendit plus qu'un bruit
effroyable. Entre toutes ces femmes celles
qui avoient encore la force de ſe ſoutenir,
embraſſerent leurs compagnes, & firent leurs
derniers adieux à leur reine, qui étoit aſſiſe
par terre, appuyée ſur les genoux d'une de
ſes femmes, & à moitié morte de frayeur.
Bientôt après elles furent ſaiſies par les
bourreaux & pendues ſept à ſept par les
pieds; cet horrible ſupplice laiſſa entendre
pendant quelques inſtans leurs cris & leurs
ſanglots; mais elles furent bientôt étouffées
par la chute du ſang.

» Alors la reine fut avertie de s'avancer vers le lieu de sa mort ; le *raulin* ou moine qui avoit ordre de l'affifter, lui adreffa un difcours qu'elle parut écouter avec fermeté : elle demanda un peu d'eau qu'on lui apporta, & s'en étant rempli la bouche, elle en arrofa fes enfans, qu'elle tenoit entre fes bras ; enfuite jettant les yeux fur le bourreau qui fe faififfoit d'eux, elle lui demanda au nom du ciel de lui épargner le fpectacle de leur fupplice en la faifant mourir la premiere ; cette faveur lui fut accordée, on lui rendit fes enfans, qu'elle embraffa plufieurs fois : en leur difant le dernier adieu, elle pencha la tête fur les genoux d'une de fes femmes qui l'avoit toujours accompagnée, & expira fur le champ fans aucune convulfion, ce qui n'auroit pas manqué d'arriver fi elle fe fût empoifonnée. Les bourreaux qui s'apperçurent auffi-tôt de fa mort, fe hâterent de la traîner au gibet qui lui étoit deftiné, ils y pendirent en même temps fes quatre enfans.

MAXIMIN. (*Ses cruautés & fon fupplice*)

Maximin né dans l'obfcurité, & parvenu à force d'intrigues aux premieres charges fous l'empire de Valentinien , étoit un fcélérat de fang froid , & un monftre de cruauté. Sa conduite offre un affemblage effrayant de crimes & d'atrocités qui révoltent.

Sous l'empire de Valentinien la magie étoit un crime qui ne pouvoit être affez rigoureufement puni : Maximin qui s'en étoit rendu coupable pendant longtemps , voulant détruire les preuves d'un délit qui pouvoit l'empêcher d'obtenir la faveur de l'empereur , commença par empoifonner le malheureux témoin qui pouvoit le perdre ; il fe livra alors entiérement à fes penchans cruels.

Trois perfonnes ayant été accufées d'avoir attenté par des maléfices à la vie d'un ancien vicaire des préfets , le préfet de Rome à qui appartenoit la connoiffance de cette affaire , étant tombé malade , Maximin alors intendant des vivres , fut nommé pour le remplacer. Maximin fit appliquer à la queftion les accufés , & fur leurs dépofitions il impliqua tous ceux qu'il vouloit perdre. Des trois premiers acculés , il en fit expirer deux fous les coups de lanieres chargées de balles de plomb , parce que pour les engager à révéler leurs complices , il leur avoit

promis de ne les faire périr ni par le fer , ni
par le feu.

Jaloux d'étendre sa jurisdiction sur les
perfonnes les plus diftinguées, il fit entendre
à l'empereur qu'il falloit redoubler de févérité & d'attention. Valentinien déclara
que les crimes de cette efpece feroient
traités déformais comme ceux de léfe-
majefté , qu'en conféquence nul privilége ,
nulle dignité ne pourroient exempter de la
torture. Afin d'augmenter le pouvoir de
Maximin , il le nomma vicaire des préfets,
& lui affocia le fecretaire Léon , jadis gla-
diateur , monftre auffi altéré de fang que
fon féroce collégue. Ces deux hommes fi
bien affortis s'érigerent en inquifiteurs généraux , & connurent de toutes fortes de
crimes.

L'hiftorien qui nous fournit ces détails ,
dit « que Maximin tenoit une corde pendue
» à une des fenêtres de fa maifon , pour la
» commodité des délateurs , qui fans fe faire
» connoître venoient pendant la nuit y atta-
» cher leurs billets , dont le fimple énoncé
» tenoit lieu de preuve : auffi ce monftre
» difoit-il , *perfonne ne doit fe flatter d'être*
» *innocent quand je veux qu'il foit coupable* ».

Le pouvoir, le crédit, la nobleſſe, la conſidération, étoient des barrieres im-puiſſantes contre les attaques meurtrieres de cette bête féroce.

Aginace, homme diſtingué par ſa naiſſance & par ſon mérite, étoit lié avec Probus, préfet du prétoire : l'arrogance de Maximin étoit portée au point qu'il avoit traité avec la derniere inſolence ce premier officier de l'empire ; Aginace tâcha d'exciter Probus à la vengeance, & lui offrit ſes ſervices contre Maximin ; mais on prétend que Probus eut la lâcheté de remettre les lettres de ſon ami à Maximin, qui réſolut de pré-venir un ennemi ſi dangereux. Plus vif & plus ardent qu'il ne convenoit, Aginace lui en fournit bientôt les occaſions : Victorin, ami de Maximin, venoit de mourir, laiſſant par teſtament à ſon ami des ſommes conſi-dérables ; Aginace publioit par-tout qu'il n'en laiſſoit pas encore aſſez, que c'étoit une foible portion des profits qu'il avoit fait par le trafic des ſentences de Maximin. D'un autre côté, il inquiétoit la veuve de Victorin, la menaçant de la dépouiller d'une fortune ſi mal acquiſe : pour s'ap-puyer d'une protection puiſſante, cette

veuve feignit que fon mari, par un codicile,
avoit encore fait préfent à Maximin de trois
mille livres pefant d'argent, mais cet homme
avide exigea la moitié de la fucceffion, &
le mariage de fon fils avec la fille de Victorin, ce que la veuve n'ofa refufer.

Les chofes étoient dans cet état lorfque
Valentinien rappella Maximin à la cour,
& le nomma préfet du prétoire de la Gaule ;
il lui donna un fucceffeur affez modéré, mais
Maximin trouva bientôt le moyen de le
faire révoquer, pour donner fa place à
un nommé Simplice, dévoué à fes ordres
fanguinaires ; il l'avoit fur-tout chargé de
perdre Aginace. Simplice ne vit point de
meilleur moyen pour réuffir que celui de
l'accufer de magie ; il envoya des mémoires
à la cour contre cet infortuné, & Maximin
obtint un ordre de le faire mourir ; cependant craignant d'augmenter l'indignation
publique en faifant périr par une de fes
créatures un fénateur diftingué par fes
vertus plus encore que par fon rang, il
tint l'ordre fecret pendant quelque temps.

Ne voulant point en charger Simplice, il
choifit un Gaulois, homme groffier & brutal,
le fit nommer à la charge de vicaire, & lui

remit l'ordre de l'empereur. Le nouveau
vicaire, fuivant fes inftruftions, ne perdit
pas un moment; Aginace étoit déjà arrêté &
gardé dans une de fes terres, il le fit tranfporter à Rome : fa mort étoit jurée, il ne s'agif-
foit plus que de couvrir cette iniquité de
quelques formes judiciaires ; on donna à
l'interrogatoire l'appareil le plus effrayant.
On introduifit Aginace pendant la nuit dans
une vafte falle éclairée par quelques flam-
beaux lugubres, remplie de chevalets, de
roues préparées pour tourmenter fes efclaves & leur arracher la condamnation
de leur maître; ces malheureux déjà affoi-
blis par les rigueurs de la prifon, furent
livrés à la cruauté des bourreaux ; une
feule fervante cédant à la douleur, laiffa
échapper quelques paroles équivoques
contre fon maître. Auffi-tôt fans attendre
d'autre éclairciffement, on prononça la fentence d'Aginace, & quoiqu'il en appellât au
jugement de l'empereur, il fut traîné au
fupplice & exécuté.

Maximin fut condamné lui-même par
Gratien à perdre la tête ; ce monftre fan-
guinaire expia fes crimes & fes cruautés par
ce fupplice trop doux pour venger l'huma-

nité & la patrie, qu'il avoit outragés par des atrocités multipliées, & dont le récit fait frémir.

M E L E C H, général des troupes de Maroc.

(*Supplice de*)

Melech, un des officiers les plus braves de l'armée de Muley Iſmaël, étoit entré dans la révolte de Mahamet; ce cherif lui avoit confié le commandement de ſes noirs; mais ayant eu quelques mécontentemens, Melech trahit Mahamet & ſe laiſſa envelopper par l'ennemi, ce qui obligea le cherif de ſe retirer honteuſement, après avoir perdu beaucoup de monde.

Muley Iſmaël ayant appris qu'on avoit fait Melech priſonnier, donna ordre de l'amener ſur le champ devant lui à Mequinez. La femme & les enfans de Melech ſollici-terent vivement ſa grace, mais le roi la leur refuſa, & condamna ce général à être ſcié. Un des parens de cet infortuné ayant repréſenté au tyran la barbarie de ſon jugement, il lui répondit *qu'il vouloit que Melech fût ſcié en deux, parce qu'ayant été traître à lui & à ſon fils, ils auroient chacun la moitié de ſon corps.*

Pour augmenter l'appareil de cette barbare exécution , le cruel Ifmaël avoit fait
refter à Mequinez les parens & les amis du
malheureux *Melech* , en leur promettant
toujours de leur accorder la grace qu'ils lui
demandoient.

Le jour que le roi avoit fixé pour l'exécution , fix grands noirs s'emparerent de
Melech , & le fufil bandé fur lui , le conduifirent à la mofquée nommée *Gemina codra* ;
lorfqu'ils y furent arrivés , ils firent affeoir
Melech fur une pierre , pour attendre les
ordres du roi. Un officier étant venu noti-
fier le jugement qu'il avoit rendu , on conduifit Melech au lieu du fupplice , monté
fur une mule , les pieds & les mains enchaînés , au milieu des cris douloureux de plus
de 40 milles perfonnes , hommes , femmes
& enfans , qui étoient ou fes parens ou fes
amis. Lui feul , la pipe à la bouche , avoit
l'air tranquille , & fembloit braver la mort ;
étant arrivé au marché , on le fit defcendre
de la mule , & on le dépouilla de fes habits. Les fcieurs l'ayant enfuite couché fur
une planche , lui attacherent les bras & les
pieds , & lui appliquerent la fcie fur le
crâne ; mais le tyran ordonna de mettre la

fcie

ſcie entre les cuiſſes du patient, afin qu'il ſouffrît plus longtemps ; il ſouffrit en effet des douleurs horribles, qui lui arracherent des cris épouvantables. Quand on l'eut ſcié juſqu'au nombril, on ôta la ſcie pour recommencer par la tête ; enfin on ſépara ſon corps en deux parties. Les ſcieurs couverts de ſang ayant auſſi-tôt préſenté au roi leur ſcie enveloppée, le barbare Iſmaël leur marqua ſa ſatisfaction, & fit donner deux ducats à chacun des exécuteurs, & quatre à leur chef.

MELINDE ſur la côte de Zanguebar.

(Adminiſtration de la juſtice dans le royaume de)

Lorſque quelqu'un porte une plainte au roi de Melinde, les gardes de ce prince arrêtent auſſi-tôt l'accuſateur, juſqu'à ce que l'accuſé qui eſt cité ſur le champ, ſe ſoit préſenté devant le roi & ſon conſeil. Si c'eſt contre un gouverneur, un miniſtre d'état ou quelqu'autre grand ſeigneur du royaume qu'un inférieur porte plainte, ces qualités ne diſpenſent point l'accuſé de comparoître ; en approchant de la cour il a feulement le droit de faire fonner de la trompette ; alors les officiers du roi viennent le prendre, & après avoir congédié fa fuite , le conduifent dans la falle de juftice.

Si l'accufateur ne rapporte pas des preuves évidentes de fon accufation, il eft condamné à mort & exécuté fur le champ ; mais fi l'accufation eft prouvée, l'accufé eft obligé de faire une réparation proportionnée au tort qu'il a fait , il eft en outre condamné à une amende , & quelquefois à une peine corporelle ; fi c'eft un homme de qualité ou d'un mérite fupérieur, il reçoit la baftonnade d'une maniere moins rude ; c'eft le roi lui-même qui donne la baftonnade à fes gouverneurs & à fes miniftres qui ont été condamnés à la recevoir.

Auffi-tôt que la fentence eft prononcée , on mene le coupable dans une autre chambre , là il eft obligé d'avouer fa faute & de reconnoître la juftice & la douceur du châtiment dans les termes les plus foumis & dans la pofture la plus humble : on le dépouille enfuite , & on le couche le vifage contre terre ; le roi prend alors fon *bâton de juſtice* , & lui en donne autant de coups qu'il juge à propos ; après cette cérémonie le coupable eſt obligé de lui faire des re- mercimens de ſa douce correction ; le roi lui ordonne de ſe lever & de mettre ſes habits ; après l'exécution il baiſe le pied du prince , & l'accompagne avec le reſte de ſa ſuite dans la ſalle. Le roi le congédie alors en préſence de toute ſa cour , & lui ordonne de rendre exactement la juſtice à ſes ſujets ; il le fait enſuite conduire avec les honneurs accoutumés & on lui diſtribue des parfums juſqu'à la porte de la ville.

M E L U N. (Charles de)

Procès de

Charles de Melun , ſeigneur de Norman- ville, iſſu d'une des plus illuſtres & des plus anciennes maiſons du royaume , qu'un pen- chant déſordonné pour les plaiſirs avoit fait ſurnommer le *Sardanapale de ſon ſiecle* , avoit été longtemps honoré de l'amitié de Louis XI. Comme rien n'étoit plus ordinaire que les viciſſitudes dans la faveur de ce monar- que défiant , Charles de Melun ſoupçonné depuis longtemps d'infidélité , fut arrêté au moment où il s'y attendoit le moins. Les portes de la Baſtille , dont il étoit gouverneur , ouvertes du côté de la campagne durant le ſiége de Paris , l'artillerie de cette même fortereſſe enclouée, l'oppoſition qu'il avoit apportée à une ſortie que , ſuivant les ordres du roi , le maréchal de Loheac vouloit faire contre les ennemis le jour de la bataille de Montlhery , l'avoient rendu ſuſpeɛ̌t. On découvrit qu'il avoit entretenu des liaiſons ſecrettes avec les princes ligués. Triſtan Lhermite , miniſtre de la rigueur du monarque , dont la préſence terrible étoit preſque toujours une ſentence de mort , eut ordre de l'arrêter & de le renfermer dans le château Gaillard. On nomma des commiſſaires pour inſtruire ſon procès : outre les crimes rapportés ci-deſſus , dont le moindre , s'il avoit été prouvé , exigeoit le plus ſévere châtiment, on l'accuſoit d'avoir abuſé de ſon pouvoir pour ſupprimer des dépoſitions de témoins dans l'affaire du comte de Dammartin , & d'avoir trafiqué des graces qu'il arrachoit au monarque par ſes importunités. D'abord il ſe défendit avec aſſez de fermeté ſur ſes intel-

ligences avec les princes ligués, en difant
que le roi y avoit confenti : il ajouta même
qu'il s'en rapportoit fur cet article au témoignage du roi même. Cette réponfe
obligea les commiffaires de confulter Louis
XI, qui déclara qu'il avoit expreffément
défendu à tous ceux de fa maifon aucune
liaifon avec les princes ligués, que depuis
longtemps il étoit très-mécontent de Melun
& de quelques autres, mais que s'étant
trouvé entre leurs mains dans des circonftances embarraffantes, il avoit été obligé
de diffimuler.

Sur cette réponfe on ordonna la queftion ;
la violence des tourmens arracha à Charles
de Melun l'aveu de fes intelligences avec le
duc de Bretagne, qui l'avoit follicité d'entrer dans l'intérêt des princes ligués. Sur
cet aveu & fur les dépofitions de plufieurs
témoins, il fut condamné à avoir la tête
tranchée, & fes biens furent confifqués :
ce qui fut exécuté fur le champ.

On a écrit que l'exécuteur le manqua,
& que s'étant relevé il protefta qu'il n'avoit
point mérité la mort.

MENDIANS *punis.*

Un viceroi de Naples se promenant dans les rues de cette ville, rencontra une infinité de mendians qui disoient avoir été estropiés au service du roi, & l'importunoient de leurs demandes. De retour au palais il s'en plaignit à quelques-uns de ses officiers, qui ne lui cacherent point que le nombre en étoit encore plus considérable qu'il ne pensoit. Le viceroi persuadé que la plupart de ces mendians étoient des fourbes que la fainéantise engageoit à ce métier, résolut d'en faire un châtiment exemplaire ; mais craignant de confondre le coupable avec l'innocent, il eut recours à un expédient assez singulier.

Il fit publier un édit par lequel il annonça, qu'ayant reçu du roi son maître ordre de récompenser tous les soldats estropiés à son service, tous ceux qui se trouvoient dans ce cas, en se rendant dans la grande place de Naples y recevroient la somme qui leur étoit destinée.

La foule des estropiés fut prodigieuse, le viceroi se plaça dans un endroit d'où il pouvoit être facilement entendu de tous. « Les

» fonds que j'ai reçu, leur dit-il, ne font pas
» fuffifans pour fatisfaire aux befoins de tant
» de monde ; il y a peu d'apparence qu'une
» feule ville renferme tant de gens eftropiés
» au fervice du roi , dont l'intention n'eft
» pas d'ailleurs d'étendre fes libéralités fur
» ceux que la maladie ou tel autre accident
» ont privé de leurs membres. Comme il
» eft à croire que ceux qui ont été maltraités
» dans des occafions d'honneur , quoiqu'ils
» manquent de force , ne manqueront point
» de courage , voici le moyen dont je vais
» me fervir pour les diftinguer ».

En même temps il fit tendre dans le milieu de la place une corde affez élevée , &
propofa de la franchir à ceux qui prétendoient avoir mérité les récompenfes du
prince.

« Je tiendrai , dit-il , pour lâches & pour
» indignes des bienfaits de mon maître tous
» ceux qui refuferont ce parti ».

De tous ces eftropiés il n'y en avoit pas
le tiers qui le fuffent véritablement ; l'efpoir
du gain avoit engagé à cette feinte un grand
nombre de fainéans , qui n'ayant ni mal
ni douleur fauterent & franchirent lefte-
ment la corde. Le viceroi les combloit de

louanges, faifoit écrire leurs noms, & enfuite on les mettoit à part. Tous ceux qui
malgré leurs efforts ne pouvoient fauter,
paffoient d'un autre côté, accablés de mépris & de railleries.

Mais à la fin des épreuves on vit un changement de fcène fort inattendu : les fauteurs
furent condamnés aux galeres, & ceux qui
n'avoient pu franchir la corde furent ré-
compenfés de deux piftoles chacun.

METELLUS.

(Jugement honorable rendu en faveur de)

Metellus, malgré fes vertus & les fer-
vices qu'il avoit rendus à la république, ne
put échapper à l'envie ; il fut accufé de con-
cuffion pendant fa magiftrature. On affure
que lorfque fes accufateurs produifirent les
pieces juftificatives qui chargeoient ce per-
fonnage fi recommandable par une foule de
belles actions, qu'au lieu de les examiner
tous les juges tournerent la tête d'un autre
côté, de peur qu'on ne foupçonnât qu'ils
y ajoutoient quelque créance. Les commiffaires déciderent que la fidélité de Metellus
dans le gouvernement de la province qui

lui avoit été confiée, se lisoit mieux dans une longue suite de belles actions que dans de semblables écrits, & que l'intégrité reconnue de ses mœurs le déchargeoit des vexations qu'on lui imputoit.

MEURTRE,

comment puni chez quelques nations sauvages.

Chez plusieurs peuples sauvages de l'Amérique septentrionale, sur-tout chez les Iroquois, il n'existe point ou très-peu de loix criminelles. Lorsqu'un sauvage en tue un autre, on considere s'il étoit yvre, comme ils feignent quelquefois de l'être, pour satisfaire leur vengeance ou leur haine, alors on se contente de plaindre le mort; s'il étoit de sang froid, on suppose qu'il ne s'est pas porté à cet excès sans raison. Quelquefois cependant, le chef de la bourgade se sert de ce prétexte pour éloigner ou pour perdre un mauvais sujet.

Un missionnaire qui avoit longtemps vêcu parmi les Hurons, raconte la maniere dont ils punissent les assassins. Ils étendent le corps mort sur des perches, au haut d'une cabanne, & le meurtrier est placé pendant

plufieurs jours immédiatement au-deffous ;
pour recevoir tout ce qui découle du cadavre, non feulement fur lui, mais encore
fur fes alimens ; à moins que par un préfent
confidérable il n'obtienne des parens que fes
vivres en foient garantis ; mais l'ufage le
plus commun eft de dédommager les parens
du mort en leur livrant un prifonnier de
guerre. Ce captif eft très - fouvent adopté
par la famille & alors il a tous les droits de
celui dont il prend la place.

MEURTRIER

que la juflice ne peut convaincre de fon crime.

La marquife Obizzi s'eft rendue auffi
célébre dans le 17ᵉ fiécle par fa pudicité,
que Lucrece chez les Romains. Vers l'an
1645, pendant que fon époux étoit à la
campagne, un gentilhomme amoureux de
la marquife, trouva moyen de s'introduire
dans fa chambre, où elle étoit encore au lit
avec fon fils Ferdinand, âgé de cinq ans.
Il prit d'abord la précaution de tranfporter
l'enfant dans une chambre voifine, & follicita cette dame de confentir à fes defirs ;
mais fes menaces & fes prieres ayant été

également repouffées , ce monftre dans fa
fureur poignarda la marquife fur le champ.
Quelques précautions qu'il eût prifes pour
cacher fon crime, les voifins qui l'avoient vu
dans le quartier , quelques paroles de l'enfant, un bouton de manche femblable au fien,
trouvé fur le lit de la marquife , furent des
indices fuffifans pour arrêter cet abominable
affaffin ; il fut conduit dans les prifons , où
il foutint la queftion ordinaire & extraordinaire fans rien avouer , les juges ne pouvant le condamner faute de preuves , le
retinrent pendant 15 ans en prifon ; ce trait
prouve « que la *queftion* eft un moyen fûr
» de faire périr le foible innocent & de fau-
» ver le coupable robufte ». Cependant
celui-ci ne refta pas entierement impuni ,
car quelques mois après fa fortie de prifon
le jeune marquis d'Obizzi vengea la mort
de fa mere , en tuant fon affaffin d'un coup
de piftolet.

MILAN.

(*Tribunaux du duché de*)

Le tribunal fuprême du duché de Milan
eft le fénat , qui eft compofé d'un préfident
& de 10 fénateurs. Il juge fouverainement

toutes les caufes civiles & criminelles.

Les affaires qui concernent les finances, les monnoies & les impôts, &c. font foumifes à un tribunal qui porte le nom de *confeil fuprême d'économie & de commerce.*

Il y a à Milan un *capitaine de juftice*, qui eft chargé de veiller à l'exécution des fentences & à la fûreté publique.

La bourgeoifie a un premier officier qu'on appelle *le vicaire de provifion ;* il doit nonfeulement veiller à ce que les vivres ne manquent jamais, mais encore à ce que le prix n'en foit pas trop confidérable. Les arts & les métiers dépendent de ce magiftrat.

Le confeil de guerre a l'infpection fur les affaires qui regardent le bien de la ville de Milan. Les membres de ce confeil font des nobles de Milan, & la dignité dont ils font revêtus paffe du pere au fils, non par la loi, mais par l'ufage.

Il y a en outre à Milan une jurifdiction qu'on nomme celle *du magiftrat.* C'eft dans ce tribunal que toutes les affaires contenticufes fe portent en premiere inftance.

On a auffi établi à Milan un tribunal héraldique, qui eft chargé de veiller à l'obfervation des loix qui concernent l'ordre des nobles.

MINISTRE ÉCOSSOIS,

condamné à mort.

Pendant que Guillaume , prince d'O-
range , devenu roi d'Angleterre , cherchoit
à rendre inutiles les efforts que Jacques II
faisoit pour remonter sur le trône de
ses peres , il se formoit dans le sein de
l'état des complots bien plus funestes &
qui penserent lui coûter la couronne & la
vie.

Parmi les conjurés on comptoit sur-tout
beaucoup à qui la révolution avoit enlevé
leurs charges & leurs espérances. Les uns
étoient des malheureux ruinés par leur mauvaise conduite , d'autres flétris ou menacés
par les loix , & qui ne voyoient d'espoir
& de sûreté pour eux que dans les troubles
publics.

Dans le nombre des conjurés on distin-
guoit sur-tout Robert Fergufon , c'étoit un
ministre Ecoffois , qui excommunié par les
presbytériens sous le regne de Charles II ,
s'étoit jetté parmi les *indépendans* , où son
audace & son activité l'avoient fait considérer. Il s'étoit attaché dès-lors à la fortune

naiſſante Dashley Cowper , depuis comte de Shaftesbury , il l'avoit ſuivi dans ſa retraite en Hollande , où devenu directeur d'une preſſe ſecrette bien entretenue par ſon parti , il imprimoit la plupart des brochures politiques que ſon parti publioit en ce temps-là ; il avoit même vu avec plaiſir que le public les lui attribuoit , & il ne cherchoit point à détruire cette opinion qui pouvoit nuire à ſa fortune , mais qui flattoit ſa vanité.

Ferguſon s'étoit enſuite lié avec le duc de Montmouth ; on a prétendu même que lui ſeul l'avoit engagé à prendre le titre de roi. Après la mort du duc il ſe jetta dans le parti du prince d'Orange , mais mécontent de n'avoir obtenu qu'un emploi qui l'éloignoit des affaires , il cherchoit ſans ceſſe à faire naître de nouveaux troubles , à la faveur deſquels il eſpéroit jouer un rôle. En effet c'étoit un proverbe en Angleterre , *que point d'intrigues ſans Ferguſon*. Pluſieurs perſonnes d'une naiſſance aſſez recommandable , ſéduites par ſes aſſurances , conſpirerent contre le prince. On devoit attendre le roi au retour de la chaſſe , ſur la route de Richmond à Londres ; dans cet endroit ſitué

un peu au-delà de la Tamife , le roi tra-
verfoit dans un bacq fans fortir de carroffe ;
quatre ou cinq gardes paffoient feulement
avec lui , le refte demeuroit de l'autre côté
de la riviere , où le bacq venoit les reprendre ; le monarque continuoit fa route ,
efcorté des feuls gardes qui l'avoient accompagné dans fon paffage ; ce fut le lieu
choifi par les meurtriers pour l'exécution
de leur affreux régicide.

Le roi quelques jours avant le terme
fixé , reçut divers avis qui commencerent à
lui donner de l'inquiétude. Il fut pleinement
éclairci par un des conjurés , qui s'étoit
laiffé entraîner par foibleffe dans ce complot , & qui vraifemblablement conçut de
l'horreur pour un fi grand crime : la veille
du jour fixé pour l'exécution , il fe rendit à
Whitehall , dans le palais du lord Portland ,
à qui il ne dit que ces mots effrayans :
— « mylord , faites enforte que le roi
» n'aille pas demain à la chaffe , il y feroit
» affaffiné ». — Le lord allarmé courut auffi-
tôt à Kenfington , Guillaume l'écouta fans
frayeur , & ce ne fut même qu'à force de
prieres qu'on obtint de lui qu'il n'iroit pas
le lendemain à la chaffe.

Cependant les conjurés inquiets de la désertion de quelques-uns de leurs complices, remirent l'exécution de leur deffein jufqu'au retour d'un des chefs de l'entreprife, qu'ils avoient envoyé pour prendre des informations. Il fe fit peu attendre, & vint annoncer à fes compagnons, que le roi au lieu de venir à la chaffe felon fa coutume ordinaire, fe contentoit d'envoyer des gardes pour vifiter exactement les lieux, & que, felon toutes les apparences, le complot étoit découvert. Cette nouvelle les jetta dans une fi grande frayeur, qu'au lieu de fe fauver, s'amufant à délibérer, les principaux chefs furent arrêtés par des gens inftruits qu'on avoit envoyé dans ce deffein : le confeil apporta toute la prudence néceffaire dans l'inftruction de leur procès ; Fergufon fut condamné au fupplice des criminels de lèfe-majefté ; & fes complices fubirent les mêmes peines.

MISSIONNAIRE

accufé d'avoir manqué de refpect à l'empereur de la Chine.

La moindre négligence dans le refpect qu'on

qu'on doit à l'empereur , passe pour un crime à la Chine. Une des plus graves accusations qui furent intentées contre le pere Adam Schaal , missionnaire , par le mandarin Hyang-Quang-Syen , fut d'avoir omis de placer l'étoile du nord dans le globe qu'il avoit composé ; son accusateur en concluoit qu'il ne vouloit pas reconnoître l'empereur de la Chine.

On doit observer que les Chinois appellent l'étoile du nord *tising* ou *le roi des étoiles* , parce qu'elle est immobile. Ils prétendent que toutes les autres étoiles tournent autour d'elle , comme les sujets de l'empereur tournent autour de lui pour le servir , & que leur monarque est sur la terre ce que cette étoile est au ciel. Les juges furent charmés de cette ridicule accusation, cependant on fut obligé de s'en désister , lorsque le globe ayant été produit on s'apperçut qu'il n'étoit pas encore achevé , & que l'auteur n'y avoit tracé que l'hémisphere du sud ; ainsi on fut contraint de le renvoyer absous.

MŒURS D'ANGLETERRE en 1249.

En 1249 deux marchands du Brabant

vinrent trouver Henri III, roi d'Angleterre, à Winchester, & lui dirent qu'ils avoient été dépouillés de tous leurs effets par de certains voleurs qu'ils connoissoient pour les avoir vus tous les jours à sa cour ; que ces mêmes violences se commettoient dans toute l'Angleterre, & que ces crimes restoient impunis, parce que les chefs de la justice même étoient associés avec les voleurs : qu'à leur égard ils étoient résolus, quoique négocians, de soutenir leurs plaintes les armes à la main, & par la voie du duel, puisque la protection des loix leur manquoit contre cette nouvelle espece de brigandage. Le roi irrité par le tableau des horreurs qu'on offroit à ses yeux, ordonna qu'on nommât des jurés pour instruire une procédure éclatante contre les voleurs ; mais quoique les jurés fussent douze riches citoyens d'Hampshire, ils n'en étoient pas moins d'intelligence avec les coupables, & ne manquerent pas de les absoudre.

Henri furieux d'une telle prévarication, fit mettre les jurés en prison, les menaça des châtimens les plus séveres, & ordonna qu'on en nommât d'autres : ceux-ci craignant le sort de leurs confreres, firent enfin leur rapport contre les criminels. On découvrit que plusieurs des principaux officiers de la maison du prince étoient complices de ce brigandage ; ils alléguerent pour leur excuse, que ne recevant aucuns gages de sa majesté, il falloit qu'ils volaffent pour se soutenir.

« Les chevaliers & les écuyers, (porte le » dictum de Kenelworlh) qui étoient vo- » leurs , furent condamnés à donner la » moitié de leurs biens mobiliers s'ils n'a- » voient point de terre , & à fournir une » caution fuffifante pour garantir qu'ils ne » retomberoient plus dans ces excès ».

M O G A I R A H *accufé d'adultere.*

Mogairah , gouverneur de Bafforah , ayant été accufé d'adultere par quatre témoins , Omar Ier , qui régnoit alors, les fit venir devant lui ; trois dépoferent qu'ils avoient vu commettre le crime par une des fenêtres de la chambre ; le 4e, homme grave & de quelqu'autorité , dit feulement qu'il avoit vu quelques circonftances qui pouvoient fervir d'indice; mais Omar le preffant, lui demanda s'il avoit vu...... Ce témoin qui entendit ce qu'Omar vouloit dire , répondit qu'il ne l'avoit pas vu : — alors Omar renvoya Mogairah abſous , & condamna ſes accuſateurs à la peine des faux témoins.

MOINE ſéditieux,

condamné à être pendu.

Savonarole , Dominicain , avoit acquis dans Florence , par l'auſtérité de ſes mœurs , par ſes déclamations contre les déſordres du clergé & de la cour de Rome , autant d'autorité que s'il en eût été le ſouverain. Non-ſeulement on déféroit à ſes avis dans les aſſemblées publiques , il étoit encore choiſi pour arbitre des affaires domeſtiques , & jugeoit les querelles entre les maris & les femmes , ſans qu'on osât ſe plaindre de ſes jugemens.

Ayant été nommé ambaſſadeur de la république à la cour de France , pour lui demander la reſtitution de Piſe à l'état de Florence , il s'acquitta de cette commiſſion avec beaucoup de vigueur , & menaça le roi de la colere de Dieu s'il ne faiſoit pas cette reſtitution. Ce moine prétendoit avoir des révélations céleſtes , & parvint à le perſuader à beaucoup de gens.

Il se servoit de son crédit & de son autorité pour satisfaire ses passions, & sur-tout son ambition. Il y avoit plusieurs factions à Florence, les unes vouloient soutenir la maison de Médicis, ou tout au moins l'aristocratie ; les autres vou-loient détruire cette maison & établir le gouvernement populaire ; il se rendit chef de parti dans ces divisions, & fut le premier mobile de la faction démocratique. On auroit pu le punir comme un brouillon qui fomentoit les troubles de l'état ; cependant il ne fut condamné que comme hérétique & imposteur : ses déclamations contre le pape, ses emportemens contre le clergé causerent sa ruine ; mais ce qui l'accéléra sur-tout, fut qu'il consentît que ses opinions fussent soumises à l'épreuve du feu.

Guichardin dit que Savonarole par ses menées & ses intrigues, avoit sçu gagner une telle autorité dans Florence, qu'il y passoit pour un prophete parmi le plus grand nombre ; le pape & le clergé contre lesquels il se déchaînoit avec une animosité singuliere, n'oublierent rien pour le perdre. Les brefs réitérés du pape obligerent enfin les magistrats à commander à ce moine de cesser ses prédications ; mais la division n'étant pas moindre entre les religieux qu'entre les laïques, ses partisans se répandirent en diverses églises : tandis que les Cordeliers s'échauffoient à prêcher contre lui dans les places publiques & dans les églises que leurs adversaires avoient laissé vacantes ; ils en vinrent au point qu'un des freres partisans de Savonarole & un des freres mineurs convinrent de passer par le feu en présence de tout le peuple, afin que celui de Savonarole se sauvant ou se brûlant, un chacun demeurât certain si ce moine étoit un prophete ou un imposteur.

Les magistrats de Florence ayant bien examiné tous ces cartels & les mouvemens qu'ils causoient dans la ville, ordonnerent qu'on procéderoit à l'exécution des ordres le samedi 7 avril 1498. Le frere mineur accompagné d'un de ses confreres, se rendit au lieu désigné avant l'heure marquée ; Dominique de Pescia, champion de Savonarole, vint peu après en procession avec la croix & une multitude de peuple. Le frere mineur déclara d'abord aux magistrats qu'il ne doutoit point d'être brûlé, & les pria de ne point juger l'affaire en faveur de Savonarole, à moins que le Dominicain ne sortît du feu sans aucun mal ; on le lui promit. Le Dominicain chercha d'abord beaucoup de subterfuges ; il voulut entrer dans le feu avec son habit, ce qui lui fut accordé à la sollicitation du Cordelier ; ensuite il déclara qu'il ne s'exposeroit à l'épreuve qu'en tenant une hostie à la main. Les magistrats lui refuserent cette demande, & l'assemblée se sépara ; mais le peuple dont la fureur égala bientôt son aveuglement, courut enfoncer le lendemain le couvent des Dominicains, & en tira Savonarole pour le conduire en prison. Ses confreres avoient fait provision d'armes à feu ; cinq personnes furent tuées dans cette émeute, entr'autre le frere de Savonarole. Ce dernier, livré à la justice, fut appliqué à la question, & avoua bientôt toutes ses impostures. Il fut condamné à être pendu & brûlé avec deux autres Jacobins.

MONALDESCHI, (le marquis de)

condamné à mort par Christine, reine de Suéde, & tué dans la galerie aux cerfs de Fontainebleau.

Les historiens ont parlé diversement de

la mort du marquis de Monaldeſchi, grand
écuyer de la célébre Chriſtine, reine de
Suede. Les uns ont prétendu qu'une intrigue
d'amour avoit été la cauſe de l'aſſaſſinat
honteux dont cette princeſſe a ſouillé ſa
mémoire ; d'autres ont cru que Monaldeſchi
avoit trahi ſa confiance, & qu'elle ne s'étoit
déterminée à le faire périr, que ſur les plus
fortes preuves de trahiſon. Quoi qu'il en ſoit
de ces conjectures, les circonſtances qui ont
accompagné la mort de cet infortuné ne
peuvent manquer d'intéreſſer ; nous les pui-
ſerons dans une relation écrite par le pere
Lebel , ſupérieur du couvent de la Sainte
Trinité de Fontainebleau , qui fut chargé
par la reine de Suede de préparer Monaldeſchi à la mort : on verra aiſément que ce
religieux ſe piquoit moins d'éloquence que
de ſincérité.

« Le 6 novembre 1657, à 9 heures un
» quart du matin (c'eſt le pere Lebel qui
» parle) la reine de Suede étant à Fontaine-
» bleau , m'envoya chercher par un de ſes
» valets de pied ; il me dit qu'il avoit ordre
» de ſa majeſté de me mener parler à elle
» en cas que je fuſſe le ſupérieur du cou-
» vent : je répondis que je l'étois, & que

» je m'en allois avec lui pour sçavoir la
» volonté de sa majesté Suédoise...... Je
» trouvai la reine seule, & après lui avoir
» rendu mes respects & mes soumissions, je
» m'informai de ce qu'elle désiroit de son
» très-humble serviteur. — Elle me répon-
» dit que pour parler avec plus de liberté
» j'eusse à la suivre, & étant entrée dans la
» galerie des cerfs, elle me demanda si elle
» ne m'avoit jamais parlé; — je lui répon-
» dis que dans une autre occasion j'avois eu
» l'honneur de l'assurer de mon respect,
» dont elle avoit eu la bonté de me remer-
» cier. Ensuite cette reine me dit, que je
» portois un habit qui l'engageoit à se fier
» à moi, & me fit promettre, sous le sceau
» de la confession, de garder le secret qu'elle
» m'alloit confier...... Après avoir reçu mes
» assurances de fidélité à ses ordres, elle me
» chargea d'un paquet de papiers cacheté
» en trois endroits sans aucune suscription,
» & me commanda de le lui rendre en pré-
» sence de qui elle me le demanderoit, ce
» que je lui promis. Elle me recommanda
» ensuite de bien observer le temps, le
» jour, l'heure & le lieu où elle me donnoit
» ce paquet, ensuite je me retirai sans autre
» entretien.

» Le samedi 10ᵉ jour du même mois de
» novembre , à une heure après midi , la
» reine de Suede m'envoya chercher par un
» de ses valets de chambre , qui me conduisit
» dans la galerie aux cerfs. A peine fumes-
» nous entrés qu'il ferma la porte , & avec
» tant d'empressement que j'en fus un peu
» étonné : la reine parloit alors à un homme
» que j'ai sçu depuis être le *marquis de Monal-*
» *deschi ;* après m'être approché de la reine ,
» elle me demanda d'un ton de voix assez
» haut , & en présence du marquis , les
» papiers qu'elle m'avoit confiés ; je les
» lui présentai. Après avoir examiné quel-
» que temps le paquet , sa majesté l'ouvrit ,
» fit lire les papiers au marquis , en lui de-
» mandant d'une voix grave & avec un
» port assuré s'il les connoissoit bien ; le
» marquis les dénia , mais en pâlissant : elle
» lui dit , *ne voulez-vous pas reconnoître ces*
» *lettres & ces écrits ?* (ils n'étoient que des
» copies transcrites par elle-même) ; après
» l'avoir laissé réfléchir quelques instans ,
» sa majesté voyant qu'il ne songeoit point
» à lui répondre , tira les originaux , & les
» lui montrant l'appella traître & perfide ,
» & lui fit avouer son écriture & son seing.

» Elle l'interrogea plusieurs fois, à quoi le
» marquis s'excusant, répondoit du mieux
» qu'il pouvoit, rejettant la faute sur di-
» verses personnes ; enfin il se jetta aux
» pieds de la reine, lui demandant pardon,
» & la suppliant de vouloir l'entendre. Sa
» majesté l'écouta avec patience & sans
» aucun signe de colere, & se tournant vers
» moi, me dit : —*Voyez & soyez témoin, mon*
» *pere, que je donne à ce traître & à ce perfide*
» *tout le temps qu'il veut, & plus qu'il n'en*
» *sçauroit désirer d'une personne offensée, pour*
» *se justifier s'il peut.*

» Pressé par la reine, le marquis lui
» remit enfin quelques papiers, deux ou
» trois petites clefs liées ensemble qu'il tira
» de sa poche, après quoi sa majesté me dit
» d'une voix haute, mais grave & modérée :
» — *mon pere, je me retire & vous laisse cet*
» *homme..... disposez-le à la mort, & ayez soin*
» *de son ame.*

» Quand cet arrêt auroit été prononcé
» contre moi, je n'aurois pas eu plus de
» frayeur. Le marquis se jetta à ses pieds,
» & moi-même avec lui, en lui demandant
» pardon. — Elle me répondit qu'elle ne
» pouvoit lui pardonner, que ce traître

» étoit plus coupable & plus criminel que
» ceux qui font condamnés à la roue ; qu'il
» fçavoit bien qu'elle lui avoit communiqué,
» comme à un fidèle fujet, fes affaires les
» plus importantes & fes penfées les plus
» fecrettes, outre qu'elle ne vouloit lui
» reprocher tous les biens qu'elle lui avoit
» faits, & qui excédoient ceux qu'elle eût
» pu faire à un frere, l'ayant toujours re-
» gardé comme tel, & que fa confcience
» feule devoit lui fervir de bourreau. Sa
» majefté fe retira après ce difcours, & me
» laiffa avec trois perfonnes ayant leurs
» épées nues ; dans le deffein d'achever
» cette exécution, ils le preffoient l'épée
» dans les reins, fans pourtant le toucher,
» & moi je le conjurois, les larmes aux
» yeux, de demander pardon à Dieu. A
» ces paroles, comme hors de lui, le mar-
» quis fe jetta à mes pieds, en me conjurant
» de retourner vers la reine pour implorer
» fa clémence, ce que je fis. Ayant trouvé
» la reine feule dans fa chambre, avec un
» vifage ferein & fans aucune émotion, je
» m'approchai d'elle, & me laiffant tomber
» à fes pieds, que j'arrofois de larmes, je la
» fuppliai de faire miféricorde au malheureux

» marquis. La reine me témoigna être fâ-
» chée de ne pouvoir m'accorder ma de-
» mande, & me dit, qu'on en avoit envoyé
» sur la roue plusieurs qui ne le méritoient
» pas autant que ce malheureux par ses
» cruelles perfidies. Voyant que mes prieres
» ne pouvoient la fléchir, je pris la liberté
» de lui repréfenter qu'elle étoit dans la
» maifon du roi de France, & qu'elle prît
» bien garde à ce qu'elle alloit faire exé-
» cuter, & si le roi le trouveroit bon ; sur
» quoi elle me fit réponfe qu'elle n'en vou-
» loit point à la perfonne du marquis, mais
» à fa trahifon ; que le roi de France ne la
» logeoit point d'ailleurs comme une cap-
» tive réfugiée, qu'elle étoit maîtreffe de
» fes volontés pour faire juftice à fes do-
» meftiques en tous lieux & en tous temps,
» qu'elle ne devoit compte de fes actions
» qu'à Dieu feul ; qu'au refte ce qu'elle fai-
» foit n'étoit point fans exemple...... à quoi
» je repartis qu'il y avoit quelque différence ;
» que fi quelques rois avoient fait des
» chofes femblables, ç'avoit été chez eux
» & non ailleurs....... que je la fupplio:s par
» la paffion que j'avois pour fa gloire, de
» prendre garde que cette action, quoique

» de justice à son égard , ne passât néan-
» moins dans l'esprit des hommes pour
» violente & précipitée....... qu'en remet-
» tant ce pauvre marquis à la justice du roi,
» & en lui faisant faire son procès dans les
» formes elle en auroit toute la satisfaction,
» & le titre admirable de juste.

» *Quoi , mon pere , me répliqua cette*
» *reine, moi en qui doit résider la justice ab-*
» *solue & souveraine sur mes sujets , me voir*
» *réduite à solliciter contre un domestique re-*
» *connu traître par des preuves en ma puis-*
» *sance , écrites de sa propre main !* ..... Il est
» vrai , madame, lui dis-je , mais votre
» majesté est partie intéressée : — alors
» m'interrompant, elle me dit : — *Non,*
» *non, mon pere , je le ferai sçavoir au roi,*
» *retournez & ayez soin de son ame , je ne puis*
» *accorder ce que vous me demandez.*

» Ainsi elle me renvoya ; mais je connus
» à son changement de voix & à ses der-
» nieres paroles, que si elle eût pu différer
» l'action & changer de lieu elle l'eût fait
» indubitablement...... Pour moi , dans
» cette extrémité , je ne sçavois à quoi me
» résoudre ; je ne pouvois sortir , & quand
» je l'aurois pu , je me voyois engagé par

» un devoir de charité & de confcience à
» préparer ce pauvre malheureux à bien
» mourir.

» Je rentrai donc dans la galerie, & em-
» braffant ce pauvre infortuné qui fe bai-
» gnoit en fes larmes, je l'exhortai dans
» les termes les plus touchans qu'il plût à
» Dieu de m'infpirer de fonger à fa conf-
» cience : à cette trifte nouvelle il fe jetta
» à genoux, & cria trois ou quatre fois,
» *mon Dieu..... mon Dieu......* S'étant mis
» enfuite à mes pieds, il commença à fe
» confeffer, tantôt en françois, tantôt en
» latin & en italien, felon que le trouble
» lui permettoit de s'expliquer. L'aumônier
» de la reine étant arrivé comme je l'inter-
» rogeois, fa vue lui donna quelque efpé-
» rance ; l'aumônier après lui avoir parlé
» quelque temps, emmena le chef de ceux
» à qui on avoit confié cette exécution, &
» retourna vers la reine, d'où il ne revint
» pas ; fon compagnon dit au marquis : —
» *demande pardon à Dieu, car fans plus*
» *tarder il faut mourir ; es-tu confeffé?* & finif-
» fant ces paroles le preffa contre la mu-
» raille. N'ayant pu détourner mes yeux
» affez vite, je vis qu'il lui porta un coup

» dans l'eſtomac du côté droit, & le mar-
» quis voulant le parer, prit l'épée de la
» main droite, dont l'autre en la tirant lui
» coupa trois doigts, & l'épée demeura
» fauſſée. Cet homme dit à l'autre que le
» marquis étoit armé deſſous, en effet il
» avoit une cotte de maille qui peſoit 9
» à 10 livres, & à l'inſtant il redoubla
» de coups dans le viſage, après quoi
» le marquis me cria : — *mon pere ! mon*
» *pere !* — je m'approchai un peu de lui, &
» alors les autres ſe retirerent à quartier,
» & un genou à terre il demanda pardon
» à Dieu, & me dit encore quelque choſe;
» je lui donnai l'abſolution, avec la pé-
» nitence de ſouffrir patiemment la mort,
» pardonnant à ceux qui le faiſoient mourir,
» il tomba après ſur le carreau, & en tom-
» bant on lui donna ſur le haut de la tête
» un coup qui lui emporta le crâne, &
» étant étendu ſur le ventre il faiſoit ſigne
» & marquoit qu'on lui coupât le cou.

» Le même lui donna deux ou trois
» coups ſur le col, mais ſans lui faire grand
» mal, parce que la cotte de maille qui
» étoit montée avec le col du pour-
» point, para & empêcha l'effet des coups.

» Cependant

» Cependant je l'exhortois de se souvenir de
» Dieu, d'endurer avec patience la mort &
» autres choses semblables. En ce moment-là
» le chef me vint demander s'il ne le feroit
» pas achever ; je le rembarrai rudement,
» & lui dis que je n'avois pas de conseil à
» lui donner là-dessus, que je demandois sa
» vie & non pas sa mort ; sur quoi il me
» demanda pardon, avouant le tort qu'il
» avoit eu de me faire une pareille ques-
» tion. Sur ce discours, le pauvre marquis
» qui n'attendoit plus qu'un dernier coup,
» entendit ouvrir la porte de la galerie ;
» reprenant courage il se retourna, & s'ap-
» puyant contre le lambris, se traîna du
» mieux qu'il put jusqu'à l'aumônier qui
» entroit, & demanda à lui parler. Il sçut
» de lui qu'il n'y avoit plus d'espérance &
» qu'il ne devoit plus songer qu'à sauver son
» ame ; après m'en avoir demandé permis-
» sion, l'aumônier lui donna l'absolution &
» se retira. En ce moment celui qui avoit
» déjà frappé sur le col dudit marquis, lui
» perça la gorge avec une épée assez longue
» & étroite, duquel coup le marquis tomba
» sur le côté droit & ne parla plus, mais
» demeura plus d'un quart-d'heure à respirer ;

» enfin ayant perdu tout fon fang, il finit fa
» vie à 3 heures après midi. Je lui dis quel-
» ques prieres , & après le chef des trois
» lui remua un bras & une jambe , débou-
» tonna fon haut de chauffe & fon caleçon,
» fouilla dans fon gouffet & ne trouva rien,
» finon un petit couteau & un petit livret
» d'heures de la Vierge. Ils s'en allerent tous
» trois , & moi après , pour recevoir les
» ordres de fa majefté.

» Cette reine affurée de la mort dudit
» marquis , témoigna du regret d'avoir été
» obligée de faire faire cette exécution,
» priant Dieu de lui pardonner fon crime
» & fa trahifon. Elle me commanda d'avoir
» foin de le faire enlever de là & de l'en-
» terrer, & me dit qu'elle vouloit faire dire
» plufieurs meffes pour fon ame. Je fis faire
» une bierre & le fis mettre dans un tom-
» bereau , & le fis conduire à la paroiffe où
» il fut enterré dans l'églife près du bénitier,
» fur les 5 heures trois quarts du foir.

» Le lundi 12ᵉ jour de novembre , la reine
» envoya 100 livres par deux de fes valets
» de chambre au couvent , pour prier pour
» le repos de fon ame ».

Quelques foins qu'ayent apporté les hif-

toriens pour découvrir les véritables motifs
qui forcerent Christine à cette action cruelle,
ils n'ont pu jusqu'à présent former que des
conjectures vagues.

MONTGOMMERY. (le comte de)

Son supplice.

Gabriel de Lorges , comte de Montgommery , capitaine de la garde Ecossoise de
Henri II , étoit d'une adresse extrême dans
tous les exercices du corps ; tout le monde
connoît le funeste événement dont il fut
la cause innocente. Obligé par le commandement réitéré de son maître de joûter
contre lui dans un tournois , après avoir
rompu sa lance , il négligea de jetter , selon
la coutume , le tronçon qui lui restoit à la
main , & rencontrant dans sa course la tête
du roi , il lui en porta un coup si rude dans
l'œil droit que le monarque tomba sans parole & sans connoissance. Henri II mourut
onze jours après cet accident ; avant de mourir , ce prince ordonna de ne point inquiéter
de Lorges ; cependant le comte crut devoir
se retirer en Angleterre , où il s'engagea
dans le Calvinisme.

« C'étoit, dit Brantôme, le plus non-
» chalant en sa charge, & aussi peu soucieux
» qu'il étoit possible, car il aimoit fort ses
» aises & le jeu ; mais lorsqu'il avoit une
» fois le cul en selle, c'étoit le plus vaillant
» & le plus soigneux capitaine qu'on eût sçu
» voir ».

Il n'en donna que trop de preuves, sur-
tout lorsqu'après son expédition de Normandie il passa la Garonne, surprit Tarbes,
& entra dans le Béarn. Ce fut à - peu-
près dans ce temps que le parlement de
Paris le condamna à avoir la tête tranchée, ce qui fut exécuté en effigie dans
la place de Greve ; ce jugement le rendit
plus cruel envers les catholiques ; mais ces
derniers se proposoient de lui faire éprouver leur vengeance à la saint Barthélemi,
s'il eût eu le malheur de tomber entre leurs
mains. Mongommery étoit pour lors à
Paris, mais comme il logeoit dans le faux-
bourg S. Germain, il fut averti & prit la
fuite avec ses amis.

Il se réfugia en Normandie, d'où il passa
en Angleterre pour solliciter du secours
pour la Rochelle, que le duc d'Anjou assié-
geoit. Lorsque les Calvinistes reprirent de

nouveau les armes au commencement de 1574, Mongommery se joignit encore à ceux de Normandie ; il prit Carentan, Valognes, & mit tout le pays à contribution. Le seigneur de Matignon, depuis maréchal de France, l'investit dans Saint-Lo & le poursuivit à Domfront, où il lui persuada de se rendre, sur la parole qu'il lui donna de le tenir en qualité de prisonnier de guerre. Un de ses fils arrêté avec lui trouva moyen de se sauver ; le pere ne fut pas si heureux, car il fut à peine livré à Catherine de Médicis, qu'elle ordonna au parlement d'instruire son procès.

On n'eut aucun égard aux édits de pacification, & on le regarda comme un rebelle qui méritoit le dernier supplice. Il fut donc condamné à être traîné dans un tombereau à la Greve, à avoir la tête tranchée, & sa postérité fut dégradée de noblesse, ainsi que ses freres & neuf de ses fils. Il marcha au supplice avec confiance & sans proférer une seule plainte, quoiqu'il eût été brisé par la question qu'on lui avoit donnée de la maniere la plus cruelle.

M O N O M O T A P A.

(Adminiftration de la juftice dans l'empire de)

Tous les procès & les différens peuvent être portés devant le roi de Monomotapa. Il n'y a point de prifons dans ce royaume ; les affaires s'y décident fur le champ , après avoir entendu les parties & les dépofitions des témoins, la punition fuit immédiatement le crime : fi le crime exige un examen plus confidérable , & qu'on craigne que l'accufé ne prenne la fuite , on le fait attacher à un arbre & garder jufqu'à ce qu'il foit abfous ou condamné ; s'il fe trouve coupable , la fentence s'exécute en plein champ : le fup-plice le plus commun confifte à être frappé avec une corde où il y a des nœuds , plus ou moins rudement , fuivant la nature du crime & la volonté du prince ; cette peine n'eft pas infamante.

Lorfque les témoins ne font pas d'accord , l'un d'eux eft obligé de mâcher un morceau de l'écorce d'un certain arbre jufqu'à ce qu'elle foit en poudre ; on jette alors cette poudre dans un vafe rempli d'eau, & on la fait avaler à l'autre : s'il la garde, il eft abfous ;

s'il la vomit, il eſt condamné; l'autre a ce-pendant dans le premier cas un moyen de ſe juſtifier, c'eſt de boire de la même eau, s'il ne la vomit pas, l'affaire reſte indéciſe, & (pour nous ſervir des termes uſités parmi nous) les parties ſont miſes hors de cour.

MONTAIGU,

condamné à mort.

Montaigu, grand-maître de la maiſon du roi ſous le regne de Charles VI, eſt une des plus célébres victimes que le duc de Bour-gogne ait immolées à ſa haine. Le grand-maître avoit le caractere altier & impé-rieux; le duc de Bourgogne, implacable dans ſa vengeance, étoit l'ennemi de Mon-taigu: ce dernier joignoit à la qualité de grand-maître celle de ſurintendant des finances; il étoit allié aux maiſons les plus diſtinguées de la nation, & enfin il étoit aimé du roi & de la reine. Tant de faveurs accumulées ſur ſa tête, lui firent imaginer que rien ne pouvoit arrêter le cours de ſes proſpérités.

Cependant le duc de Bourgogne n'atten-doit qu'une occaſion favorable pour ſacrifier

Montaigu à sa vengeance ; en ayant trouvé une il la saisit avec empressement, & donna ordre à Des-Essarts, prévôt de Paris, qui étoit une de ses créatures, d'arrêter le grand-maître, ce qu'il exécuta dans la rue saint Victor. — « je mets la main à vous de » par l'autorité royale, lui dit le prévôt en » l'abordant, — Ribaud, reprit Montaigu, » comment est tu si hardi de moi attoucher ». — Ces mots qui peu de jours auparavant auroient fait trembler, furent regardés comme une bravade dans la bouche d'un proscrit ; les archers se jetterent à l'instant sur lui, le chargerent de fers & le traînerent en prison. Des-essarts accompagné de commissaires dévoués comme lui au duc de Bourgogne, fit appliquer le grand-maître à la question. On l'accusoit entr'autres crimes d'avoir participé aux enchantemens & aux sortiléges employés contre la personne du roi.

Le roi & la reine, malgré leur amitié pour Montaigu, n'oserent s'opposer aux poursuites du duc de Bourgogne ; ils se bornerent à lui faire quelques représentations qui ne servirent qu'à avancer la perte de leur favori. L'évêque de Paris, frere du furintendant, fe jetta aux pieds du duc pour le fléchir, mais ce fut en vain ; Montaigu demanda d'être renvoyé au parlement, & réclama les priviléges de la cléricature, « étant (difoit - il) tonfuré, n'ayant été » marié qu'une fois...... & n'ayant été arrêté » dans un habit difforme à clerc..... » mais le duc fut fourd à fes plaintes, & le fit condamner au dernier fupplice : en marchant à la mort il perfifta toujours à défavouer les enchantemens & fortiléges dont on le chargeoit, & ne s'avoua coupable que de malverfation. Avant de monter fur l'échafaud il fut dépouillé de fes habits de clerc, & revêtu de la livrée de fa maifon ; il monta ainfi fur l'échafaud où l'exécuteur lui trancha la tête ; fon corps fut expofé à Monfaucon jufques en 1411, que les religieux de Marcoufly obtinrent la permiffion de l'enterrer dans leur églife dont il étoit le fondateur.

Montaigu étoit fans doute coupable, mais c'étoit de malverfation & d'abus de confiance & non de magie. La haine perfonnelle du duc de Bourgogne diminua la haine publique contre le miniftre malheureux, on ne vit dans ce dernier qu'une victime de la violence ; le duc de Bourgogne auroit évité ce reproche s'il eût fait obferver les formalités ordinaires dans la condamnation de Montaigu, & il l'auroit (difent les hiftoriens) facilement convaincu d'une maniere légale « d'avoir volé le roi, qui manquoit du né- » ceffaire, & qui étoit fouvent forcé d'en- » gager fes bijoux ou fa vaiffelle, qui fe » trouverent tous recélés dans la belle mai- » fon que le furintendant avoit fait bâtir à » Marcouffy ».

Cependant en 1412 Charles VI réhabilita la mémoire de fon grand-maître, qu'il n'avoit pu fouftraire à la haine du duc de Bourgogne ; & le fils de Montaigu fut rétabli dans la charge de chambellan.

MONTMORENCY, (François de) fieur de Bouteville, & le comte DES CHAPELLES.

Leur procès & leur fupplice.

Le cardinal de Richelieu ayant repréfenté à Louis XIII les fuites funeftes qui réfultoient chaque jour des duels, détermina ce monarque à faire enregiftrer au parlement un édit qui prononçoit la peine de mort contre les duellistes. Les premieres victimes de cette loi si sage & si utile, furent Montmorency, comte de Bouteville, & le comte des Chapelles. Ces deux seigneurs s'étoient souvent signalés dans des combats particuliers & le gouvernement avoit toujours fermé les yeux sur leur conduite : lorsque la loi dont nous venons de parler fut publiée, un combat récent les avoit forcés de prendre la fuite & de se retirer en Flandres. L'archiduchesse s'étoit chargée d'obtenir leur grace, & avoit écrit au roi en leur faveur. Le monarque répondit « que tout ce qu'il pouvoit faire étoit de » ne point ordonner des recherches exactes » si Bouteville rentroit dans le royaume; » mais qu'il se donnât de garde de paroître » à la cour ou dans Paris ».

Ce refus qui auroit dû inspirer les plus justes craintes au comte de Bouteville, le détermina (dit-on) à revenir dans la capitale. On prétend même que lorsqu'on lui annonça le refus de son maître, il dit « —je » me batterai en bref à Paris, & dans la » place royale, puisqu'on me refuse une » abolition ».

Il partit auſſi-tôt de la Flandre avec le comte des Chapelles pour ſe rendre à Paris, où il arriva le 10 mai 1627. Dès le lendemain le comte de Bouteville fit avertir Beuvron, qu'il cherchoit depuis longtemps, pour vuider l'épée à la main une ancienne querelle; ils ſe donnerent un rendez-vous & fixerent le lieu du combat. Beuvron après avoir quitté Bouteville, alla chez Buſſy d'Amboiſe, ſon beau-fils : ce dernier étoit tourmenté depuis dix ou douze jours d'une fiévre violente, mais il voulut accompagner Beuvron, & dit : « — quand j'aurois » la mort entre les dents, je veux être de » cette partie ».

Trois combattans de chaque côté ſe rendirent à deux heures après-midi à la place royale; Bouteville, ſon écuyer & le comte des Chapelles; Beuvron, ſon écuyer & Buſſy. Après les aſſauts les plus vigoureux, Buſſy tomba aux pieds de des Chapelles ſans connoiſſance, & mourut de ſa bleſſure quelques heures après, ſans avoir proféré une ſeule parole. Beuvron & ſon écuyer ſe ſauverent en Angleterre; Bouteville & des Chapelles prirent auſſi-tôt la poſte pour ſe réfugier en Lorraine; mais le roi qui étoit

alors à Paris, ayant été instruit de ce combat, ordonna aussi-tôt au grand prévôt de
France & de son hôtel de poursuivre Bouteville & des Chapelles : on les trouva à
Vitry-le-brûlé couchés dans le même lit :
« Levez-vous, Messieurs, leur dit le grand
» prévôt, après s'être saisi de leurs épées,
» j'ai commandement de vous arrêter : —
» Vous vous trompez, reprit des Chapelles,
» regardez ce que vous faites, nous sommes
» gens de qualité qui passons notre chemin.
» — Il ne faut pas tant faire le doucet, dit
» Bouteville à son ami, nous en serons
» quitte pour le cou : allons, allons.

Ils arriverent à Paris le dernier jour du
mois de mai à deux heures du matin, &
furent renfermés à la Bastille. Le roi donna
ordre sur le champ au parlement de commencer le procès de Bouteville & de des
Chapelles, & d'en continuer l'instruction,
toutes affaires cessantes.

Bouteville ayant été interrogé, avoua
son crime ; mais des Chapelles dit, *qu'il ne*
sçavoit où étoit la place royale, ni le marquis
de Bussy.

Le lendemain madame de Bouteville
ayant attendu le roi au sortir de la chapelle,

ſe jetta à ſes pieds , & lui demanda la grace de ſon fils. Le roi paſſa ſans s'arrêter , & dit ſeulement : « cette femme me fait pitié , » mais je dois & je veux conſerver mon » autorité ».

Ce diſcours plein de fermeté fut un préſage finiſtre pour la famille & pour les amis des priſonniers. L'évêque de Nantes qu'on leur envoya pour leur inſpirer des ſentimens de religion , annonça d'une maniere non équivoque que le roi étoit décidé à faire un grand exemple. Le prince de Condé , parent de Bouteville , écrivit au roi la lettre ſuivante , qu'on trouve dans le journal de Richelieu.

« S I R E ,

» Je joins ma très-humble priere à celle » de tous les parens de mon couſin de Bou- » teville , pour implorer la pitié de votre » majeſté à lui faire grace. Il a failli par » l'erreur de la coutume de votre royaume, » qui fait conſiſter l'honneur en des actions » périlleuſes ; ç'a été cette opinion de gloire » & non un deſſein particulier de vous déſo- » béir qui l'a porté à cette licence. Que ſi » pour maintenir la loi que votre majeſté a

» faite, & pour la nécessité de l'exemple,
» il importe qu'elle ordonne des peines à ce
» coupable, faites, s'il vous plaît, fire,
» qu'elles n'aillent pas à la ruine de fon être
» & à la honte de fon nom ; votre bonté &
» votre justice peuvent trouver leur com-
» mune satisfaction à la perte de fa liberté,
» fans celle de fa vie, & une prison perpé-
» tuelle aura assez de rigueur pour affager fon
» courage & celui des autres. Il est possible
» qu'un jour cette même valeur qui déplaît
» à votre majesté, réparera généreusement
» fa faute pour le service de l'état, & fi
» votre majesté le réserve à cet usage, elle
» mettra dans tous les cœurs qui participent
» à fon fang & à fa disgrace une éternelle
» reconnoiffance, &c ».

A cette lettre le duc de Montmorency
qui depuis éprouva le fort qui étoit destiné
au comte de Bouteville, en joignit une
autre qui étoit conçue en ces termes.

« SIRE,

» Si j'eusse ofé, fans la permission de
» votre majesté, fortir de cette province,
» je me fuffe allé jetter à fes pieds, & lui
» demander grace pour mon cousin de Bou-

» teville, avec autant d'instance, d'humi-
» lité & de respect, que la nature & le sang
» m'obligent à lui donner cette assistance,
» & comme je n'eusse pas cédé cet office à
» personne, j'eusse cru trouver aussi dans
» votre bonté & clémence autant d'accès
» que tout autre pour la rendre encore fa-
» vorable à celui que j'avoue en avoir trop
» souvent abusé. Mais, sire, c'est le malheur
» du siecle, la maladie de ceux de son âge
» & de son humeur, & un malheur parti-
» culier qui l'accompagne & qui le rend
» sans doute plus coupable qu'aucun dessein
» de déplaire à votre majesté, puisqu'il
» porte un nom auquel la fidélité & l'obéis-
» sance sont inséparablement attachées.

» Je crois le pouvoir dire sans mentir, &
» avoir quelque droit de demander à votre
» majesté avec toutes les soumissions, que
» je doive la vie de ce malheureux en récom-
» pense de plusieurs de ses prédécesseurs &
» des miens, qui l'ont si glorieusement per-
» due pour le service des rois & pour le
» bien.de votre couronne, & si ceux que
» j'ai tâché de rendre à votre majesté peu-
» vent mériter quelque considération, je
» lui en ose rappeller le souvenir, pour
» éloigner

» éloigner ceux de fa juftice & approcher
» ceux de fa miféricorde. Sire, cette der-
» niere grace que votre prudence fçaura
» accompagner de toutes les autres peines
» que méritent cette faute, le rendroit plus
» fage, & je me rends volontiers caution
» de fon obéiffance à l'avenir ; & comme il
» a des parties qui peuvent le rendre utile à
» fervir, je crois fermement que la recon-
» noiffance qu'il témoignera par toutes fes
» actions, donnera fujet à votre majefté de
» ne fe repentir d'avoir donné la vie à celui
» qui porte le nom de Montmorency.

Le roi fit la réponfe fuivante au duc de
Montmorency.

« Mon coufin,

» Je m'affure que vous ne douterez point
» que je n'aime & chériffe votre perfonne,
» & ne confidere votre maifon comme celle
» qui entre les plus anciennes & illuftres de
» mon royaume doit avoir acquis près de
» moi une particuliere recommandation
» pour fon rang, pour fon alliance, & pour
» tous les grands fervices que cet état a reçu
» de vos prédéceffeurs, de ceux de votre
» nom, de vous-même. Je veux croire auffi

» que vous ne doutez point que je ne prife
» & faffe eftime des hommes de courage,
» & que leur confervation ne me foit auffi
» chere que toute autre chofe qui foit en
» ma puiffance.

» Ces confidérations vous doivent donc
» faire juger du déplaifir que j'ai eu de la
» faute *de feu de Bouteville*, & combien
» j'aurois defiré pouvoir donner aux prieres
» qui ont été employées en fa faveur, &
» aux vôtres la grace qui m'avoit été de-
» mandée : perfonne ne peut auffi mieux
» fçavoir que vous avec combien de pa-
» tience j'avois toléré & pardonné tant
» d'actions commifes par lui contre les loix
» de cet état ; mais enfin Dieu voulut
» que lui même fe foit mis entre les mains
» de la juftice ; il eft vrai que j'ai été con-
» traint de furmonter mes propres fenti-
» mens , & le defir & inclination que j'avois
» comme j'aurai toujours, d'avoir égard à
» ce qui vous touche ; pour ne point attirer
» le jufte courroux de Dieu fur ma tête,
» voulant fauver celle d'un particulier vio-
» lant les fermens fi exprès que j'ai fait en fa
» préfence fur le fait des duels , & pour ne
» point encourir envers le monde le blâme

» d'être la cause de l'infraction de mes édits
» & du mépris de mon autorité ; & ce qui
» me touche plus à cœur de la perte de la
» noblesse, de qui le sang & la vie ne m'est
» pas moins chere que la mienne propre.

» Aussi je ne puis me représenter sans de
» très-vifs sentimens le nombre de braves
» gentilshommes que le détestable usage des
» duels a ravi à cet état depuis quelques
» années. Combien de nobles & bonnes
» maisons ont été éteintes ! & que l'excès
» en fut arrivé à ce point que les plus grands
» de mon royaume fussent sujets à être
» provoqués au combat sans nulle cause ni
» fondement. Tous ces désordres parve-
» nus à cette extrémité, faute de punition
» m'ont forcé de laisser agir la justice, en
» quoi Dieu sçait combien mon esprit a été
» agité & combattu, & si mon déplaisir
» aura été moindre que celui que vous
» aurez pu sentir de l'issue de ce procès, ce
» que j'ai bien voulu vous faire entendre
» par le sieur de la Saludie, que j'envoye
» exprès vers vous pour ce sujet, pour
» vous témoigner la considération dont,
» comme je suis assuré, vous continuerez à
» vous rendre digne par vos bonnes actions ;

» auffi devez vous croire que vous me
» trouverez toujours bien difpofé de vous
» en rendre preuve en toutes les occafions
» qui s'en pourront préfenter, ainfi que j'ai
» commandé audit fieur Saludie de vous
» faire entendre plus particulierement en
» mon nom, auquel vous donnerez croyance
» comme à moi-même. Sur ce je prie Dieu,
» mon coufin, vous avoir en fa fainte &
» digne garde ». Le 25 juin 1627.

On voit que Louis XIII ne fit cette réponfe qu'après le jugement & même le fupplice des coupables. Le prélat qui avoit été
choifi pour exhorter les prifonniers, alloit
tous les jours les voir à la Baftille ; comme
il defiroit qu'ils puffent obtenir leur grace,
il leur porta de l'encre & du papier, & leur
confeilla d'écrire au cardinal de Richelieu.
Ils fuivirent ce confeil, & le prélat fe
chargea lui-même de remettre les lettres au
miniftre, qui, après les avoir lues, dit qu'il
n'ofoit & ne pouvoit abfolument parler
pour eux, parce qu'il avoit travaillé lui-
même à l'édit contre les duels.

Le comte de Bouteville profita de la liberté que le prélat lui avoit procurée d'é-
crire, pour faire paffer une lettre à fon

époufe. Il en écrivit également une au roi, dans laquelle il lui demanda fa grace en coupable humilié & repentant ; mais tout fut inutile, rien ne put fléchir le monarque.

Le 21 juin les prifonniers furent conduits au parlement. Le comte de Bouteville entra le premier, & s'étant affis fur la fellette, il falua les juges, & ne répondit que *oui* ou *non* à toutes les queftions qui lui furent faites.

Des Chapelles ayant été enfuite amené, adreffa au parlement un difcours où il paroiffoit méprifer la mort & ne faire attention qu'à la honte de mourir coupable.

« Je détefte, difoit-il en finiffant, je dé-
» tefte avec exécration cette aveugle fureur
» qui me bandant les yeux du jugement,
» m'a précipitamment jetté dans la difgrace
» de fa majefté, plutôt que la malice d'au-
» cune rebelle témérité. A la mienne vo-
» lonté que je puffe perdre mille vies pour
» racheter la liberté qui me conservoit l'in-
» nocence ; mais puifqu'il plaît à la juftice
» divine de tirer à ce coup vengeance de
» mes péchés, je me foumets à tous les
» châtimens, fans plus me foucier que du
» falut de mon ame ».

Z iij

Bouteville & des Chapelles ayant été reconduits dans la prison, conçurent quelqu'espérance en voyant qu'on ne leur prononçoit point leur arrêt. Ils demanderent quelle heure il étoit ; ayant appris qu'il étoit midi, ils parurent très contens, parce qu'on leur avoit dit que si après avoir comparu au parlement on ne venoit pas leur lire leur arrêt, c'étoit un bon signe.

Le comte de Bouteville raconta au nommé Audrenas & aux archers qui le gardoient *comme on l'avoit fait asseoir sur la sellette, qu'il avoit peu parlé à ses juges, & qu'il avoit dit l'exacte vérité sur tout ce qu'on lui avoit demandé.* Après avoir passé le reste du jour dans ces entretiens, & l'heure du souper étant arrivée il *soupa très-bien.* Ensuite il regarda Audrenas qui jouoit au piquet avec un archer, & disoit de temps en temps son avis sur le jeu.

« *Monsieur*, dit Audrenas au comte de » Bouteville, *je ne voudrois pas jouer avec* » *vous, car je crois que vous êtes un des bons* » *joueurs de piquet de France.* — *J'y ai joué* » *autrefois*, répondit le comte, *mais je jouois* » *toujours cent écus en quarts par chaque* » *partie. J'ai joué une fois contre Gallet*

» *700 pistoles en une partie que je perdis* »·
La relation qui contient ces détails, ajoute
que le comte ayant entendu sonner dix
heures, alla se mettre au lit.

De son côté des Chapelles passa le reste
de la journée sans témoigner la moindre
foiblesse. Audrenas étant entré le lendemain
matin pour lui donner le bon jour de la
part de Bouteville, lui demanda comment
il envisageoit la mort qui s'approchoit : » *j'y*
» *suis tout résolu*, répondit-il, *mais mon*
» *cousin qui est jeune, riche, parent des plus*
» *grands seigneurs de France, pourra se fâcher*
» *quand on lui parlera de mourir* ».

La famille du comte de Bouteville se rendit au Louvre pour faire une derniere ten-
tative auprès du roi ; mais ce monarque
pour éviter d'être témoin des larmes de
cette famille illustre, fit dire qu'on ne pouvoit pas le voir. Un guichetier monta sur
les onze heures du matin à la chambre de
Bouteville pour l'avertir de descendre à la
chapelle. « *A la chapelle* ! (s'écria le comte en
» colere)—— *oui monsieur* (dit le guichetier)
» *& si vous vouliez* (ajouta cet homme avide)
» *avoir la bonté de me donner la bague que vous*
» *avez au doigt.......* » Bouteville la lui donna.

Z iv

Cet homme lui demanda enfuite fes gants ;
mais le comte indigné & furieux, les jetta
par la fenêtre.

Des Chapelles fut moins furpris lorfqu'on
vint l'avertir de defcendre à la chapelle.
Après avoir entendu la lecture de leur arrêt,
les exécuteurs s'emparerent d'eux, & après
leur avoir lié les mains, les conduifirent
dans le jubé, où l'évêque de Nantes &
d'autres eccléfiaftiques nommés pour les
exhorter, demeurerent avec eux jufqu'à
cinq heures du foir, qu'ils furent conduits
à la Greve. L'exécuteur, eft-il dit dans la
relation qui nous fert de guide, coupa dans
la charrette les cheveux de Bouteville. Ce
dernier voyant que le bourreau alloit lui
couper la mouftache, Bouteville y porta la
main pour la défendre. « *Mon fils* (lui dit
» alors l'évêque de Nantes) *il ne faut plus*
» *fonger au monde. Quoi ! vous y fongez*
» *encore* » ?

Etant arrivé au pied de l'échafaud, Bouteville y monta le premier, & fe mit à genoux
à côté de l'évêque de Nantes, qui entonna
le falve. Le bourreau demanda à Bouteville
s'il vouloit qu'on lui bandât les yeux : — *cela*
eft inutile, répondit le comte, & s'étant

placé fur le billot il reçut le coup fatal.

Des Chapelles qui étoit dans la charrette pendant qu'on exécutoit Bouteville, & qui avoit le dos tourné à l'échafaud, entendant le bruit du fabre, dit « *mon coufin n'eft plus,* » *prions Dieu pour fon ame* ». —— Après une courte priere il monta lui-même fur l'écha- faud ; voyant le corps de Bouteville, il demanda, *Eft-ce là le corps de mon coufin ?* —— *Oui monfieur,* lui répondit le bourreau. Alors des Chapelles tourna un inftant fes yeux mouillés de larmes vers le ciel, & fe mit fur le billot, où il reçut la mort d'un feul coup comme Bouteville.

Leurs têtes & leurs corps furent auffi-tôt mis dans un carroffe qui les tranfporta à l'hôtel d'Angoulême. On les embauma fur le champ, & ils furent portés à Montmo- rency.

MONTMORENCY. (Henri II duc de)

Son procès & fon fupplice.

On ne peut lire fans verfer des larmes les détails de la mort de Henri II, duc de Mont- morency, amiral & maréchal de France, décapité à Touloufe à l'âge de 37 ans. Les principales circonſtances de l'hiſtoire de ce coupable illuſtre ſont trop connues pour les rappeller ; mais les derniers inſtans de la vie de ce grand homme , ſes diſcours , ſon courage , & ſur-tout le tableau effrayant de ſa mort intéreſſeront dans tous les temps les cœurs ſenſibles.

Le duc de Montmorency qui avoit eu part à la révolte de Gaſton , frere de Louis XIII , fut pris à la bataille de Caſtelnaudari , après avoir reçu 17 bleſſures. Les habitans de Caſtelnaudari ne purent retenir leurs larmes en voyant cet illuſtre coupable étendu ſur une échelle , pâle & défiguré.

Auſſi-tôt que le cardinal de Richelieu fut inſtruit de la priſe du maréchal , il employa tout le crédit qu'il avoit ſur l'eſprit du roi pour l'empêcher de faire grace au duc de Montmorency. Le monarque , dit - on , flottoit entre la clémence & la ſévérité : mais ſon miniſtre parvint à lui inſpirer contre le maréchal la haine qu'il renfermoit depuis longtemps dans ſon cœur.

Tout le monde ſçait que la vie de Gaſton ne fut qu'une ſuite de brouilleries & de raccommodemens avec la cour , & que ſes amis furent toujours abandonnés & ſacrifiés.

Le duc de Montmorency éprouva le fort de tous ceux qui s'étoient attachés à ce prince.

Depuis le moment où le maréchal avoit été arrêté, il foutint le malheur comme la profpérité, en héros. Un jour Lucante fon chirurgien, après l'avoir panfé, lui dit : « *Courage, monfieur, vous n'avez point, par* » *la grace de Dieu, de bleffures dangereufes.* » — *Mon ami*, répondit le maréchal, *vous* » *avez oublié votre métier ; il n'y en a point* » *jufqu'à la moindre qui ne foit mortelle* ».

Malgré les chaleurs exceffives qui aigriffoient fes bleffures, le cardinal le fit tranfporter à Leictoure. Comme il devoit paffer par Touloufe, les capitouls réfolurent de le fauver à quelque prix que ce fût ; mais malheureufement une créature du cardinal ayant eu connoiffance de ce projet, en avertit le maréchal Schomberg, qui ne fit faire au prifonnier aucun féjour à Touloufe. Il trouva dans le chemin une occafion de prendre la fuite, mais fes forces affoiblies ne lui permirent pas d'en profiter. Arrivé à Leictoure il fut enfermé dans le château & confié à la garde du maréchal de Roquelaure. Quelque exactitude qu'on apportât à le garder, la marquife de Caftelnaud trouva le moyen de lui faire remettre par un de ſes gardes des cordes de ſoie avec leſquelles il devoit deſcendre dans un endroit où l'on avoit pratiqué une ouverture. Tout étoit habilement diſpoſé pour le ſuccès de cette entrepriſe ; la marquiſe accompagnée de vingt hommes bien armés, s'étoit rendue le plus près du château qu'il étoit poſſible, afin de favoriſer ſon évaſion ; mais le garde fut découvert ſaiſi des cordes, par le lieutenant de la citadelle, qui le tua ſur le champ.

Peu de temps après, le roi ayant pardonné aux villes révoltées, ſe rendit à Toulouſe ; il n'y fut pas plutôt arrivé que le marquis de Brezé, beau-frere du cardinal, & le ſieur de Launay, lieutenant des gardes du corps, eurent ordre d'aller à Leictoure prendre le duc de Montmorency, pour le conduire à Toulouſe. Pour punir cette ville de l'attachement qu'elle avoit montré pour cet infortuné ſeigneur, le cardinal y fit loger l'armée du roi.

Tous les parens du duc ſollicitoient chaque jour ſa grace. La connétable ſa mere étant malade ne pouvoit agir ; elle chargea de ce ſoin les ducheſſes d'Angoulême & de

Ventadour, qui furent arrêtées à Paris par les ordres du roi, & ne purent faire d'autres démarches que d'écrire à M. le prince, qui étoit à Bourges, pour le prier de venir à leur fecours. La duchefle de Ventadour avoit déjà envoyé Dalmas fon écuyer, au roi, avec des lettres de fa part ; il fut préfenté par le cardinal de la Valette : le roi dit à Dalmas : —— *« je ne doute point qu'elle ne* *» foit touchée de la mauvaife conduite de M. de* *» Montmorency »*.

Dalmas effrayé de cette réponfe, fe jetta aux pieds du roi, implorant au nom de la duchefle de Ventadour la grace du coupable, offrant les enfans de cette duchefle pour gage de la fidélité de fon malheureux frere, retraçant en peu de mots les fervices que les ancêtres du duc & le duc lui-même avoient rendus à l'état : le roi pour toute réponfe dit — *qu'il verroit ce qu'il auroit à* *faire lorfqu'il feroit à Touloufe*. Il infifta vainement fur la permiffion de lui remettre de la part de cette fœur infortunée une lettre ouverte ; le roi refufa de la lire, & lui défendit, fous peine de la vie, d'aller à Leiftoure.

La réception faite à Dalmas étoit un

préfage de la perte du duc ; cependant
madame la princeffe partit de Bourges pour
fe rendre à Touloufe, malgré le déborde-
ment des eaux , qui plufieurs fois l'expofa
aux plus grands dangers ; elle mit tant de
diligence dans fa marche qu'elle arriva pref-
qu'auffitôt que le duc de Montmorency.
Sanguin vint lui apporter de la part du roi
une lettre de cachet qui lui défendoit d'entrer dans la ville ; fes larmes & fes fanglots
lui permirent à peine de prier Sanguin d'aller dire au roi l'état où il la voyoit , &
qu'elle attendoit là fes ordres. Sanguin revint bientôt après , lui dire que le garde
des fceaux l'avoit chargé de venir lui dire
de la part du roi de s'en retourner : la princeffe répondit avec fierté — *qu'une perfonne de fon rang ne recevoit d'ordre de la part
du roi qu'immédiatement.*

On ne doit pas obmettre que le cardinal
de la Valette ayant demandé au cardinal de
Richelieu un confeffeur pour le duc, fut
renvoyé par le miniftre au garde des fceaux.
Celui-ci répondit — *que le duc de Montmorency étant criminel ne devoit avoir de confeffeur qu'après l'arrêt de fa condamnation.* Le
cardinal de la Valette indigné de cette

réponse, follicita de nouveau le cardinal de Richelieu, qui fit dire à M. de Châteauneuf, — *que le duc de Montmorency devoit être traité d'une autre façon que le commun des hommes, qu'il falloit lui donner le pere Arnoux.*

Madame la princesse étant arrêtée à Creusel près de Toulouse, le ministre après avoir fait examiner les lieux par des gens qui lui étoient dévoués, osa aller la voir avec le surintendant des finances Bullion. La princesse mit en usage dans cette entrevue tout ce qu'une ame sensible & vivement pénétrée peut employer pour attendrir. Elle offrit au cardinal, en versant un torrent de larmes, le duc d'Enghien (depuis le grand Condé) & le prince de Conti ses enfans, pour ôtages de la fidélité du duc; elle fit le tableau le plus vif des services que cette famille illustre avoit rendus à l'état. Elle ne put arracher du ministre que cette réponse équivoque : — *il faut, madame, espérer en la misericorde du roi, & pour en ressentir les effets, je vous conseille de vous éloigner de Toulouse.*

Le cardinal quitta madame la princesse après avoir déchiré son cœur par cette réponse, qui ne préfageoit que trop le fort qui étoit réfervé au maréchal.

Pendant ces follicitations on inftruifoit le procès du duc. M. Laufon, maître des requêtes, avoit été chargé d'entendre les témoins. L'information fut compofée de fept témoins.

Deux confeillers du parlement de Touloufe furent nommés pour interroger l'accufé. Le duc ayant été conduit devant ces deux commiffaires, leur dit : —*Je pourrois, meffieurs, vous alléguer qu'en qualité de duc & pair je ne peux & ne dois être jugé qu'au parlement de Paris ; mais ma faute eft de telle nature que fi le roi ne me fait grace, il n'y a aucun juge dans fon royaume qui n'ait le pouvoir de me condamner. Ainfi donc, puifque fa majefté l'ordonne, j'obéirai ; quand même ma foumiffion me deviendroit funefte.*

Les commiffaires l'ayant interrogé, il leur répondit : « qu'il n'avoit point appellé
» *Monfieur* dans la province ; il affura qu'il
» n'avoit point employé l'argent du roi, &
» qu'il en avoit donné au contraire du fien
» à *Monfieur* ; qu'il n'avoit porté aucune ville
» à la révolte, qu'il n'avoit pris le parti de
» *Monfieur*, que parce qu'ayant été noirci à
» la

» la cour on n'y recevoit point ses justifi-
» cations ».

Le procureur général ayant donné des conclusions qui tendoient à la mort, le duc se prépara à faire une confession générale. Le pere Arnoux vint le trouver, & lui dit en l'abordant : « *monsieur, j'ai bien sujet de m'estimer malheureux d'être obligé de vous rendre mes devoirs en cette rencontre* ».

Le duc, en l'embrassant, lui répondit : « *qu'en se servant bien de cette occasion, il espéroit de la grace de Dieu & de son assistance qu'il n'y auroit point de malheur ni pour l'un ni pour l'autre* ».

Launay le pria de lui donner la commission de demander humblement sa grace au roi, ce qu'il feroit dans les termes les plus pressans, lui représentant que les vœux de tout le monde lui inspiroient de faire cette démarche ; le duc se tourna vers son confesseur pour avoir son avis ; le pere Arnoux lui répondit : « *qu'il falloit faire demander sa grace, afin qu'il ne semblât pas désesperer de la miséricorde du roi.* — « *Faisons-le donc mon pere,* répondit le duc, *quoique je n'espere rien que de la miséricorde de Dieu* » ; & se tournant vers Launay, il ajouta ; « *je vous prie de dire à M. le cardinal que je suis son très-humble serviteur ; que si par sa faveur il me conserve la vie, fléchissant le cœur du roi à la miséricorde que je lui demande, je vivrai ensorte qu'il n'aura jamais sujet de s'en repentir ; néanmoins que je ne souhaite pas que le conseil du roi se fasse aucune violence, s'il juge que ma mort soit plus utile à l'état que le reste des années que je pourrois vivre, quoique je sois encore à la fleur de mes ans ».*

La réponse de Launay ne le surprit point, il avoit prévu l'inflexibilité du roi ; il profita de ce délai pour se confesser & pour communier ; il tira de la religion, dans cette malheureuse circonstance, les plus grandes consolations, & pardonna avec une générosité héroïque à tous ses ennemis.

Pendant le cours de la procédure il n'avoit laissé paroître aucune marque de ressentiment contr'eux, pas même contre le cardinal de Richelieu, à qui il légua un superbe tableau du Carrache, représentant un saint Sébastien mourant. On rapporte qu'il laissa échapper un seul mouvement d'impatience contre le garde des sceaux : au dernier interrogatoire ce magistrat ayant demandé au duc son nom, suivant la coutume : *« mon nom!* ..... répondit le duc , *vous avez affez longtemps mangé le pain de mon perc pour le fçavoir* ».

Cependant le jour fatal approchoit , les follicitations furent plus nombreufes & plus vives que jamais. Le cardinal de la Valette employa les confidérations les plus puiffantes auprès du miniftre ; mais rien ne put le fléchir.

Le vieux duc d'Epernon quitta fon gouvernement pour venir folliciter en faveur de ce héros, qu'il regardoit comme fon fils. Secondé des plus grands feigneurs du royaume , il preffa la reine mere de parler au roi. La reine y confentit d'abord , mais réfléchiffant enfuite que Richelieu pourroit employer ce prétexte pour la deffervir auprès du roi , elle voulut lui en parler avant de tenter aucune démarche. Le cardinal lui répondit : « qu'*elle ne pouvoit pas douter que le roi ne lui accordât tout ce qu'elle demanderoit , mais qu'elle devoit craindre le déplaifir que fa demande cauferoit au roi ; déplaifir qui pouvoit altérer fa fanté mal affermie depuis la grande maladie qu'il avoit effuyée à Lyon.*

La reine ne pouvant fe tromper fur les difpofitions du cardinal, n'ofa hafarder une

A a ij

démarche dont elle craignoit qu'il n'abusât pour la mettre mal dans l'esprit du roi.

La veille de l'exécution , toute la cour (excepté le souverain & le ministre) parut plongée dans la plus profonde douleur , & toute la ville fut dans la consternation. Le cardinal de la Valette fit faire des prieres publiques pour obtenir de Dieu qu'il fléchît le monarque irrité ; le prince de Condé tenta auprès du roi tout ce qui pouvoit le toucher en faveur de son beau-frere. Le duc de Chevreuse, dont les querelles avec Montmorency avoient été si éclatantes , alla se jetter plusieurs fois aux genoux du roi, offrant sa vie , sa personne , pour gage de la fidélité de son ennemi. Le duc de Saint-Simon , favori du monarque , le pria d'agréer qu'il lui remît ses charges & qu'il obligeât sa vie pour celle du duc de Montmorency.

Ces sollicitations des personnes les plus illustres du royaume , au lieu de fléchir le monarque & d'appaiser le ministre , redoublerent au contraire l'inflexibilité du roi & la dureté du cardinal ; ce dernier avoit animé son maître de toute la vengeance , & l'avoit rendu aussi insensible que lui au sort du maréchal. Les historiens ont conservé les traits suivans de l'indifférence du monarque. Le prince appercevant M. du Châtelet accablé de douleur, lui dit : —« *je pense que M. du Châtelet voudroit avoir perdu un bras pour sauver M. de Montmorency. —« Sire,* répondit M. du Châtelet , *je voudrois les avoir perdus tous deux , pour vous en sauver un qui vous gagnoit des batailles , & qui vous en auroit gagné encore* ».

Le roi jouoit aux échecs lorsque le comte de Charlus , capitaine des gardes , entra avec le bâton de Maréchal & le collier de l'ordre, qu'il avoit été chargé d'aller demander au duc de Montmorency : à cette vue Liancour qui faisoit la partie du roi ne put retenir ses larmes , & dans le même moment le cabinet retentit de sanglots. — « *Sire,* dit Charlus, *je viens rendre à votre majesté , de la part de M. de Montmorency , le bâton de maréchal & le collier de notre ordre. Il m'a chargé de dire à votre majesté qu'il meurt avec un très-sensible déplaisir de l'avoir offensée, & que bien loin de se plaindre de la mort dont l'arrêt va lui être prononcé, il la trouve trop douce pour le crime qu'il a commis* ».

La voix du capitaine des gardes s'affoiblissoit à mesure qu'il parloit..... ses sanglots l'étouffoient..... Ne pouvant retenir plus longtemps fa douleur, il fe précipita aux genoux du roi en verfant un torrent de larmes; tous les courtifans l'imiterent. — « *Ah fire*, (s'écria-t-il) *faites grace à Montmorency, tous fes ancêtres ont fi bien fervi la France:* — *grace.... grace..... fire..... pour un coupable qui vous feroit mille fois plus utile que le plus vertueux d'entre nous* ».

Le roi fe tournant vers le capitaine des gardes, lui dit « — *Allez annoncer au duc de Montmorency, que la feule grace que je puis lui faire, c'eft que le bourreau ne le touchera point, & ne lui mettra pas la corde fur les épaules* ».

Pendant que les courtifans donnoient cette preuve d'attachement au duc de Montmorency, ce dernier profitoit des momens qui lui reftoient, avant de fe voir arracher la vie, pour écrire à fon époufe. L'idée qu'il alloit la laiffer dans les larmes, étoit mille fois plus horrible pour lui que celle de fon fupplice. Pour calmer la douleur de cette époufe chérie & bien digne de l'être par fes charmes & par fes vertus, le duc lui écrivit le billet fuivant.

Mon cher cœur,

« *Je vous dis le dernier adieu avec la même affection qui a été toujours entre nous ; je vous conjure par le repos de mon ame, que j'espere être bientôt dans le ciel, de modérer vos ressentimens, & de recevoir de la main de notre doux sauveur cette affliction ; je reçois tant de graces de sa bonté que vous en devez avoir tout sujet de consolation. Adieu encore un coup, mon cher cœur.* — HENRI DE MONTMORENCY.

Cette lettre ne fut point remise sur le champ à la duchesse ; dans l'état affreux où elle étoit on auroit aigri sa douleur, & peut-être lui auroit-on donné la mort : on assure en effet qu'il n'exista jamais de femme plus sensible, & d'épouse plus passionnée pour son époux ; aussi éprouva-t-elle tous les maux & tous les tourmens qui peuvent déchirer une ame sensible de la maniere la plus cruelle.

Le duc après avoir écrit à son épouse, se coucha & dormit tranquillement jusqu'à 2 heures du matin qu'il appella son chirurgien. Ce dernier ayant voulu panser ses plaies, le duc lui dit : « — *non, mon ami,* » *une seule les guérira toutes* ».

A a iv

Après lui avoir remis le billet qu'il avoit écrit à son épouse, le duc ajouta : « *Lucante, Dieu soit loué, qui m'a voulu délivrer des troubles & de l'inquietude où l'état de ma femme me jettoit à chaque instant. Tu lui diras que je ne lui recommande que deux choses : la premiere, de pardonner à mes ennemis d'aussi bon cœur que je leur pardonne ; & la seconde, d'excuser les chagrins que je peux lui avoir donnés pendant notre union.*

Le duc voyant qu'il lui restoit encore quelques heures pour prendre du repos avant le moment qui devoit ouvrir la scène sanglante du jour fatal qui étoit déjà commencé, se rendormit & ne se réveilla qu'à 7 heures du matin. Son confesseur entra dans sa chambre un instant après ; le capitaine des gardes se présenta ensuite pour le conduire au palais : le duc alla au-devant de lui, & le reçut avec un air riant & tranquille ; on fit monter le duc dans un carrosse dont les portieres étoient entiérement fermées ; trois régimens escorterent le maréchal, & le reste de l'armée étoit rangé en haye dans les rues où il devoit passer, dans les places & dans les carrefours de la ville.

Le duc étant arrivé au palais, se présenta

devant ſes juges avec une ſoumiſſion & une douceur qui arracherent des larmes à ceux même qui étoient dévoués au cardinal.

La ſellette ſur laquelle on le plaça étoit fort élevée ; il avoit la tête nue , & en cet état il ſubit l’interrogatoire ſuivant.

« *Interrogé* par monſeigneur le garde des
» ſceaux ſur ſes noms, qualités , âge , s’il
» eſt marié & s’il a des enfans.

» A dit ſe nommer Henri de Montmo-
» rency , être âgé de trente-ſept ans , être
» marié , & n’avoir enfant de ſon mariage.

» *Interrogé* pourquoi il eſt priſonnier , de-
» puis quel temps , & le ſujet de ſon accu-
» ſation.

» A répondu être priſonnier depuis le
» premier ſeptembre, qu’il fut pris ſe battant
» en bataille rangée contre l’armée du roi
» conduite par le ſieur maréchal de Schom-
» berg , en quoi il reconnoît avoir offenſé
» ſa majeſté & s’en repent.

» *Interrogé* ſi contre le mandement exprès
» du roi il n’auroit pas violenté les députés
» des états de Languedoc , & à iceux fait
» ſigner une délibération du 22 juillet der-

» nier, portant une union inféparable, qui
» n'étoit en effet, comme il a paru, qu'une
» ligue contre le roi & les miniftres.

» A répondu ledit interrogatoire être vé-
» ritable; comme il n'eft pas à s'en repentir,
» & comme il l'a dit en fes réponfes devant
» meffieurs les commiffaires, a reconnu
» avoir figné ladite délibération, ainfi que
» Mᶜ Pierre Guillementel, greffier des
» états, le lui a foutenu; & qu'il réfulte
» d'une lettre miffive qu'il ne peut dénier,
» l'ayant reconnu & accordé l'avoir écrite
» au fieur comte de Gramont.

» *Interrogé* fi contre l'ufage de tout temps
» il n'auroit pas lui-même figné les commif-
» fions que le roi a coutume d'envoyer en
» blanc, concernant l'impofition tant de
» l'octroi que le pays fait à fa majefté, que
» des dettes & frais du pays; & fi après
» avoir figné lefdites commiffions, il n'en
» auroit pas départi une bonne partie au
» feu comte de Rieux, & le refte aux autres
» diocéfains, pour que la levée defdites
» impofitions fût contre l'ordre & l'inten-
» tion du roi, en quoi il ne peut nier avoir
» grandement failli.

» A dit qu'oui , & accordé le contenu
» audit interrogatoire être véritable.

» *Interrogé* fi en qualité de gouverneur de
» cette province , il n'avoit reçu exprès
» commandement du roi de s'oppofer à la
» venue de *Monfieur* fon frere , & fi au
» contraire de ce commandement il l'au-
» roit fait venir en France , & appellé dans
» fon gouvernement , pour faire la guerre
» au roi & à fes troupes.

» Accordé avoir reçu le commandement
» du roi , mais que ledit feigneur fon frere
» étant venu en fon gouvernement il ne
» l'auroit pu refufer.

» *Interrogé* fi après avoir fait révolter les
» villes de Bagnols , de Beziers , de Lunel &
» autres places du bas Languedoc , & fait
» fermer les portes d'icelles aux troupes du
» roi , commandées par le fieur maréchal de
» la Force , il ne feroit pas venu vers le haut
» Languedoc à main armée , combattre &
» attaquer en bataille rangée l'armée du roi
» commandée par M. le maréchal de Schom-
» berg , ledit jour 1er feptembre , où Dieu
» permit qu'il fut pris prifonnier.

» A répondu ledit interrogatoire être vé-

» ritable , & que ce fut par le commande-
» ment dudit feigneur frere du roi.

» Lui a été repréfenté s'il ne reconnoit
» pas que fes actions l'ont rendu criminel de
» lèfe-majefté , & que par fon crime il a
» encouru les peines de droit des loix &
» ordonnances de ce royaume, qui font ca-
» pitales.

» A dit qu'il a ci-devant maintefois re-
» connu fa faute, en laquelle il avoue être
» tombé plutôt par imprudence que par
» malice ; qu'il en a demandé pardon au
» roi , comme il fait bien encore préfen-
» tement ».

Après avoir fubi cet interrogatoire , on
fit retirer le maréchal dans une chambre
féparée. Un inftant après le maréchal demanda la permiffion de rentrer : elle lui fut
accordée.

Adreffant la parole à M. le garde des
fceaux, le duc dit : — *monfeigneur , je vous
fupplie très - humblement & cette honorable
compagnie, que ce que j'ai dit en mes précédentes réponfes ne faffe aucun préjudice à Guillementel.*

Le duc s'étant retiré une feconde fois , les

juges allerent enfuite aux opinions, & rendirent le 29 octobre 1632 un arrêt par lequel
« le duc de Montmorency fut déclaré atteint
» & convaincu de crime de lèfe-majefté au
» premier chef, & pour réparation con-
» damné à être privé de tous fes états,
» honneurs, dignités, & à être livré ès
» mains de l'exécuteur de la haute juftice,
» pour avoir la tête tranchée fur un écha-
» faud; tous fes biens furent confifqués, &
» fes terres, tenues immédiatement du roi,
» furent réunies au domaine de la cou-
» ronne ».

Quoique par cet arrêt la confifcation de
tous les biens du maréchal eût été prononcée, le roi lui permit cependant d'en difpofer, par un acte fous feing privé. Le duc
choifit pour exécuteur de fes dernieres
volontés le cardinal de la Valette.

Les deux commiffaires qui avoient été
nommés pour être préfens à la lecture de
l'arrêt, fe rendirent à midi dans la chapelle,
& l'on avertit le duc de defcendre ; le duc
avoit alors un habit magnifique, il le quitta
auffitôt pour en prendre un de toile qu'il
avoit fait faire pour fon fupplice : étant

ensuite descendu dans la chapelle, il salua en entrant les commiffaires, & alla se mettre à genoux aux pieds de l'autel. Après avoir entendu la lecture de fon jugement avec un fang froid héroïque, il dit aux deux commiffaires : «—*Messieurs, je vous remercie,* » *vous & votre compagnie ; assurez-la que je* » *regarde cet arrêt de la justice du roi comme* » *un arrêt de la miséricorde de Dieu* ».

Les religieux qui étoient venus pour le confoler dans ces terribles inftans, étoient fi pénétrés de douleur, que le maréchal fut obligé de les confoler lui-même.

Il dit alors à fon chirurgien de lui couper les cheveux. Lucante s'étant approché pour rendre ce dernier fervice au héros qu'il chériffoit, tomba évanoui ; le duc s'empreffa de le relever, & lui dit : « — *Comment Lu-* » *cante !.... vous qui m'exhortiez si souvent dans* » *ma prison à recevoir tous mes malheurs comme* » *venant de la main de Dieu. ... vous êtes plus* » *affligé que moi-même. Consolez-vous, Lu-* » *cante..... je veux vous embrasser & vous dire* » *le dernier adieu pendant que j'ai les mains* » *encore libres..... je vous prie seulement de ne* » *m'oublier jamais* ».....

Quelques inftans après cette fcène atten-
driffante, on vint avertir le maréchal de
fortir pour fe rendre au lieu de fon fupplice :
il fe mit auffi-tôt en marche. En entrant
dans la cour de l’hôtel de ville où la mort
l’attendoit, il apperçut la ftatue d’Henri IV ;
s’étant arrêté pour la confidérer, il dit au
pere Arnoux : « — *je regarde la ftatue de*
» *Henri IV.*— *C’étoit un grand & généreux mo-*
» *narque ;* — *j’avois l’honneur d’être fon filleul* ».
Le maréchal après avoir gardé le filence
pendant un moment, s’écria en montrant
l’échafaud : « — *Allons, voilà l’unique che-*
» *min du ciel* » ; & auffi-tôt il monta fur l’é-
chafaud avec le pere Arnoux & fon chirurgien. Il falua la compagnie, qui n’étoit
compofée que du greffier du parlement, du
grand prévôt, des capitouls & des officiers
du corps de la ville qui avoient eu ordre de
s’y trouver. Il leur dit : —« *je vous prie, mef-*
» *fieurs, de témoigner au roi que je meurs fon*
» *très-humble fujet, & avec un regret extrême*
» *de l’avoir offenfé, dont je lui demande pardon,*
» *& même à toute la compagnie* ».

Il demanda enfuite où étoit l’exécuteur,
qui ne l’avoit point encore approché, & le

voyant, il lui dit : « *mon ami lie moi,—bande-* » *moi les yeux, — & fais promptement ton office*». On lui obſerva que s'il vouloit il ne ſeroit point lié , que le roi l'avoit ainſi ordonné. Il répondit : —« *je ne ſçaurois mourir avec aſſez* » *de honte* ». Alors il croiſa les bras , & voyant que ſon chirurgien ſe préparoit à lui lier les mains, il ſe tourna vers l'exécuteur , & lui dit : « — *c'eſt ton métier , fais-le* ». L'exécuteur l'ayant lié , le duc lui demanda, — *ſuis-je bien* ? l'exécuteur lui répondit que ſes cheveux n'étoient pas coupés aſſez près : — « *eh bien* , lui dit le maréchal , » *coupe-les à ton gré* ». L'exécuteur lui coupa les cheveux & déchira ſa chemiſe autour du col; en cet état le maréchal ſe mit à genoux devant le poteau , ſur lequel il ſe plaça , pour prendre une poſture dans laquelle ſes bleſſures ne lui cauſeroient point d'impatience. Le pere Arnoux lui ayant donné l'abſolution , il récita ſon *in manus*, ſe fit bander les yeux avec ſon mouchoir , & après avoir dit à l'exécuteur de ne point le frapper avant d'être averti, il poſa ſa tête ſur le poteau, la releva un peu, & dit au bourreau : « — *frappe hardiment* ».

Auſſi-tôt

Auffi-tôt l'exécuteur lui trancha la tête d'un feul coup.

Le grand prévôt ayant ordonné d'ouvrir fur le champ les portes, le peuple entra en foule, & voyant le corps féparé de la tête, fe preffa autour de l'échafaud pour recueillir le fang qui couloit encore. Les uns le reçurent dans leurs mouchoirs, plufieurs, dit-on, en burent, & tous fondoient en larmes. Le morceau de chemife que l'exécuteur avoit coupé fut divifé en plus de cent parties.

Le même jour un foldat voyant paffer le bourreau, mit l'épée à la main pour le tuer, en s'écriant : — *Faut il que le plus vaillant homme qu'il y ait dans le monde meure de la main de cet infâme !*

On retint ce foldat, qui fut affez heureux pour échapper aux recherches que le cardinal irrité de fon emportement avoit ordonné de faire contre lui.

Le corps du duc ayant été enveloppé dans un drap de velours noir, fut porté dans l'abbaye de Saint-Cernin. Le cardinal de la Valette lui fit célébrer un fervice folemnel auquel la plus grande partie de la cour, le parlement & les principaux citoyens de Touloufe affifterent.

Après l'exécution le roi manda le pere Arnoux, pour être inftruit des derniers momens du maréchal ; ce religieux ayant fatisfait la curiofité du monarque, ajouta : — *» Sire, votre majeflé a fait un grand exemple » fur la terre par la mort du duc de Montmo-» rency, & Dieu par fa miféricorde en a fait » un grand faint dans le ciel »* ; le roi répondit en foupirant : — *« Je voudrois, mon pere, » avoir contribué à fon falut par des voyes plus » douces »*.

Pendant l'inftruction du procès du duc, la duchefe foupçonnée d'être fa complice, fut gardée par un exempt & par des gardes au château de Moulins ; elle y refta captive neuf mois après le fupplice de fon époux. Cette femme fenfible , malgré les confolations qu'elle trouvoit dans la religion , ne ceffoit de s'occuper de l'époux dont elle avoit été privée par un événement affreux ; on la trouvoit fans ceffe verfant des larmes dont la fource ne tarit qu'au moment où elle perdit la vie. Le monde étoit un défert horrible pour ce cœur aimant & aigri par le malheur ; pour le fuir elle se consacra à la religion, & prit l'habit de la communauté de la Visitation de Moulins.

Quelque temps après le roi passant par cette ville, lui fit l'honneur de la visiter, & le cardinal lui envoya aussitôt faire un compliment par un de ses officiers. « *Monsieur,* (répondit la duchesse à l'officier du cardinal) » *témoignez à votre maître que je lui suis* » *obligée de l'honneur qu'il me fait ; mais dites-* » *lui aussi que mes larmes coulent encore* ». Cette tendre & malheureuse épouse fit élever au duc un mausolée dans l'église de sainte Marie de Moulins.

Fin du quatrieme volume.

TABLE

Des titres contenus dans ce volume.

H.

J.

M.

Fin de la table.

A PARIS, chez P. G. SIMON, Imprimeur du Parlement
rue Mignon S. André-des-Arcs.

ERRATA DU TOME III.

Page 364, *ligne* 3 *& fuiv.* au lieu *de ces mots :* Cependant on citoit pour exemple le procès fait en 1544 au chancelier Poget, dans lequel François Ier avoit dépofé de plufieurs faits importans, *lifez ceux-ei :* Cependant notre hiftoire offre un exemple contraire dans le procès fait en 1544 au chancelier Poyet, dans lequel François Ier dépofa de plufieurs faits importans.